吕思勉品三国

吕思勉 著

中国法制出版社
CHINA LEGAL PUBLISHING HOUSE

图书在版编目 (CIP) 数据

吕思勉品三国 / 吕思勉著. —北京：中国法制出版社，2019.10

ISBN 978-7-5216-0408-5

Ⅰ. ①吕… Ⅱ. ①吕… Ⅲ. ①中国历史—三国时代—通俗读物 Ⅳ. ① K236.09

中国版本图书馆 CIP 数据核字（2019）第 164275 号

策划编辑：杨 智（yangzhibnulaw@126.com）

责任编辑：杨 智 刘冰清　　封面设计：汪要军

吕思勉品三国

LÜ SIMIAN PIN SANGUO

著者 / 吕思勉

经销 / 新华书店

印刷 / 三河市紫恒印装有限公司

开本 / 880 毫米 ×1230 毫米 32 开　　印张 / 8.25 字数 / 178 千

版次 / 2019 年 10 月第 1 版　　2019 年 10 月第 1 次印刷

中国法制出版社出版

书号 ISBN 978-7-5216-0408-5　　定价：39.80 元

北京西单横二条 2 号 邮政编码 100031　　传真：010-66031119

网址：http://www.zgfzs.com　　**编辑部电话：010-66053217**

市场营销部电话：010-66033393　　**邮购部电话：010-66033288**

（如有印装质量问题，请与本社印务部联系调换。电话：010-66032926）

三国史話

八

三国時代第一個重要的人物自然是[redacted]曹操了，[redacted]曹操是怎樣崛起的呢？

董卓劫獻帝西遷之後，東方的州牧、郡守，既然都不能進兵討伐他，自然要各謀占據地盤，其中首先占得較好的地盤的，就是袁紹。現在的河北省，在後漢時候，北部是幽州，南部是冀州，第六節中已經說過了。當後漢靈帝時，有一個令支縣人（　[illegible]）做公孫瓚[redacted]本來[redacted]在幽州帶兵的，中央政府想調他到涼州去討伐[redacted]叛賊[redacted]後，因幽州境內亦有兵事，公孫瓚就沒有[redacted]去

吕思勉手稿

這時候，幽州北境有一種異族，喚做烏丸，[redacted]勢頗盛，公孫瓚和烏丸打仗，雖然頗有功勞，到底不能平定。中平五年，就是靈帝死的前一年，乃用劉虞為幽州牧。劉虞是做過幽州刺史的，很得民心，到任之後，曉諭烏丸。烏丸居然降伏。當時有個漢人，喚做張純，是煽動烏丸造反，而自己在其中做[redacted]首領的。因此逃到鮮卑之中，為人所殺。東北倒頗為太平了。但劉虞不是有武略的人，他的平定幽州，所靠的是民心歸向，異族信服，所以公孫瓚並不怕他。不過當這時候，文武官員中，還沒有敢造反的人，公孫瓚自亦不敢公然[redacted]和州牧為敵，所以他對於劉虞，亦不過跋扈不聽命令而已。到董卓廢立，東方州郡起兵之後，政治上的秩序自然[redacted]更

吕思勉手稿

顾恺之《洛神赋图》（局部 1）

顾恺之《洛神赋图》（局部 2）

晋武帝司马炎

魏武王常所用格虎大戟

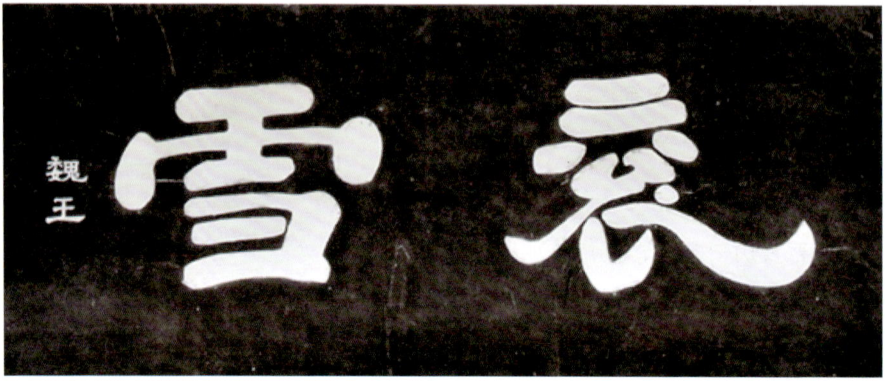

曹操真迹“衮雪”，建安24年驻兵汉中时，他见褒河流水汹涌，挥笔题写

史学名家说三国

吕思勉，字诚之，江苏武进人，中国近代著名历史学家，与钱穆、陈垣、陈寅恪并称为“现代中国四大史家”（严耕望语）。毕生致力于历史教学和研究，先后在常州府中学堂、南通国文专修科、上海私立甲种商业学校、沈阳高等师范学校、苏州省立第一师范学校、沪江大学、光华大学等校任教，曾担任光华大学历史系主任、代校长。早年还曾在上海中华书局、上海商务印书馆任编辑。1951年入华东师范大学历史系任教，被评为历史学一级教授。著作等身，已出版的著作有六七百万字，通史有《白话本国史》《吕著中国通史》等，断代史有《先秦史》《秦汉史》《两晋南北朝史》《隋唐五代史》等，还有《中国民族史》《中国制度史》《先秦学术概论》《理学纲要》《史学四种》等专著。

作为历史学家，吕思勉在从事专门学术研究的同时，还不忘普及历史知识，《三国史话》（《吕思勉品三国》）就是作者所写的最为经典的通俗历史读物之一。此书面向大众读者，语言风格流畅、行文朴实。此书从史实出发，对三国历史人物、事件、战争及地理环境等进行了分析，深入浅出、引人入胜。三国作为一个广受

关注的历史时期，人们从名著《三国演义》及其电视剧中已获得了很多知识。不过，《三国演义》毕竟是历史小说，“七分史实，三分虚构”。吕思勉先生此书则结合史实，用通俗的语言，融会贯通，独到地评论三国的历史，并纠正了不少历史演义中的谬误，还原了历史真相。正是由于通俗而又严谨，因而此书也成为很多学者研究三国的重要参考资料。

《三国史话》(《吕思勉品三国》) 最初是以单篇的形式发表于上海科学书店出版的《知识与趣味》，自 1939 年创刊号起连续刊登。1943 年 1 月，作为文化社的丛书之一，由开明书店出版，收入吕思勉先生史话 16 篇。1987 年上海教育出版社编订《论学集林》时，除了对原书作了少量删改，又增加了“三国史话之余”4 篇。本着弘扬中国历史文化，不断传承经典，引导国民阅读三国史的目的，**我们以《三国史话》为基础，增录吕思勉先生三国史相关的篇章，并制做附录，重新推出《品思勉品三国》一书。具体来说，本书同样保留 4 篇“之余”，直接与 16 篇接排。本版《三国史话》(《吕思勉品三国》) 部分参考了 2009 年中华书局、2012 年三联书店等多个权威版本，调整了若干原书体例不统一的地方、细心校勘。此外，书中另增加了吕思勉先生其他著作中与三国历史相关度最高的 27 篇精彩文章，排在前述 20 篇之后；还梳理三国事件，配了详尽的三国史大事年表（东汉末年至三国结束）；**对于其中所出现的古今地名对照，我们基本未做处理，或仅在不影响原文的基础上略做整理，以最大限度地保留作者原意。本书力求把读者很好地带入三国的历史世界，给读者更好的阅读体验和更多的启发。不过，难免会有疏漏处，如有错误，还望读者不吝指正。

目 录

三国史话 / 001

一　楔子 / 003

二　宦官 / 005

三　外戚 / 012

四　黄巾 / 019

五　历史和文学 / 026

六　后汉的地理 / 028

七　董卓的扰乱 / 033

八　曹操是怎样强起来的 / 041

九　曹孟德移驾幸许都 / 052

十　袁绍和曹操的战争 / 057

十一　赤壁之战的真相 / 066

十二　刘备取益州和孙权取荆州 / 076

十三　替魏武帝辩诬 / 086

十四　从曹操到司马懿 / 095

十五　替魏延辩诬 / 100

十六　姜维和钟会 / 107

十七　孙吴为什么要建都南京 / 114

十八　司马懿如何人 / 119

十九　司马氏之兴亡 / 123

二十　晋代豪门斗富 / 127

三国史文章补辑 / 131

汉末之乱与三国始末 / 133

边章、韩遂 / 147

张纯之叛 / 148

董卓之乱 / 149

曹操平定北方（上）/ 154

曹操平定北方（下）/ 160

袁曹成败 / 173

关羽欲杀曹公 / 178

曹嵩之死 / 179

论魏武帝 / 181

刘备入蜀 / 184

刘备取汉中 / 193

马钧 / 197

君与王之别 / *198*

诸葛亮南征考 / *200*

诸葛亮伐魏 / *205*

诸葛亮治戎 / *212*

诸葛亮随身衣食悉仰于官不别治生 / *213*

奖率三军　臣职是当 / *217*

如其不才，君可自取 / *218*

李邈 / *218*

姜维不速救成都 / *219*

孙策欲袭许 / *220*

三国之校事 / *223*

罢社 / *226*

吞泥 / *226*

山越 / *227*

附录　三国史大事年表（东汉末年至三国结束） / *235*

三国史话

一 楔子

斜阳古柳赵家庄，
负鼓盲翁正作场。
死后是非谁管得？
满村听说蔡中郎。

这是宋朝陆放翁先生的诗，所说的，便是现在的说书。说书虽然是口中的事，然到后来，将说书的人所用的底本，加以润饰以供众览，就成为现在的平话了。平话俗称小说，亦谓之闲书。虽然是用以消闲的，然而人们的知识得自此中的，实在不少。

现在中国的书籍，行销最广的，是《三国演义》。据书业中人说：它的销数，年年是各种书籍中的第一。这部书有些地方，渲染得很有文学意味，如赤壁之战前后便是；有些地方，却全是质实的记事，简直和正书差不多。这就显见得其前身系说书的底本。说得多的地方，穿插改造得多了；说得少的地方，却依然如故。

我在学校中教授历史多年。当学校招考新生以及近年来会考时看过的历史试卷不少。有些成绩低劣的，真“不知汉祖唐宗，是哪一朝皇帝”。然而问及三国史事，却很少荒谬绝伦的。这无疑是受《三国演义》的影响。他们未必个个人自己读，然而这种知识，

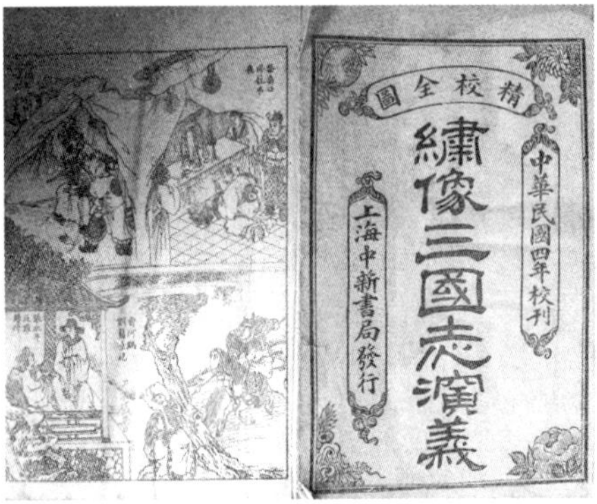

1915 年版《绣像三国志演义》

在社会上普遍了，人们得着的机会就多，远较学校的教授和窗下的阅读为有力。这可见通俗教育和社会关系的密切。

老先生们估量人们知识的深浅，往往以知道的、记得的事情多少为标准。讲历史，自然尤其是如此。但无意义的事实，知道了，记得了，有什么用处呢？尤其是观点误谬的，知道了，记得了，不徒无益，而又有害。而且平心论之，也不能算知道史事。因为历史上的事实，所传的，总不过一个外形，有时连外形都靠不住，全靠我们根据事理去推测他、考证他、解释他。观点一误，就如戴黄眼镜的，看一切物皆黄，戴绿眼镜的，看一切物皆绿了。我们在社会上，遇见一个人、一件事，明明是好的，却误用恶意猜测他，就会觉得处处可疑；明明是坏的，却误当他好的，也会觉得他是诚实可靠。历史上的事情，又何尝不是如此？

从前论史的人，多说史事是前车之鉴。其意以为一件事办好了，我们就当取以为法，模仿他；一件事办坏了，我们就当引以为戒，不可再蹈其覆辙。这话很易为人们所赞许，其实似是而非的。史事哪有真相同的？我们所谓相同，都不过察之不精，误以不同为同罢了。事情既实不相同，如何能用同一的方法对付？别的事情姑弗论，在欧人东来之初，我们所以对付他的，何尝不根据旧有的知识？所谓旧有的知识，何尝不是从历史经验而来？其结果却是如何呢？

真正硬摹仿古人的自然不多，就是事实也不容你如此。然而人的知识，总是他所知道的、记得的事情铸造成功的。知道的、记得的事情一误谬，其知识自然随之而误谬了。所以我们现在研究历史，倒还不重在知道的、记得的事情的多少，而尤重在矫正从前观点的误谬。矫正从前观点的误谬，自然是就人所熟悉的事情，加以讲论，要容易明白些，有兴味些。

三国时代，既然是人们所最熟悉的，就此加以讲论，自然最为相宜。所以我想就这一段史事，略加说述，或者纠正从前的误谬，或者陈述一些前人所忽略的事情。以我学问的荒疏，见解的浅陋，自不免为大方所笑，我只是一点抛砖引玉的意思，希望以后人们能注意到这一方面的渐多，亦希望人们就我所说的赐予教正。

二 宦官

讲起三国的纷争来，大家都知道其乱源起于后汉。后汉末年为什么会乱呢？大家都知道其根源是灵帝的宠信十常侍，因此而政治紊乱，引起黄巾的造反。因黄巾的造反，而引起刘备和孙坚的起兵。又因灵帝死后，少帝即位，国舅何进要诛戮宦官，而引起董卓的进京。因董卓的进京，而引起废立之事，又因此而引起袁绍、曹操等纷纷起兵讨卓，天下就从此分裂了。然则后汉的祸源，最大的便是十常侍，这还是人谋之不臧。写《三国演义》的人，说什么“天下大势，分久必合，合久必分”，好像有什么定数似的，恐怕未必其然了。然则宦官究竟是怎样一种人呢？历来读史的人，怕知道宦官之为害者多，知道宦官的来源者少。我不妨借此机会，和诸君谈谈。

所谓宦者，大家都知道是曾经阉割的人。近代的俗语，亦称为太监。那是因为在明朝，他们所做的官，有二十四个，都称为某某监之故，这是不难解的。然则何以又称为宦者呢？在后汉时代，这一种人，威权很大，败坏政治很厉害，所以写《后汉书》的人特地替这一班人做了一篇传，名为《宦者列传》,《宦者列传序》里说：“中兴之初，宦者悉用阉人。”这句话，和我们通常的见解有些不符。通常的见解，都以为宦官就是阉人，现在却说光武中兴之后，宦官才全用阉人，那么，自此以前，宦官就并非阉人了。所以有人疑心这“宦”字是错的，说当作“内”字。然而他这句话，实在是错的。

宦字的意思，本来并非指阉割。而宦官二字，亦本非指阉割的人所做的官。

我们所谓五经，中间有一部唤作《礼记》。《礼记》的第一篇是《曲礼》,《曲礼》里有一句道“宦学事师，非礼不亲”，学就是进学校，宦是什么呢？

须知道古代所谓学校，和现代全然不同。现代的学校，必须要传授些知识技能，古代的学校则全无此事。古代的学校亦分为大学小学，所谓小学，只是教授一些传统的做人道理以及日常生活间的礼节，如洒扫应对进退之类。又或极粗浅的常识，如数目字和东西南北等名称之类。根本说不上知识，更无实际应用的技能。

至于大学，其中颇有些高深的哲学，然而宗教的意味是很浓厚的。《礼记》里又有一篇，唤作《文王世子》。《文王世子》说：当时大学中所教的，是诗、书、礼、乐。这并不是现在的《诗经》《书经》《礼记》等等。须知古代的人研究学问的很少，而古人的迷信，却较后世人为深。当时的人对于一切问题的解释，都含有迷信的意味。所以在后世，学术和宗教是分离的，在古代则是合一的。所以古代的学问只存于教会之中，而教育权也操在教会手里。古代教会中非无较高深的学问，然总不能全脱离宗教的意味。至于实用的知识技能，则是他们所看轻的，学校里并不传授。所谓诗、书、礼、乐：礼即宗教中所行的礼，乐即宗教中所用的乐，诗就是乐的歌词，书大约是宗教中的记录。在古代，历史和宗教中的经典，也是分不开的。印度和我国西藏都是如此。古代学校中有所谓养老之礼，其仪式非常隆重。天子对于所养的老人，要自己割好了肉，捧着酱送去请他吃。吃了，还要自己斟酒，给他漱口，就因为他是一个宗教中的长老，与不带迷信色彩的师长不同。《礼记》上还有一篇，唤作《王制》。《王制》里有一句说："出征执有罪，反释奠于学。"释奠是一种祭祀之名。发兵出去，打了胜仗，回来却在学校里去举行祭礼，就可见古代学校不是一个学术机关，而其宗教意味极为浓厚了。古书上说学校制度的地方很多，不能全说他是子虚乌有，然而从没见古书上记载一个人在学校里学到了什么知识技能，就是为此。

然则古人没有应用的知识技能吗？不然。我们知道：所谓三代之世，已有较高度的文明，其时有许多事情，已非有专门知识技能不能办，就是现在所传的几部先秦子书，其中包含专门的知识技能也颇多，不能说全是后人伪造的。然则古人的知识技能，从哪里来的呢？这就是从宦之中得来。

古人解释“宦”字，有的说是学，有的说是仕；的确，这二者就是一事。因为在古代，有些专门的知识技能，就是在办理那件事的机关里，且办事且学习而得的，从其办事的一方面说，就是仕；从其学习的一方面说，就是学。

读者诸君，总还有读过《论语》的，《论语》的《先进篇》有一段，说“子路使子羔为费宰。子曰：‘贼夫人之子。’子路曰：‘有民人焉，有社稷焉。何必读书，然后为学？’”子路再鲁莽些，也不会主张人不学就可以办事。子路只是看重且办事且练习，而反对不能直接应用的知识，和现在的人看重应用技术，而藐视高深学理一般。这就是重视宦而轻视学。汉时皇室的藏书，由刘向和他的儿子刘歆编成一部书目，谓之《七略》。班固《汉书》的《艺文志》，大部分就是抄录他的。他对于每一类的书，都有推论这种学问从何发源及其得失的话。其论先秦诸子之学，都以为是出于一种官署，就是为此。然则宦就是在机关中学习做公务员。公务员中，自然有出类拔萃，有学术思想的，就根据经验，渐渐的成立一种学术了。

话越说越远了，这和后世所谓太监者何干呢？不错，听我道来。刚才所说的，只是宦的正格。譬如现在机关中正式办理公务的公务员。现在机关中不有名为公务员，而实在无事可办；或者只是替长官办理私事的么？在古代亦何尝不是如此。所以秦始皇少年时，有一个人唤作嫪毐的，和他的母亲奸通了，嫪毐自然阔起来了，于是“诸客求宦为嫪毐舍人千余人”。这句话，见于《史记》的《吕不韦列传》里。这所谓宦，哪里是在什么机关里学习什么公务？不过在他家里做他的门客罢了，所以要称为舍人。嫪毐的舍人固然极一时之盛，然而古代的贵族，绝不止嫪毐一个人有舍人。这种在贵族家里做舍人的，都谓之为宦。所以“宦”字又有一个训释是“养”。“养’字可从两方面解释。他们是他们主人的食客，是他们的主人养活他们的，所以谓之养。亦可以说：他们是以奉养他们的主人为职务的，所以谓之养。

此等门客，皇帝名下自然也是有的，这便是所谓宦官。中常侍即宦官之一。在前汉时，并不一定都用阉割过的人，到后汉光武帝之后，才专用此等人。所以《后汉书·宦者列传序》要说：中兴之初，宦官悉用阉人了。

然则阉割的人是从哪里来的呢？说到这里，又有一件有趣味而且又有些意义的事情。诸位知道刑字是怎样讲的呢？在下发这个问，逆料诸位一定会说：刑字不过是惩罚的意思，所以把人拘禁起来，剥夺其自由，也是刑的一种。然而古代的刑字，却不是这样讲的。在古代，必须用兵器伤害人的身体，使之成为不能恢复的创伤，然后可以谓之刑。

“十三经”里，有一部书，唤作《周礼》。《周礼》全是记古代所设的官及各官的职守的。其体例，极似明清时的《会典》。须知《会典》原是依据《周礼》的体例编成的。不但《会典》的体例是模仿《周礼》，就是隋唐以后的官制，其大纲也是模仿《周礼》制定的。《周礼》有天、地、春、夏、秋、冬六官，后世就模仿之而设吏、户、礼、兵、刑、工六部。《周礼》的地官司徒，就是后世的户部，是管理人民的。治理地方的官，都属司徒管辖。他们都可以治理狱讼。狱便是现在所谓刑事，讼便是现在所谓民事。然而他们所用的惩罚，只能到拘禁和罚做苦工为止。如要用兵器伤害人的身体，那是要移交司寇办理的，司寇便是后世的刑部，其长官称为司寇，寇是外来的敌人。听讼之官谓之士，其长官谓之士师，师字的意义是长，士师就是士的长，士则本是战士的意思。然则古代用兵器伤害人的肉体，使其蒙不可恢复的创伤，其根本，实在是从战争来的，不是施之俘虏，就是施之内奸。后来社会的矛盾渐渐深刻了，才有以此等惩罚施之于本族，用之于平时的。然而管理本族人民的机关里，还是不能用。这一因其为习惯之所无，一亦因此等施刑的器具及其技术，本非治理本族的机关里所有，所以非把他移交到别一种机关里不可。把现在的事情比附起来，就是从司法机关移交军法审判了。

古代有所谓五刑，都是伤害人的肉体的，便是墨、劓、剕、宫、大辟。墨是在脸上刺字；劓是割去鼻子；剕亦作膑，是截去足趾。宫，男子是阉割，女子是把她关闭起来；大辟是杀头，这是伤害人的生命的，和墨、劓、剕、宫又有不同，所以又称为大刑。五刑对于男子，都是伤害身体的，独宫刑对于女子不然，不过是拘禁。这亦伤害肉体之刑，原起于军事，因为在军事中，女子倘或做人俘虏，战胜的人还要用来满足性欲，所以不肯施以阉割，于是自古相传阉割之刑，只对于男子有之。到后来，要将此刑施于女子，就只得代以不伤肉体的拘禁了。

伤害身体的刑罚，最初只施诸异族，或者内奸。所以较古的法子，是“公家不畜刑人，大夫不养”。这话亦见在《礼记·王制》

上。因为俘虏原来是敌人，内奸是投降异族的，也和敌人一样，怕他们报仇之故。到后来伤害身体的刑罚，渐渐的施诸本族了，于是受过刑罚的人，其性质的可怕，就不如前此之甚，因此，就要使他们做些事情。《周礼》这一部书，从前有人说他是周公所作的，这是胡说。这部书所采取的，大概是东周以后的制度，时代较晚，所以受过各种刑罚的人，都有事情可做。而其中受过宫刑的人所做的事情是“守内”。因为古代的贵族，生怕他的妻妾和人家私通，所以在内室里要用阉割过的人。

到后来，就有一种极下贱的人，虽未受过宫刑，而希望到贵族的内室里去服役，就自行阉割，以为进身之阶了。宫刑，当隋文帝时业已废除。自此以后，做内监的人，都是自行阉割的。汉时虽还有宫刑，然据《后汉书·宦者列传序》里说，当时的宦者，亦以自行阉割进身的为多。后汉时的宦官，即专用此种人。自此以后，宦官二字，遂成为此种人的专称，失其本义了。

皇帝为什么会相信宦官呢？在历史上，有少数是因其性多疑忌，以为朝臣都要结党营私；只有宦官，是关闭在宫里，少和外人交接，结党要难些；而且宦官是没有家室的，营私之念也要淡些；所以相信他的。

然而这只是极少数。须知古来的皇帝，昏愚的多，贤明的少。这也并不是历代的皇帝生来就昏愚。因为人的知识，总是从受教育得来的。这所谓教育，并非指狭义的学校中的教育，乃是指一切环境足以使我们受其影响的。如此说来，皇帝所受的教育，可谓特别坏。因为他终年关闭于深宫之中，寻常人所接触到、足以增益知识的事情，他都接触不到。所以皇帝若是一个上知，也仅能成为中人；如其本系中人，就不免成为下驷了。

皇帝是一个最大的纨绔子弟，要知道皇帝的性质，只要就纨绔子弟加以观察，就可以做推想的根基了。纨绔子弟不是有的不肯和上等人交接，而专喜和奴仆攀谈，且专听奴仆的话么？这是因为他们的知识，只够听奴仆的话，而且只有奴仆，本无身份，亦无骨气，所以肯倾身奉承他们。历代皇帝的喜欢宦官，其原理亦不过如此。但是有等人，因其所处地位的重要，其所做的事，往往会闯出大乱子来。譬如在前清末年，慈禧太后和光绪皇帝不和，这在民间，也闯不出多大的乱子。母子不和之事，我们在社会上亦是时时看到的。然在皇室之中，就因此而酿成“戊戌政变”“庚子拳乱”种种关系大局之事了。历代皇帝喜欢宦官，所以酿成大患，其原理亦不外此。

三　外戚

宦官是后汉的乱源，这是个个人都知道的了，却不知道后汉还有一个乱源，那便是所谓外戚。什么叫作外戚呢？外戚便是皇帝的亲戚，俗话谓之国戚。其实这是不通的。皇帝是皇帝，国家是国家，如何好并作一谈呢？但是君主专制时代的人，对于这个区别是不甚清楚的。所以皇帝的舅舅，就唤作国舅。

读者诸君，不还记得《三国演义》上，有“何国舅谋诛宦竖”一回么？何国舅便是何进。他是后汉少帝的舅舅，少帝名辩，是灵帝的儿子，正宫皇后何氏所生。灵帝不喜欢他，而喜欢后宫美人王氏所生的儿子，名唤协。不立正宫皇后的儿子做太子，却立后宫美人的儿子，在君主时代唤作“废嫡立庶”，是违反习惯的，不免引起朝臣的谏阻，招致全国的批评，所以灵帝迟迟未能举行。后来却一病死了。

据历史上说：灵帝是把后事嘱托宦者蹇硕，叫他拥立协做皇帝的。当灵帝死的前一年，曾设立八个校尉。校尉是汉朝直接带兵最高的官，就像现在的师长一般。凡校尉手下，都是有兵的。再高于校尉的将军，却像现在的军长一般，手下不一定有兵了。当时设立八校尉，其中第一个便是蹇硕。其余七个校尉，袁绍、曹操，还有后来属于袁绍、乌巢劫粮时为曹操所杀的淳于琼，都在其中。历史上说其余七校尉，都统于蹇硕。大约蹇硕是八校尉中的首席。以一校尉而兼统七校尉，其实权就像将军一般，不过没有将军的名目罢了。大概因为他是宦官，不好加他以将军的称号罢。然而其实权的不小，却可想见了。当时到底是灵帝因为他有兵权，把废嫡立庶的事嘱托他？还是他因兵权在手，生出野心，想要废嫡立庶，诈称有灵帝遗命？我们现在也无从断定。

何进，灵帝时外戚、大将军，曾谋杀宦官，后为宦官张让等所杀

须知历史上这类不知真相、难以断定的事实，正多着呢。灵帝未曾废嫡立庶，灵帝死后，一个宦官

却出来干这件事，无论其立心如何，在法律上总是毫无根据的，非靠实力不能解决。蹇硕虽是八校尉的首席，其余七校尉未必肯听他的命令。而且八校尉只是新设的兵。在京城里还有旧有的兵呢。旧有的兵属谁？那何进在名义上是大将军，一切兵都该听他的调遣的。汉朝离封建时代近，大家都有尊重贵族之心。国舅是贵族，容易得人拥护。宦者却是刑余贱人，大家瞧不起的，无人肯听他的命令。所以蹇硕在当时，要废辩而立协，名义上既觉得不顺，实力上，倘使为堂堂正正的争斗，亦绝不能与何进敌，只有运用手段，把何进骗进宫里去杀掉之一法。在宫外是大将军的势力大，在宫内却是宦官的势力大，宫禁是皇帝所在，攻皇宫就有造反的嫌疑，这件事无人敢轻易做。蹇硕在当时，倘使真能把何进骗进宫杀掉，他的希望，倒也或许可以达到，至少是暂时可以达到的。苦于何进也知道他的阴谋，不肯进宫，蹇硕无法，只得听凭辩即皇帝位。此即所谓少帝。蹇硕既未能废立，那不过是一个宦者，他手下的兵，是既不足以作乱，也不能拥以自固的，就给何进拿下监，治以死罪。

当后汉时，宦官作威作福，天下的人民恨极了。当时的士大夫也都痛恨他。这时候，要诛戮宦官的空气，自然极其浓厚。何进便想把专权得宠的宦官，一概除尽。然而宦官和太后是接近的，天天向太后诉苦。女人家的耳根是软的。听了他们的话，就不肯听从何进的主张。何进无法，乃想调外边的兵进京来威吓太后。这样一来，宦官知道事情危急，乃诈传太后的诏旨，叫何进入宫。何进想不到这时候的宫内还会有变故，轻率进去，竟给宦官杀掉。宦官此等举动，不知道是以为无人敢犯皇宫呢？还是急不暇择，并未考虑？总之，在此种情势之下，还要希望人家不敢侵犯皇宫，就没有这回事了。这时候，袁绍的堂兄弟袁术正受何进之命，选了两百个兵，要去代宦官守卫宫禁。听得这个消息，就去火烧宫门，攻击宦官，宦官如何能抵敌？只得挟持少帝，逃到黄河边上的小平津。有的为追兵所杀，有的自己投河而死在京城里。那袁绍此时，正做司隶校尉，是京城里管缉捕督察的官，把他（们）尽数搜杀。

宦官到此，算（被）一网打尽。然而西凉将董卓，亦因应何进之召，适于此时入京。西凉的兵是强的。董卓又是个粗暴的人，敢于妄作妄为。进京之后，便专擅朝权。把少帝废掉，而立协为皇帝，这个就是汉献帝。于是袁绍逃到东方。东方的州郡，纷纷起兵，讨伐董卓。董卓就把洛阳烧毁掉，逃到西京长安。东方起兵的人，并无意于讨伐董卓，各自占据地盘，互相争夺，天下就从此分裂了。

追源祸始，宦官固然不好，外戚也不是好东西。因为外戚不好，后汉的皇帝总和宦官合谋诛戮他，宦官因此才得专权，而和外戚亦遂成为不两立之势。积聚了许多次的冲突，最后一次，到底撞出很大的乱子来，其事就不可收拾了。所以外戚也不能不算是后汉的一个乱源。然则外戚到底是一个什么东西呢？

我们现在，“亲戚”二字是指异姓而言，古代却不然。“戚”字只是“亲”字的意思。凡是和我们有血统上的关系的，都谓之戚。我们的血统是有父母两方面的。父亲的父母和母亲的父母，父亲的兄弟姊妹和母亲的兄弟姊妹，和我们的关系，正是一样，夫妻之间，妻对于夫之父母，和夫对于妻之父母，其关系也是一样的。但是从父系家庭成立以来，父亲一方面的亲属和我们是一家人，母亲一方面的亲属却是两家人。夫妻之间，妻是住在夫的家庭之内的，夫的家就是妻的家，妻的家却不是夫的家。凡在家庭团体以外的人，古人都于其称谓之上，加一个外字，以示区别。所以母亲的家庭，称为外家。母亲的父亲，称为外祖父母。妻称夫的父母为舅姑，夫却称妻之父母为外舅外姑。“外戚”二字，正是一个意义，就是指不是一家的亲属。单用一个“戚”字，或用“亲戚”两字，则是指一个家族以内的亲属的。

古人对于血统有关系的人，亲情特别厚，后世的人却淡薄了。世人都说：这是古代的人情厚，后世的人情薄。其实不然。亲密的感情，是从共同生活而来的。所谓生活的共同，并不限于财产相共。凡一切事实上的关系都是。如几个人共同经营一件事业，共同研究一种学问，都是生活有关系。所以现在同事或同学之间，感情会特别亲厚。人类的团体，其范围是愈扩愈大的。所以愈扩愈大，则其根源是经济上的分工合作。譬如现在，上海木匠所用的木材，或者是江西、湖南等省贩来的，或者是外国贩来的。如此，上海的木材行，就不能不和江西、湖南等省的人有关系，甚而至于不能不和外国人有关系。各省或各国的人都可以做起同事来。既利害相同，又时时互相接触，彼此之间，自然容易互相了解，而其感情自然也易于浓厚了。这是举一事为例，其余一切都是如此的。古人则不然。其时交通不便，这一个部族和那一个部族，往往不相往来。事实上有关系和互相接触的，都限于部族以内。亲厚的感情，自然也限于部族以内了。古代同部族之中，大抵是血缘有关系的人。后人不知道其感情的亲厚，由于当时人的生活局促于部族之内，误以为血缘有关系的人，其感情自然会特别亲厚。遂以为血缘有关系的人，其间另有一种天性存在，这真是倒果为因。假如血缘有关系的人，其间自然而然会有一种天性存在。那么，把小孩从小送入育婴堂里，为什么长大后，不会自然认得其父母呢？所以现在伦理上所谓天性，无不是事实所造成，根本没有一件是生来就有的性质。读者诸君一定要驳我，说别种性质都可以说是事实造成的，母爱怕不能这么说罢？不然，最初的人类如何能绵延到如今呢？当时是没有所谓社会习染的，最初的母亲，如何会自动抚育其子女呢？要问这句话，只要请你就动物试验试验。假如你家里有雌猫，当它生小猫的时候，你试把它自己所生的取掉，换几只别一只猫所生的小猫给它，它一样会把乳给他吃的。可见母猫的哺乳小猫，只是满足它自己的哺乳欲，哺乳欲是并不限于自己所生的幼儿的。人类远古的母亲怕也是如此。以当时人类能力的薄弱，倘使个个母亲都只肯抚育自己所生的子女，那怕人类真不会绵延至于今日了。然而人类这一类倒果为因的误解，是非常之多的。既误以为血缘相近的人，其间有一种特别的天性，就以为血缘相亲近的人，在伦理上应当特别亲厚，于是有国有家的人，也就要特别任用自己的亲戚了。

亲戚分为两种：一种是父系时代自己家里的人，后世谓之宗室。一种是母亲家里或者妻子家里的人，后世谓之外戚。

伦理上的训条只是一句空话。到实际上的利害和伦理上的训条相冲突的时候，普通人是不会遵守训条、不顾利害的。所以古人误以为宗室外戚和自己特别亲厚，而把他们封了许多国，到后来，其冲突就起于宗室和外戚之间。因为并吞人家的国，利益就大，也就顾不得什么一家不一家，亲戚不亲戚。试看东周列国，互相吞并，其间哪一国不有同姓或者婚姻的关系呢？然而直到汉朝，人心还没有觉悟。汉高祖得了天下，就把子弟及同姓分封了许多在外边，而朝内之事，则专一付托吕后。诸位读过《两汉演义》么？韩信、彭越是何等样利害的人？为什么都会给吕后杀掉？这不是汉高祖自己在外面跑，把京城里一切政治都交付给吕后，才会这样么？倘使吕后亦像别一朝太平时代的皇后，专门坐在宫里，不管外事，能够忽然跳起来杀掉这两个人么？可知后来吕后的临朝称制，事非偶然了。

一种不适宜的制度，人类是非经过长久的经验，不会觉悟的。把宗室封建于外，后来要互相攻击，甚而至于对天朝造反，这是从封建时代就积有很长久的经验的。所以秦始皇并吞六国之后，已不肯再封建子弟。汉高祖虽不行其法，到景帝时吴楚七国造反之后，也就觉悟其制度之不可行，把所封的王国、地方都削小，政权也都夺去了。至于外戚秉政，足以贻祸，则其经验较浅。因为古代等级森严，诸侯是要和诸侯结婚的，和自己国内的大夫结婚，是个例外。所以古代国内，甚少外戚，自然不会撞出多少祸事来。所以在汉代，前汉为外戚王氏所篡，后汉还是任用外戚。所用的外戚，没一个有好结果，然而一个外戚去，一个外戚又来。正和辛亥革命以前，一个皇帝被打倒，又立一个皇帝一样。当一种制度的命运未至灭亡的时节，虽有弊病，人总只怪身居其位的人不好，而不怪到这制度不好。譬如我们现在，天天骂着奸商，却没人攻击商业制度一样。

四 黄巾

后汉的乱源，还有一个“黄巾贼”。“黄巾贼”的事迹，料来诸位都知道的了，用不着在下来谈。在下却想借这机会和诸位谈一谈道教。

大家不都知道，在江西的龙虎山上，有一个张天师么？这天师的称号，从何而来？据《魏书·释老志》说，是这样的：当魏世祖时，有道士寇谦之，少修张鲁之术，后来太上老君下凡，授以天师之位，据太上老君说：自从天师张陵去世，地上久已无修善之人。因为寇谦之为人好，修道诚，所以特将此位授给他的。然则张陵是第一位天师了。张陵是谁？便是三国时代割据汉中的张鲁的祖父。

据《三国志》说，张陵是在四川的鹄鸣山中学道的。要学他的道的人，都要出五斗米，所以时人称为“米贼”。张陵的道，传给他的儿子张衡，张衡又传给他的儿子张鲁，然而《后汉书·灵帝纪》说：中平元年（184年）七月，巴郡妖巫张修反。注引刘艾说：张修替人治病，病好的给他五斗米，号为五斗米师。《三国志·张鲁传》注引魏文帝所做的《典略》也说：灵帝时妖贼大起。在现在陕西省城一带，就是汉朝人所称为三辅的地方，有骆曜。在东方有张角。在汉中有张修。张修之道，称为五斗米道。并没有说起什么张陵和张衡。张修和张鲁都是益州牧刘焉手下的军官，刘焉差他俩去夺取汉中的。既得汉中之后，张鲁又将张修杀却，而并其众。《典略》说五斗米道，本起于张修，张鲁在汉中，因百姓相信张修的道，把他增加修饰的。

倘使张鲁之道，真系受之于其父祖，则三代相传，历时不为不久，为什么魏文帝和他是同时代人，绝不提及其父祖？而且张鲁是江苏丰县人。魏文帝说五斗米道和张角的太平道，大略相同，张角是巨鹿人，巨鹿是现在河北的宁晋县；还有被孙策杀掉的于吉，是琅邪人，琅邪是现在山东的诸城县；其地亦都在东方，为什么五斗米道独出于四川？江苏人跑到四川去传道，固然不是没有的事，为什么其道在四川又并无影响呢？《三国志》和《后汉书》的《刘焉传》都说张鲁的母亲是懂得鬼道的，因此在刘焉家中进出，亦不说她的鬼道和她的丈夫张衡、公公张陵有何关系。

然则张陵到底是怎样一个人物，殊不可知。似乎张鲁既据汉中之后，因人民信奉五斗米道，不能不行，而又不愿意承认此道出于其仇敌张修；五斗米道既为人民所尊奉，把来装在自己的祖父和父亲身上，至少在当时的环境里是光荣的；而且三代相传，则根底深厚，又可以引起人民信仰之心；于是妄言其道出于父祖。然则张陵到底是怎样一个人物，殊不可知，而后世自称为他子孙的人，居然代代以天师自居；历代的政府，也居然多加以天师、真人等封号。倘使张陵有知，怕也要觉得出于意外罢？

替人治病，使人思过，给他符水吃，这是张修和张角相同的。就是于吉，也用符水替人治病的。然而他们的行径，也有大不相同的地方。

张角是要煽动人民造反，夺取天下的。他分遣弟子八人，传道于四方。据《后汉书·皇甫嵩传》说，相信他的人，青、徐、幽、冀、荆、扬、兖、豫八州都有。后汉时这八州，要包括现在江苏、安徽、江西、湖南、湖北、山东、河南、河北八省。他的信徒有几十万人。他把他们部署为三十六方。大方万余人，小方六七千。一朝事泄，他一个命令传出去，这些信徒就同时并起了。他又谣言："苍天已死，黄天当立。"这句话，《三国演义》上有，《后汉书》上也是有的。诸位读了，一定要觉得奇怪，怎么天会死呢？也不过以为草寇的说话，是不通的，不求甚解，一笑置之罢了。其实不然。摇惑人心的话，也是要人家懂得的。倘使没有人懂，还造作他做什么？就使造的人不通，这话又何能风行呢？

须知古人的见解，和今人不同。今人说天子，只是一句空话。古人说天子，则真当他是天的儿子的。这种思想起源很早。到汉朝时候，其迷信还未尽破除。诸位大概都知道汉高祖斩蛇起义这句话。这件事《史记》《汉书》上是这样说的：汉高祖夜行，前有白蛇当道，汉高祖拔剑斩之，高祖走过之后，又有人走过这地方，见有老妪夜哭。问她为什么事情。她说：我的儿子被人家杀了。过路的人问她：你的儿子是什么人？给什么人杀掉？她说：我的儿子是白帝的儿子，现在给赤帝的儿子杀掉了。过路的人听她这话奇怪，觉得她不老实，正要给她些苦头吃，她却忽然不见了。这话自然是假造的。然而为什么要造这段话？就可见得当时的人有此思想，造出来足以蛊惑人心了。什么叫作赤帝、白帝呢？这正和张角所说的苍天、黄天，是一个道理。把天和地当作整个的，天上只有一个总的天神，地下也只有一个总的地神，这是业经进化后的宗教思想，古人却不是这样。

古人所祭的地，只是自己所居住、所耕种的一片土地。这便是现在的社祭。所祭的天，也只是代表一种生物的功用。农作物是靠着四时气候的变化，才能够生长成熟的。古人看了这种变化，以为都有一个天神在暗中主持着，所以有青、赤、白、黑四个天帝，青帝主春生，赤帝主夏长，白帝主秋收，黑帝主冬藏。春生、夏长、秋收、冬藏，都是要靠土地的，所以又有一个黄帝，以主土地的随时变化。古人又很早就有五行的思想，把物质分成五类，那便是水、火、木、金、土。把五行来配五方和四时，则木在东方，属春；火在南方，属夏；金在西方，属秋；水在北方，属冬。这大约因春天草木生长；夏天炎热，火的性质也热；秋天草木都死了，其性质为肃杀，而金属是做兵器的；冬天寒冷，水亦是寒冷的，所以如此配合。至于土，则古人每以自己住居的地方为中心，自然只好位置之于中央；其次序，自然在木火和金水之间了。

古人认为天上的五帝，是应该依着次序来管理人间之事的。为天下之主的，必须是天帝的儿子。所以朝代的更换，便是这一个天帝的子孙，让位给那一个天帝的子孙。这就是所谓“五德终始”。所以我们看古史，往往说某一个帝王是以某德王，如以木德王、以火德王之类。五德终始又有两种说法：一种是依相克的次序，木德之后该金德，金德之后该火德，火德之后该水德，水德之后该土德，土德之后又该木德的。一种是依相生的次序，木德之后该火德，火德之后该土德，土德之后该金德，金德之后该水德，水德之后又该木德的。在秦朝和西汉的前半期，是依着相克的次序。所以秦朝以周朝为火德，自己为水德，汉朝又自以为土德。到西汉的末年，却改用相生之说了，于是以周朝为木德，自己为火德，而把秦朝去掉不算。后来魏文帝代汉，又自以为是土德。

张角说什么苍天、黄天，自然也是想做皇帝的，不过依相克的次序，应该说黑天已死，黄天当立；依相生的次序，应该说赤天已死，黄天当立；总不该说苍天已死，黄天当立。不知道是张角另有说法呢，还是作历史的人弄错了一个字。不过他说到这一类的话，其有取汉朝而代之之心总是显而易见的了。所以我说：张角是要煽动人民造反，夺取天下的。

至于张修，则其规模大不相同。据《三国志》和注引魏文帝《典略》说：他隔了若干里，就设立一个义舍，以便行人歇宿。又把米和肉置于其中谓之义米肉。过路的人都可以按照自已的量吃饱。但是不能多取的，多取的鬼会罚他。他又禁酒。春夏则禁杀生。有小罪的人罚他修路一百步。如此，人民的经济，颇可因之而宽余。

张鲁据汉中，亦有二十余年，始终未曾出兵争夺别的地方。后来曹操去伐他，他的意思还不愿抗拒。可见其宗旨只要保守一地方，与民相安。

于吉又和张修、张鲁不同。张鲁虽无意于争夺天下，扩充地盘，毕竟还带过兵，打过仗。张修并还造过反。至于于吉，则大约是个文人。所以《三国志·孙策传》注引《江表传》说：他在现在的苏州，设立精舍，这精舍乃是汉人读书讲学之处。他的被杀，《江表传》和注所引的《搜神记》，说法亦有不同。《江表传》说：孙策在城楼上聚会诸将宾客，于吉从楼下走过，诸将宾客有三分之二都下楼迎拜他。孙策大怒，说他摇惑众心，使自己手下之人失掉君臣之礼，就把他捉起来。信奉于吉的人，都使家中的妇女去见孙策的母亲，替他求情。诸将又联名请求孙策，要替他保全性命。孙策不听，竟把他杀了。《搜神记》说：孙策要乘虚袭击许昌，带着于吉同行，时适大旱，舟行困

孙策

难。孙策一清早就自出督促。将吏却多在于吉处，不能依时聚集。孙策大怒，说他败坏部伍，就把他绑在地上晒，叫他求雨，说午时以前得雨就赦他。果然大雨倾盆，大家以为孙策要赦他了，孙策却竟把他杀掉。这两说谁真谁假，连写《三国志注》的裴松之，也不能决断。依我看来，都未必确实。因为《江表传》说：诸将替他求情时，孙策说，你们不要信他。从前有个交州刺史（交州是现在的越南地方，在唐以前，也是中国的郡县）张津，就是相信这般邪道的，后来到底为外夷所杀。据裴松之说：张津确是死在于吉之后的，就可见得《江表传》的不确。至于《搜神记》说孙策要袭击许都，依我看来，根本没这一回事。这话另有一段考据，只好将来再谈。现在假定我的说法是正确的，《搜神记》的话就也是靠不住的了。但《江表传》和《搜神记》，毕竟是离于吉年代不远的人所做。他们想象中，以为于吉是怎样一个人，毕竟不会错的，据他们的想象，则于吉是一个术士，或者也可以说是一个江湖医生。他至多只能以幕友的资格随军，绝不能带兵打仗的。看孙策手下的诸将宾客如此信奉他，可见他专和阔人来往。和张角、张修、张鲁等，专在小百姓面上做工夫的，又有不同。

须知宗教是有这三种：一种是在小百姓面上做工夫，而想煽动了他们。以图大事的，如近代洪秀全所创的上帝教便是。一种亦是在小百姓面上做工夫，确有些劝人为善的意思的。如波斯的摩尼教，在唐朝时候曾经输入中国。后来被唐武宗禁止了，然而到宋朝时候，人民仍有信奉他的。其教徒都不吃肉，而且还要互相救济，所以多有致富的，能维持一部分人的信仰。还有一种，则是专和上、中流社会中人交接的。如在距今十余年以前，风行一时的同善社就是。这三件年代比较近的事，恰好和汉末的张角、张鲁、于吉做一个比喻。

这种宗教，因其教理大都浅陋；而且既是宗教，总不免有些迷信的地方。迷信这件事，是在本团体以内便被视为神圣，在本团体以外就会被视为邪道的。再加张角一类人，借此煽动人民以图大事，就更被一般人所痛恶，要目为邪教；而政府也要加以禁止了。然第三种不过可鄙，并不会有什么大害。第二种还可以说是有些益处的，只有第一种危险些。然而第一种的危险，实仍由于社会的不安，和宗教的本身并无多大关系。《后汉书·杨震传》说：他的孙儿杨赐，在灵帝时位居司徒，曾上疏说张角所煽惑的全是流民。这件事，但惩治张角，是无用的。要令各地方的官吏把流民都送还本乡。然后把太平道的头目惩治几个，其事就不劳而定了。可见得张角的能够发动人民，全由于社会的不安。宗教的本身并无多大力量。

还有，后世所谓道教，其根源，分明是出于张角、张修、张鲁、于吉一班人的，和老子毫无相干，他们却都奉老子为始祖。因为老子这一派学问，古代称为道家，他们的教就称为道教；而且竟有称佛道为释老的，如《魏书》的《释老志》便是，这又是什么道理呢？我说：这是因黄帝而牵及老子的。据《后汉书》说，张角所奉的道，称为黄老道，而《典略》说张修在汉中，并不置官吏，但令教中的祭酒治理百姓，祭酒要将老子的五千言教人学习。老子的五千言和张修之道有何关系，而要使人学习呢？原来秦汉时的方士，就是教秦始皇、汉武帝派人到海外去寻神仙、炼合丹药服之以求不死的，都依附于黄帝。黄帝是没有书的。老子却有五千言。黄老在秦汉时代是并称的。张角、张修、张鲁、于吉等的道术，本来和方士有相当的关系，就因黄帝而牵及老子，把老子的书来使人诵习了。反正是当他咒语念，管什么意义合不合，念的人懂不懂呢？而老子，就这么糊里糊涂地被人牵去，作为他们教中的始祖了。倘使老子地下有知，怕更要莫名其妙罢？

五　历史和文学

讲《三国志》，大家最喜欢听的是战事。我现在说了许多话，一点战事也没有提到，读者诸君一定要不耐烦了。且慢！战事是可以讲的，《三国演义》式的战事，却不能讲，因为这根本是文学，不是历史。文学固然有文学的趣味，历史也有历史的趣味。

充满了离奇变幻的情节，使人听了拍案惊奇，这是文学的趣味，但意义实在是浅薄的。因为文学是刺激感情的东西。要求感情满足，其势不能使人多用心。所以演义一类的书，所说的军谋和外交手段等，看似离奇变幻，神出鬼没，要是我们真肯用心，凭着事理想一想，就知道他所说的话，都极幼稚，只好骗小孩子罢了。

讲历史却不然。历史上的事情，都是真实的。其中如军谋和外交问题等，关系何等重大！应付这些问题的人，各方面都要顾到。而他们当日的环境，就是他们四面八方的情形，十分里倒有八九分是我们现在不知道的。那么，他们当日应付的手段，我们如何会了解？更何从批评其得失呢？

俗话说："旁观者清，当局者迷。"这句话，只是旁观者不负责任之辞，并不是真理。因为当局者的环境，旁观者总不能尽知。假如一个人对付一个问题要顾到三方面，而旁观者只知道两方面，那从旁观者看起来，这个问题自然要好对付得多。在当局者，还要多顾全一方面，旁观者所主张的办法，他就绝不能采用。在旁观者看来，他的手段就很不高明，而要说他是一个迷者了。其实何尝是如此呢？读史的所以难，解释古事、批评古人的所以不可轻易，其原因就在乎此。

然则史事根本无从说起了，还会有什么趣味呢？不，听我道来。古人的环境我们固然不能全知道，也不会全不知道。因而古人所做的事情，我们绝不能全了解，也不至于全不了解。所以解释古事、批评古人，也不是绝对不可以，不过要很谨慎的，限于可能的范围以内罢了。谨守着这个范围，我们能说的话，实在很少。然在这些少的话中，却多少见得一点事实的真相。其意义，要比演义等假设之以满足人的感情的，深长得多。满足感情固然是一种快乐，了解事实的真相，以满足求知的欲望，又何尝不是一种快乐？所以有史学天才的人，听了我的话，固然不会比听《三国演义》乏味，就是通常人听了我的话，也不一定会觉得乏味的。因为历史上有许多问题，原是普通的问题，人人能够了解的，学问的能够通俗化，其原因就在于此。

六　后汉的地理

现在要说三国时的战事了，却还要请诸位耐烦一些，听一听东汉时地理的情形。东汉的行政区划是分为十三个州，十二个州各有一个刺史，又有一个州则是属于司隶校尉的。把现在的地方说起来，则

幽州　包括河北省的北部和热河（编者注：旧省名，今辽宁省西部，河北省东北部）、辽宁两省，还包括朝鲜半岛的北部。因为朝鲜在汉时，也是中国的郡县。

冀州　河北省的南部。

并州　山西省的大部分、陕西省的北部和察哈尔（编者注：旧省名，并入今河北、山西）、绥远（编者注：旧省名，并入今内蒙古自治区）两省的一部分。

凉州　大略是现在的甘肃和宁夏两省。

青州　山东省的东北部。

兖州　山东省的西部和河南省的东北部。

豫州　河南省的东南部和安徽的江北。

徐州　山东的东南部和江苏的江北。

扬州　江苏、安徽的江南及江西，浙江、福建三省。

荆州　河南的西南部和湖南、湖北两省。

益州　陕西省的南部和四川、云南两省。

交州　广东、广西两省区，还包括现在的越南。因为越南在

汉时，也是中国的郡县。

司隶校尉　河南省的西北部、山西省的西南部、陕西省的中部。

汉朝的行政区划，下级的是县。这和后世的情形是一样的。是官治的最下级。自此以下，就只有自治的机关，而没有官治的机关了。上级的是郡。郡的幅员，在中原繁盛之地，和前清时代的府差不多。县的长官，户口多的称为令，少的称为长；郡的长官，称为太守；都是地方行政官。郡以上更大的区域称为州。每州有一个刺史，却是监察官而不是行政官了，所以他查察人家的失职与否，而自己并不办事。而且所监察的专注重于太守，县以下的事情，即非其所问。

原来秦汉时代的县，就是古代的一个国。诸位总还有读过《孟子》的。《孟子》的《万章下篇》说古代国家的大小，不是说“天子之地方千里，公、侯皆方百里，伯七十里，子、男五十里”么？《汉书·百官公卿表》说：汉朝承袭秦朝的制度，每一县的地方，大概是方一百里。我们读《左传》等书屡见当时的大国灭小国而以为县，而秦汉时的县名，和古代的国名相同的很多，就可见古代之国被灭之后，在大国中仍成为一个政治单位。春秋、战国之世，次等国大约方五百里，如《孟子·告子下篇》说：“今鲁方百里者五”便是。大国则方千里，如《孟子·梁惠王上篇》所说：“海内之地，方千里者九，齐集有其一”便是。这其大小，就是《万章篇》所说的天子之国了。所以孟子说梁惠王，说齐宣王，都希望他们行王政而王天下，因为他们实在有这个凭借。

在春秋以前，大国或次等国灭掉了别一国，大概都把他作为自己国里的一县，直隶于中央政府，其上更无任何等级。战国时

秦始皇像

的大国，才有在边地置郡的，内地还没有什么郡。郡的兵力比县要充足些。所以战国时，秦王派甘茂去攻韩国的宜阳县，甘茂说：宜阳虽名为县，其实是郡，是不容易攻的。内地用不到很厚的兵力，所以各国都不设郡。到秦始皇灭六国，六国的人民都非心服，到处都有用兵力镇压的必要，所以把天下分做三十六郡，而郡就成为普遍的制度了。所以郡的设立，根本就是为镇压起见，并不是为治理地方起见。

但是既不放心各地方的人民，怕其要反叛，县的兵力不足镇压，而要设置了许多郡守，又怕郡守的权力太大了，于己不利，于是每郡又派一个御史去监视着他。到汉朝，皇帝不再派御史，而由丞相分派若干个史，出去监察各郡，这个史便称为刺史。刺史本非行政官，一个刺史监察几个郡。只是办事上一个分划的手续，并不是什么行政区划，所以其初并没有州的名目而称之为部。这部字，便是现在部分两个字的意思。到后来才改称为州，但是名目虽改，其实权还是一样。直到后汉灵帝时候，改刺史为州牧，其实权才有变更的。改刺史为州牧，前汉时就有此举，但是不久又改回来了。

当时主张改刺史为牧的人，议论是这样的，他们说：刺史的责任在监察太守，可是他们的官位比太守小，他们的资格也比太守浅。

政治上的秩序，是要使大官去治小官，不该使小官去治大官的。所以要把刺史改名为牧，算做太守的上级官，用资格深的人去做。其实这话是错的。监察和行政是两个系统。监察一系的官吏，可以监察行政官，乃其职权如此，并非把其官位和所监察的官的官位，比较大小而定的。而在事实上，则行政官宜用资格较深的人，监察官宜用资格较浅的人。因为行政有时候要有相当的手腕，而且也要有相当的技术。这是要有经验然后才能够有的，所以要用资格深的人。至于监察官，则重在破除情面。要锋锐，不要稳重。要有些初出茅庐的呆气，不要阅历深而世故熟。要他抱有高远的理想，看得世事不入眼，不要他看惯了以为无足为怪。要他到处没有认得的人，可以一意孤行，不要交际多了，处处觉得为难。把现在的事来说，学校里初毕业的人，文官考试刚录取的人，宜于做监察官。在官场上办过若干年事情的人，宜于做行政官。而且行政宫和当地的人，总不能毫无联络。对于土豪劣绅等，有时虽明知其不好，也不容易专走方路，把他尽情惩治的，因为如此，他就要暗中和你为难，使你缓急之际办事棘手，有时为害甚大。就是平时的政务，也不免要受他牵掣的。我前文说行政官必须要有些手腕，这也是其中的一端。至于监察官，则根本不办什么事情，不怕你掣肘。而且汉朝的刺史，只有一年一任，到你要和他为难，他倒早已离开你这地方了。土豪劣绅的势力，大抵只限于本地。要离开本地，赶进京，或者到别地方去和前任刺史为难，是不容易的。所以汉朝刺史的制度，确有相当的价值。前汉时主张改刺史为州牧的人，其议论实不得当。所以后来行之而不好，就不得不将旧制回复了。

但是到东汉末年，此论复起。主张的人，便是刘璋的父亲刘焉。他的理由是四方多乱，非有资深望重的人不能镇慑；而资深望重的人是不能使他为刺史，而不得不改其名为牧，以示隆重的。当时听了他的话，便派了几个资深望重的人出去做州牧。其余不重要的去处，还是称为刺史。到后来，则一个人往往先做刺史，过了几年，资格渐深，名望渐高，然后升为州牧。论当时的情势，有实力的人，无论称为刺史，或称为牧，其能霸占一地方，总是一样。而且既占一地方之后，其势也不得不升他做牧。但是有几个人，其能霸占一地方，和州牧的制度也是有些关系的。譬如刘表，若非有州牧之制，他这种名望很高的人，或者就不会久任一州的刺史。又如他的名目只是刺史，在地位上比州牧要低些，或者他也要小心一些，有许多僭越的事情，根本就不敢做。所以把后汉末年的分裂，过分归咎于州牧之制，是不对的；然而州牧之制，确也有相当的关系。据地自专，和中央政府反抗，是要有相当大的地盘的。从春秋以来，像后世一府这么大的地方，就不足以为轻重。所以和鲁国差不多大小的国，如宋国、卫国、郑国等，都不能和大国相抗，到秦汉之世，此等情形就更为显著。

诸位有读过柳宗元的《封建论》的么？他的《封建论》里有一句说：汉朝“有叛国而无叛郡”。这就因为汉时的郡，只有后世一府这么大，而汉初所封诸国，都兼五六郡之地之故。后汉末年，割据的人，大约都有一州或大于一州之地，也是为此。后汉的十三州，大小是极不相等的。小的如青州、兖州，不过现在山东省的一半。大的如扬州、益州，都要包括现在的好几省。这是因人口多则设治密，而当时的南方还未甚开发之故。所以翻开读史地图来看，吴国的地方并不小于魏，而实力却远不如魏，就是为此。

司隶校尉是前汉武帝所设的官。因当时有巫蛊之祸，使之督捕，是带有非常时期的侦缉性质的。后来事过境迁，此等特殊性质渐渐消失，乃使其监察数郡。在这一点上，其性质与刺史无异。所以后汉有十三州，中有一州不设刺史而即由司隶校尉监察。

七　董卓的扰乱

现在真要说起三国时的战事来了。说起三国时的战事来，第一个要提到的，便是董卓。董卓到底是怎样一个人呢？

三国的纷争，起于汉献帝初平元年东方州郡的起兵讨伐董卓。其时为公元 190 年。直到晋武帝太康元年，把东吴灭掉，天下才算统一。其时为公元 280 年。分裂扰乱的局面，共历九十一年。政治上最怕的是纲纪废坠，纲纪一废坠，那就中央政府的命令不能行于地方，野心家纷纷乘机割据，天下就非大乱不可了。

专制时代的君主，虽然实际也无甚能力。然而天下太平了几十年，或者几百年，大家都听中央政府的命令惯了，没有机会可乘，绝没人敢无端发难。后汉时，离封建时代还近，尊君的思想极为普遍。读过书的知兵大员，虽然很有威望，兵权在手，也都不敢违犯中央的命令。黄巾虽然勾结很广，起兵时声势浩大，幸而张角并非真有才略的人，一起兵，就被官军扑灭了，其余党虽然未能尽绝；

董卓

黄巾以外，各地方的盗贼起义的虽然还不少，都是迫于饥寒，并无大志。倘使政治清明，再有相当的兵力辅助，未始不可于短期之内剿抚平定的。何进的死，虽然京城里经过一番扰乱，恰好把积年盘踞的宦官除掉了，倒像患外症的施行了手术一般。所以经过这一番扰乱以后，倒是一个图治的好机会。而惜乎给董卓走进去，把中央的局面弄糟了，正给有野心要想割据的人一个好机会。自此以后，中央政府就命令不行，政治上的纲纪全然失去了。所以论起汉末的分裂来，董卓确是一个罪魁祸首。

董卓初进京城时，也未始不想做些好事。当后汉桓、灵二帝时，宦官专权，曾诬指反对的人为党人。把他们杀的杀，治罪的治罪。最轻的，也都不准做官。这个在古时谓之锢，所以史家称为党锢之祸。董卓初进京时，替从前受祸的人一一昭雪，而且还引用了一班名士。有名的蔡邕表字唤作伯喈的，便是其中的一个。

他自己所喜欢的人，只做军官，并不参与政治。倘使他真能听这一班名士的话，约束手下的武人，政治也未始不可渐上轨道。苦于他其实是不懂得政治的人。一上政治舞台，便做了一件给人家借口的事。那便是废少帝而立献帝。在专制时代，无故废立，那是怎样容易受人攻击的事啊！公忠体国之臣，固然皇帝不好，不敢轻于废立。就是奸雄想要专权，甚而至于想要篡位的，也正利于君主的无用，何必要废昏立明？历代篡弑之事，能够成功的，都在权势已成，反对自己的人诛锄已尽之后，哪有一入手便先做一件受人攻击之事的呢？董卓的举动如此，就见得他是一个草包了。

而他所以失败之由，尤其在于不能约束兵士。当时洛阳城中，富贵之家甚多，家家都有金帛。他就放纵兵士，到人家去抢劫，还要奸淫妇女。有一次，他派兵到洛阳附近的地方去。这地方正在作社（中国民间最重的是社祭，就趁这时候，举行种种宴乐、游戏等事，谓之作社），人民都聚集在社庙附近。他的兵，就把男人都杀掉。再抢了他们的车，把所杀的人头挂在车辕上，载其妇女而还。这件事，《三国演义》上也曾说及的。《三国演义》的话，有些固然靠不住，有些却是真的。这件事，正史中的《后汉书》上也有，并非写《三国演义》的人冤枉董卓。他的军队如此，就连京城里的秩序都不能维持，还说得上收拾天下的人心么？无怪东方州郡要起兵讨伐他了。

东方的兵一起，董卓的所作所为，就更不成话了。他的兵虽也相当的强，然而名不正，言不顺。而且东方州郡的兵，声势浩大，也不易力敌的。于是想到从洛阳迁都长安。一者路途遥远，且有函谷关（函谷关，本在今河南的灵宝市，汉武帝时，东移到现在河南的新安县。这是从河南到陕西一条狭路的东口。现在的潼关，是其西口）之险可守，东方的兵不容易到。二者董卓是西凉人，所用的是西凉的兵，长安离他的老家近些。这还可说是用兵的形势不得不然。然而迁都也有迁法。他却令手下的兵，逼着人民迁徙。当时洛阳居民共有数百万人，互相践踏。也有饿死的，也有遇着抢劫而死的，死尸堆满在路上。

他自己带兵，仍留在洛阳附近。一把火，把皇宫、官署、民居都烧毁了。二百里内更无人迹。他又使吕布把汉朝皇帝和官员的坟，都掘开了，把坟中所藏珍宝取去。你想这还成什么行为？无怪批《三国演义》的人，要说他是强盗行径，不成气候了。

当时东方的兵，如果能声罪致讨，这种无谋的主帅，这种无纪律的军队，实在是不堪一击的。至多经过一两次战事，就平定了。苦于这些州牧、郡守，都只想占据地盘，保存实力，没有一个肯先进兵。其中只有曹操，到底是有大略的人。他虽然是散家财起兵，本来并无地盘的，倒立意要成就大事，替义兵（当时称东方讨伐董卓的兵为义兵）画了一个进取之策。诸人都不听，曹操就独自进兵。董卓的兵力是相当强的。合众诸侯的力量以攻之，虽然有余，单靠曹操一个人的力量，自然不够。兵到荥阳，就给董卓的部将徐荣打败。然而曹操的兵虽少，却能力战一天。徐荣以为东诸侯的兵都是如此，也就不敢追赶。

这时候，董卓的兵似乎胜利了，却又有一个孙坚，从豫南而来。孙坚是做长沙太守的。汉朝时候，湖南还未甚开辟，长沙僻在南方，与中原大局无甚关系。倘使做太守的是一个苟且偷安的人，大可闭境息民，置境外之事于不问。孙坚却是有野心的。他听得东诸侯（当时称东方的州牧、郡守为东诸侯，乃是沿用封建时代的旧名词）起兵讨卓，也就立刻起兵。路过荆州、南阳，把刺史太守都杀了。前到鲁阳，这就是现在河南的鲁山县，为从南阳到洛阳的要道。这时候，袁术因畏惧董卓，屯兵在此，便表荐孙坚做豫州刺史。孙坚向北进兵，也给徐荣打败。明年，孙坚收兵再进。董卓使吕布、胡轸去拒敌。二人不和，军中无故自乱。给孙坚打败，把他的都督华雄杀掉。华雄明明是被孙坚所杀的,《三国演义》却说他被关公所斩,这就是演义不可尽信之处了。于是孙坚进兵,离洛阳只有九十里,董卓自己出战,又败。乃留兵分屯关外,自己也退到长安。

董卓这时候,大抵是想雄踞关内,看东诸侯的兵将怎样的。果然东诸侯心力不齐,不能进兵。孙坚进到洛阳,修复了汉朝皇帝的坟墓,也就无力再进了。而且这时候,洛阳业已残破,不能驻兵,只得仍退到鲁阳。倘使这时候,董卓的所作所为,成气候一些,确也还可以据守关内。无如他的所为,更不成气候了。他在关中的郿县(编者注:今陕西省眉县)造了一个坞。据《后汉书》说:高厚各有七丈。《后汉书注》是唐朝的章怀太子(唐高宗的儿子,名字唤作贤)做的,据说其时遗址还在,周围有一里一百步。他在郿坞中,堆积了三十年的粮食。说:“事成雄踞天下,事不成,守此也足以终身了。”你想:乱世的风波,多着呢,险着呢,哪有这种容易的事?而且他一味暴虐,不论文官武将,要杀就杀。于是再没有人归心他。再到明年,就是汉献帝的初平三年(192年),就给王允、吕布合谋所杀。这件事的大概,料想请君都知道的,不必细讲了。

董卓虽死,朝廷却仍不能安静。事缘董卓虽死,他手下的军队还多着呢,都没有措置得妥帖。

排布这件事,是要有些政治手腕的。王允虽然公忠,手腕却缺乏。没有下一道赦令暂安他们的心,然后徐图措置。当时董卓的女婿牛辅,屯兵在现在河南的陕县,吕布既杀董卓,派李肃到陕县,要想借皇帝的命令,杀掉牛辅。这如何办得到?于是李肃给牛辅打败了。吕布便把李肃杀掉。这其实也是冤枉的。牛辅心不自安。有一次,营中的兵，有反去的。辅以为全营都反，取了金宝，带着亲信五六个人逃走，他的亲信又垂涎他的金宝，把他杀掉，将头送到长安。

他的部将李傕、郭汜、张济等，本来是去侵略现在河南省的东南部的，回来之后，军中已无主将。又听得谣言说：京城里要尽杀凉州人。急得没有主意，要想各自分散，逃归本乡。当时有一个讨虏校尉，名唤贾诩的，也在军中，对他们说道：你们弃众单行，一个亭长（汉时十里一亭，亭有长，亦主督捕盗贼），就把你们绑起来了。不如带兵而西，沿路收兵，替董卓报仇。事情成功了，还怕什么？不成，到那时再想法逃走，亦未为晚。一句话点醒了李傕等，就照着他的话行。大约当时想乱的人多了，沿路收兵，居然得到十几万。就去攻长安城。十天工夫，把城攻破了，吕布战败逃走，王允给他们所杀。于是长安为李傕、郭汜所据，张济仍分屯于外。

李傕、郭汜的不成气候，自然也和董卓一样的，纵兵到处抢劫。当时长安附近，人民还有几十万家，因此穷到人吃人。两年之间，几乎死尽了。后来李傕、郭汜又互相攻击。李傕把汉献帝留在营中，做个人质，却派公卿到郭汜营中讲和。郭汜把便把他们都扣留起来。幸得张济从外面来，替他们讲和，汉献帝才得放出。

献帝知道在李傕、郭汜等势力范围之下，总不是一回事。派人去请求李傕，要东归洛阳。使者来回了十趟李傕才答应了。献帝如奉到赦令一般，即日起行。此时护卫献帝的：一个是杨定，乃董卓部将；一个是杨奉，本来是白波贼（白波，谷名，在今山西襄汾县。白波贼，是在白波谷地方做强盗的）帅，后来做李傕部将，又反李傕的。一个是董承，是牛辅的部将。走到华阴，有一个带兵的人，唤作段煨的，把献帝迎接入营。

段煨的为人，是比较成气候一点的。却和杨定不合。杨定就说他要造反，发兵去攻他的营。恰好李傕、郭汜把皇帝放走了，又有些懊悔，乃合兵去救段煨。杨定逃奔荆州。献帝乘机脱身。而张济又和杨奉、董承不合，和李傕、郭汜合兵来追。杨奉、董承大败。乃诈与李傕等讲和，而暗中招白波帅李乐、韩暹、胡才等和南匈奴的兵来，把李傕等打败。李傕等合兵再来，杨奉、董承等又败。乃逃过黄河，暂住在山西安邑县地方。韩暹又和董承相攻。

董承逃奔河内。就是现在河南的武陟县。河内太守张杨，叫他到洛阳去，把宫室略为修理，发兵迎接献帝，回到洛阳。此时洛阳城中，房屋都没有什么了，到处生着野草。百官都住在颓墙败壁之间，有的自出樵采，有的竟至饿死。在洛阳护卫献帝的，是董承、韩暹两人。他俩依旧不和。董承暗中派人去唤曹操进京，以后的大权，就归于曹氏了。

我们总看，从董卓入洛阳以后，到献帝迁回洛阳之时，汉朝的中央政局，可说全是给董卓和他部下的人弄坏的。这件事，别有一个深远的原因在内。我们且看蔡文姬的诗：

汉季失权柄，董卓乱天常，志欲图篡弑，先害诸贤良。逼迫迁旧邦，拥主以自强。海内兴义师，欲共讨不祥。卓众来东下，金甲耀日光。平土人脆弱，来兵皆胡羌。猎野围城邑，所向悉破亡。斩截无孑遗，尸骸相撑拒。马边悬男头，马后载妇女。长驱西入关，回路险且阻。还顾邈冥冥，肝脾为烂腐。所略有万计，不得令屯聚。或有骨肉俱，欲言不敢语。失意机微间，辄此毙降虏。“要当以亭刃，我曹不活汝。”（这十个字，是西凉兵骂俘虏的话）岂复惜性命，不堪其詈骂。或便加捶杖，毒痛参并下。旦则号泣行，夜则悲吟坐。欲死不能得，欲生无一可。彼苍者何辜？乃遭此危祸。

蔡文姬名琰，就是蔡邕的女儿，是后汉时的一个才女。这一首诗，写尽了西凉兵野蛮的情形。

看了“来兵皆胡羌”一句，可知当时西凉兵中，夹杂了许多异族。原来羌人的根据地，本在今甘肃东南部。战国时，才给秦国人赶到黄河西边。羌人就以今青海省城附近大通河流域为根据地。西汉时，中国又经开拓，羌人又逃向西边去了。到王莽末年，乘中原内乱，又渡过大通河来。后汉初年，屡次反叛。中国（汉朝）把他们打平了，都把降众迁徙到内地。一时来不及同化。又贪官污吏、土豪劣绅都要欺凌剥削他们，于是激而生变。从安帝到灵帝，即大约从公元 107 年起到 176 年，七十年之间，反叛了好几次。中国（汉朝）这时候政治腐败。带兵的人都无意于打仗。地方官则争先恐后，迁徙到内地。凉州一隅，遂至形同化外。后来表面上虽然平定，实际乱事还是时时要发动的。

羌人的程度本来很低。他的反叛全是原始掠夺性质。胡本来是匈奴人的名称。后来汉朝人把北边的异族都称为胡。其初，还称匈奴东方的异族为东胡，西方的异族为西胡或西域胡。再后来，便把西字或西域字略去，竟称之为胡了。这一首诗中“来兵皆胡羌”的胡字，大约是西域胡，也是野蛮喜欢掠夺的。

而中国（汉）人和这一班人打仗打久了，也不免要传染上他们的气习。所以当时的西凉兵野蛮如此。带兵的人就要约束，又从何约束起呢？况且董卓自己也是这样的。《后汉书》上说：他有一次到郿坞去，汉朝的官员替他送行。他将投降的几百个人，即在席间杀害。先割掉他们的舌头，再斩断他们的手脚，再凿去他们的眼睛，然后用锅子来煮。这些人要死不得死，都宛转杯案之间。大家吓得筷子等都丢掉了，董卓却饮食自如。他的性质如此，又怎会约束他手下的人呢？他的这种性质，是哪里来的？《后汉书》说他“少游羌中，尽与其豪帅相结”。可见董卓的性质，有一半被他们同化了。不但董卓如此，他的部将和他的兵，怕大都如此。后来“五胡乱华”时，有一大部分人还是带着这种性质的。

可见后汉时西凉兵的扰乱，并不是一个单纯的政治问题，其中实含有很深远的民族问题、文化问题在内了。

八　曹操是怎样强起来的

董卓劫迁献帝之后，东方州郡既无人能跟踪剿讨，自然要乘机各据地盘了。当时的南方还未甚发达，在政治上的关系也比较浅。北方，洛阳残破了。从函谷关以西，则还在董卓手里。所以龙争虎斗，以幽、并、青、冀、兖、豫、徐七州和荆、扬两州的北部为最厉害。这就是现在的山东、山西、河南、河北四省，及江苏、安徽、江西、湖北四省中江、汉、淮、三条大水沿岸的地方。

当灵帝末年，做幽州牧的是刘虞。他是汉朝的宗室。立心颇为仁厚，居官甚有贤名，颇得百姓爱戴。然实无甚才略。幽州有个军官唤作公孙瓒。性情桀骜，而手下的兵颇强，自然不免有些野心。不过当政治上秩序未大坏时，还不敢公然反抗罢了。到董卓行废立之后，情形又有不同。献帝既系董卓所立，在专制时代的皇位继承法上，自不能算作正当。讨伐董卓的人，自然有不承认献帝的可能。于是袁绍和冀州牧韩馥联合，要推刘虞做皇帝。刘虞是没有实力的人，假使承认了，岂非自居叛逆，甘做他人的傀儡，所以坚决不受。反派人到长安去，朝见献帝。献帝正为董卓所困，想要脱身而无法。见刘虞的使者来，大喜。此时刘虞的儿子刘和，还在长安做官。献帝就叫他回见父亲，密传诏旨：令刘虞派兵来迎。刘和不敢走函谷关大路，打从现在商县东面的武关出去。这时候袁术因惧怕董卓，带兵驻扎在南阳。恰好孙坚自长沙带兵而北，把南阳太守杀掉，袁术就趁此机会，把南阳占据起来。迎接皇帝，是一件大有功劳，而且存心要想专权，也是一件大有希望的事。有此机会，袁术如何肯让刘虞独占。刘和经过其境，袁术便把他留下，派人去告诉刘虞，叫他派兵来和自己的兵会同西上。刘虞果然派了几千个马兵来，就叫刘和统带。这事倘使成功，刘虞的名望地位岂不更要增高，公孙瓒要把他推翻就难了。所以公孙瓒力劝刘虞不可派兵。刘虞不听。公孙瓒便串通袁术，把刘和拘留起来，而把刘虞所派的兵夺去。这是董卓劫迁献帝以后，关于帝位问题，当时几个有兵权和地盘的人钩心斗角的一幕。因其事情没有闹大，读史的人都不甚注意，把它淡淡的读过了。其实此项阴谋，和当时东方兵争序幕的开启，是很有关系的。

公孙瓒串通袁术，把刘和拘留起来，刘虞派去的兵夺掉，既阻止刘虞迎驾的成功，又可和袁术相联结。他的阴谋似乎很操胜算了。于是志得意满，以讨伐董卓为名，带兵侵入冀州，要想夺韩馥的地盘。韩馥如何能抵敌？

谁知螳螂捕蝉，黄雀又随其后。鹬蚌相持，渔翁得利，反替袁绍造成了一个机会。此时袁绍正因董卓西迁，还军河北。便乘机派人去游说韩馥。韩馥乃弃官而去，把冀州让给袁绍。袁绍的高、曾、祖、父都是做汉朝的宰相的（所谓“四世三公”，后汉是以司马、司徒、司空算相职的），归心于他的人很多。其才能，比之韩馥，自然也要高出几倍。公孙瓒要占据地盘不得，反而赶去了无用的邻居，换了一个强敌来。世界上的事情，正是变化多端，不由得人打如意算盘了。

袁绍和公孙瓒地势逼近，自然是要想互相吞并，不会合式的。袁术和公孙瓒联结，对于北方也有一种野心。凭空跳出一个袁绍来，这种野心不免要受一个打击。自然要和袁绍不对，顾不到什么弟兄不弟兄了。

曹操和袁绍是讨卓时的友军。当群雄初起之时，各人都怕兵力不够，总想多拉帮手。不是利害真相冲突之时，总要戴着假面具，互相利用。这是当时曹操、刘备、吕布等所以内虽不和，而当人家穷困来投奔时，总要假意敷衍，不肯遽行决裂的原因。袁、曹初时的互相提携，理由亦不外此。

曹操

此时兖州北境，适有乱事，本来的地方官不能平定，曹操带兵去把他打平了。袁绍就表荐他做东郡太守（治东武阳，在今山东朝城县西。编者注：即今山东省莘县）。此事在汉献帝的二年。明年，青州黄巾攻入兖州。兖州刺史刘岱为其所杀。济北（济北国，在今山东济南市长清区南）相鲍信是最赏识曹操的，就劝刘岱手下的人共迎曹操为兖州牧。此时黄巾声势浩大，曹操和鲍信进兵讨伐，鲍信力战而死。曹操到底把黄巾打破。黄巾投降的共有三十多万人。曹操把他精锐的留下，编成军队，称为青州兵。这些都是百战的悍贼。于是曹操不但得兖州为地盘，手下的军队也比较精强了。

南阳在后汉时，也是荆州的属地。这时候的荆州刺史是刘表，已从今湖南境内迁徙到湖北的襄阳，和中原之地接近了，和南阳势尤相逼。孙坚也是个没有地盘的人，屯扎在河南鲁山县境内。袁术就表荐他做豫州刺史，和他互相联结，要想夺刘表的地盘。这样一来，袁绍就要和刘表联结。而徐州和兖州是相接境的。徐州可以吞并兖州，兖州也可以吞并徐州。徐州牧陶谦，照《三国演义》上看来，是一位好好先生，这个不是真相。他虽无才能，而亦颇有野心。青州刺史田楷，则本系公孙瓒的人。

当时的斗争，遂成为冀州的袁绍、兖州的曹操、荆州的刘表站在一条线上，幽州有实权的公孙瓒、寄居荆州境内的袁术和豫州的孙坚、徐州的陶谦站在一条线上的形势。刘备是以讨黄巾起兵的，后来跟随公孙瓒。公孙瓒荐他做平原（今山东平原县）相。平原属于青州，常做田楷的帮手，所以也在公孙瓒、袁术战线之内。

两个集团开始斗争，袁术和公孙瓒一方面是失败了。公孙瓒进兵攻袁绍，既为所败（即《三国演义》所谓袁绍磐河战公孙。据《三国演义》上看，似乎两军无大胜败，实在是公孙瓒败的）。袁术使孙坚攻刘表，虽然战胜，围困襄阳，然孙坚的用兵太觉轻率，因单马独出，被刘表的军士射杀了。刘表就进兵截断袁术的粮道。此事在汉献帝的四年。前一年，公孙瓒已经发动刘备和陶谦，进兵山东西北境，以逼袁绍。给袁绍、曹操联合打败。至此，袁术又自己带兵到现在豫东的陈留。又给曹操打败了。袁术逃到九江。汉朝的九江郡，在现在安徽的寿县，也就是扬州刺史的治所。袁术逃到九江之后，将扬州刺史杀掉，把其地占据起来。寿春虽然是东南重要的都会，其势离北方已经远一步了。陶谦却在此时发动大兵以攻曹操，和下邳（在今江苏邳州市境内）地方自称天子的阙宣联合，攻取了山东的泰安、费县，进逼济宁。

这一年秋天，曹操进攻陶谦，连破了十几座城池。明年夏又继续进攻，直打到徐州东境。曹操的攻陶谦，《后汉书》和《三国志》都说他是要报父仇。这句话是不确的。

曹操的父亲名曹嵩，是沛国谯县人。汉朝的谯县就是现在安徽的亳县。他被杀的情形：《三国志·魏书·武帝纪》说："董卓之乱，避难琅琊，为陶谦所害。"《后汉书·陶谦传》则说他避难琅玡，陶谦的别将（部将离开主将，自带一支兵驻扎在外面的，谓之别将）有守阴平的，士卒贪他的财宝把他袭杀。这两说须互相补充，才觉得完全。曹嵩避难的琅玡。该是现在山东诸城县东南的琅玡山（后汉有琅玡郡，在今山东临沂市北）。董卓之乱，亳县并没有受影响。曹嵩所以要避难，乃因曹操起兵以讨董卓之故。这是避人耳目，并非逃避兵灾，所以要躲在山里。汉朝的阴平县，在现今江苏沭阳县西北，其地离琅玡山颇近，所以守阴平的兵会把曹嵩杀掉。《后汉书》没说出曹嵩避难的原因。《三国志》则没有说明杀害曹嵩的主名。所以我说：二说要互相补充，才觉得完全。至于《三国演义》之说，则出于《三国志》注引《世语》，《世语》说曹嵩的被害，在泰山、华县之间。汉朝的泰山郡，就是现在山东的泰安县，华县就是费县，大约因陶谦曾夺取其地，所以有此传讹，其说全不足信了。然则曹嵩确系陶谦部将的兵所杀。

做主将的固然有约束部下的责任，然亦只到约束为止。部将的兵杀人，要主将负约束不严以外的责任，也是不合理的。所以因曹嵩被杀，而曹操声言向陶谦报仇，理由并不充足。不过师出无名，以此作一个借口罢了。可见得当时用兵的人，论其实际，无一个不意在扩充地盘了。

曹操这一次的用兵，是颇为残暴的。《三国志》谓其“所过多所残戮”。这个不像曹操做的事情。大约这时候，曹操的兵，系以收编的青州黄巾为主力。其人本系强盗，所以难于约束。然战斗力却颇强，所以袁术、刘备、陶谦都非其敌。倘使竟吞并了徐州，则曹操以一人而坐拥两州，形势就更强了。不意忽然跳出一个吕布来。

吕布从长安逃出来之后，就去投奔袁术。袁术很敷衍他。而吕布手下的军队很无纪律，专事抄掠。袁术就有些难于容留他。吕布觉得不安，逃到现在河南的武陟县，去靠河内太守张杨。这时候，长安悬挂赏格，缉拿吕布很急。吕布怕张杨手下的人要谋害他，又逃去投奔袁绍，帮助袁绍攻击常山里的强盗张燕。吕布的武艺是颇为高强的。他手下的军队亦颇精练，而马队尤其得力。

平话中叙述两军争战，大都是将对将厮杀，而兵对兵相厮杀似乎无甚关系。这固然不是事实，然将对将相厮杀，而其余的兵士看着不动，前代亦偶有其事。不过不像平话中所说，以此为决定胜负的要件罢了。像《三国志·吕布传》注引《英雄记》，说李傕、郭汜攻长安时，郭汜在城北，吕布开门迎敌，对郭汜说："咱俩可约退兵马，一决胜负。"郭汜听了他的话，被吕布用矛刺伤。郭汜的从兵，前来解救。二人乃各自退去。就是一个将对将决斗的例子。这大约是古代战争规模很小时，所遗留下来的打法。吕布能刺伤郭汜，可见其武艺确较郭汜为高强。此等个人的勇力，固然不是战争时决定胜负的唯一条件。然主将能冲锋陷阵，确亦足以引起士卒的勇气。

《三国志·吕布传》说他有良马，唤作赤兔。攻张燕时，常和其亲近将校冲锋陷阵，因此得把张燕的兵打破。注引《曹瞒传》说：当时的人有句口头话，说"人中有吕布，马中有赤兔"。到后来，吕布被曹操擒获时，他对曹操说："你所怕的人，也没有超过我的。现在我已经服你了。倘使你带了步兵，我带了马兵，天下不足定也。"他做了俘虏，还说得出这几句话，可见他马队的精强，确非虚语了。兵在精而不在多，曹操的青州兵，以御陶谦、袁术、刘备等久疏战阵、乌合凑集的兵（据《三国志·先主传》刘备离田楷归陶谦时，只有兵一千多人。此外便是杂胡骑及略得的饥民等），虽然有余，以当吕布的兵，确乎是遇着了劲敌了。然而吕布生平，也到处吃军队不守纪律的亏。他在袁绍处便因此而站不住脚。再想投奔张杨，路过陈留，却一时交到好运。

陈留太守张邈，是和曹操最有交情的人。曹操的起义兵讨董卓，张邈就是最先赞助他的。这时候，曹操东征徐州，还对家属说："我如其死了不回来，你们可以去依靠张邈。"其交情深厚如此。陈宫也是曹操的亲信。曹操本来是以东郡太守发迹的。这时候东征陶谦，陈宫却留守东郡，其为亲信可知。不知如何，两个人却反起曹操来了。

《三国演义》说：曹操借献宝刀为由，要想刺死董卓，未能成功，情虚脱逃。董卓行文各处捕拿他。这时候，陈宫正做县令。曹操于路为其所获。陈宫密问，知其用意，感其忠义，弃官与之同逃。路过曹操故人吕伯奢家，同往投宿。伯奢殷勤招待。自己出去买酒，吩咐家人预备肴馔。曹操心虚，听得厨下磨刀之声，疑其有不良之心。再听，又听得里面说道："缚而杀之可乎？"曹操说："是了。"就和陈宫拔剑入内，把吕伯奢家人一齐杀死。直杀到厨下，见绑着一只猪。陈宫说："孟德心多，误杀好人了。"两人只得匆匆起行。路遇吕伯奢买酒回来，曹操又把他杀掉。陈宫大骇。曹操说："宁可我负天下人，不可使天下人负我。"陈宫闻言，恶其狠心毒手，乘曹操熟睡后，想要把他杀掉。再一想，这也不是事。就弃了曹操而去。这是《三国演义》上妆点附会的话。

董卓废立后，曹操改变姓名、弃官东归是有的，却并非因献刀行刺。王允、吕布合谋诛杀董卓，还不能禁李傕、郭汜的造反，以致长安失陷。单刺死了一个董卓。又将如何呢？曹操路过中牟县（今河南中牟县），为亭长所疑，捉住送到县里。有认得他的人，把他释放了，这事情也是有的。然县令并非陈宫。

又曹操过成皋（今河南汜水县）时，到故人吕伯奢家，把他家里的人杀掉，则见于《三国志》注引《魏书》《世语》及孙盛《杂记》。《魏书》说曹操带数骑到吕伯奢家，伯奢不在。他的儿子要和宾客（没有亲族关系，也够不上算朋友，而寄食人家的谓之宾客。文的如门客，武的如上海的老头子家里养活几个白相人，都可以谓之宾客）打劫曹操的马和行李。"曹操手刃击杀数人。"《世语》说伯奢不在，他的五个儿子殷勤招待曹操，而曹操"疑其图己，手剑夜杀八人而去"。《杂记》说曹操"闻其食器声，以为图己，遂夜杀之，既而凄怆曰：宁我负人，无人负我。遂行"。这件事的真相未知如何。然曹操本来是有些武艺的（《三国志·魏书·武帝纪》引孙盛《杂语》，说曹操"曾私入中常侍张让室。让觉之，乃舞手戟于庭，逾垣而出"），汉朝离战国时代近，战国以前本来道路不甚太平。走路的人要成群结队，带着兵器自卫。居家的人亦往往召集徒党，做些打家劫舍，或打劫过往客商之事，根本不足为奇。曹操因疑心吕伯奢家而将其家人杀掉，或吕伯奢的儿子要想打劫曹操而被曹操所杀，都属情理所可有。不过其中并无陈宫罢了。

《三国志·吕布传》注引《英雄记》说：陈宫归吕布后，吕布部将郝萌暗通袁术造反，陈宫亦与通谋。吕布因其为大将，置诸不问。则陈宫似乎是一个反复无信义的人。但《英雄记》的话亦难于全信。

至于张邈，《三国志》说因袁绍和他不和，叫曹操杀掉他，曹操不听，而张邈疑惧曹操终不免要听袁绍的话。因此就和陈宫同反。这话也不近情理。

总而言之，历史上有许多事情，其内幕是无从知道的。因为既称内幕，断非局外人所能知，而局中人既身处局中，断不肯将其真相宣布。除非有种事情形迹太显著了，太完备了，才可以据以略测其内幕，此外则总只好付诸阙疑之列了。陈宫、张邈为什么要叛曹操，似乎也只好付诸阙疑之列。然而这确是当日东方兵争史上重要的一页。

汉献帝五年夏，曹操东征徐州，张邈、陈宫叛迎吕布。兖州郡县到处响应，曹操后方的大本营，此时由荀彧、程昱主持，只保守得鄄城（在河南省濮阳市东）。此外则只有范（今河南省范县）、东阿（今山东阳谷县阿城镇）两县固守不下。此时确是曹操生死存亡的一个关头。倘使其大本营而竟为吕布所破；或者曹操还救，而其主力军队竟被吕布所粉碎；则徐州未得，兖州先失，曹操就要无立脚之地了。幸得三县固守，而曹操东征的兵力也还强盛，乃急急还救。此时吕布屯兵濮阳，《三国志·魏书·武帝纪》说，曹操说：“吕布一旦得一州，不能据东平（汉郡，今山东东平县），断泰山、亢父（今山东济宁市南）之道，乘险要我，而乃屯濮阳，吾知其无能为也。”遂进兵攻之。这话亦系事后附会之辞。吕布的军队是颇为精锐的。他大约想诱致曹操的兵，一举而击破其主力，所以不肯守险。果然，战时，吕布先用骑兵去攻青州兵。青州兵摇动了，曹操阵势遂乱，给吕布打败。这就是《三国演义》上渲染得如火如荼的濮阳城温侯破曹操一役。然曹操兵力本强，又是善能用兵的人，断不至于一败涂地。于是收兵再进。相持百余日，这一年，蝗虫大起，谷一斛卖到五十多万钱。汉朝的一斛，相当于现在的二斗，谷价廉贱时，一斛只卖三十个铜钱。现在卖到五十多万钱，是加出两万倍了。物质缺乏如此，军队安能支持？曹操只得把手下的兵遣散一部分。吕布也只得移屯山阳（汉郡，今山东金乡县）。如此，吕布的攻势就顿挫了，旷日持久，自然于曹操有利。到明年，吕布就为曹操所击破，此时陶谦已死。刘备初与田楷同救陶谦，就离田楷归陶谦，屯于小沛（今江苏沛县）。陶谦死时，命别驾糜竺往迎刘备为州牧。刘备遂领有徐州，吕布为曹操所破，就去投奔刘备。刘备也收容了他。

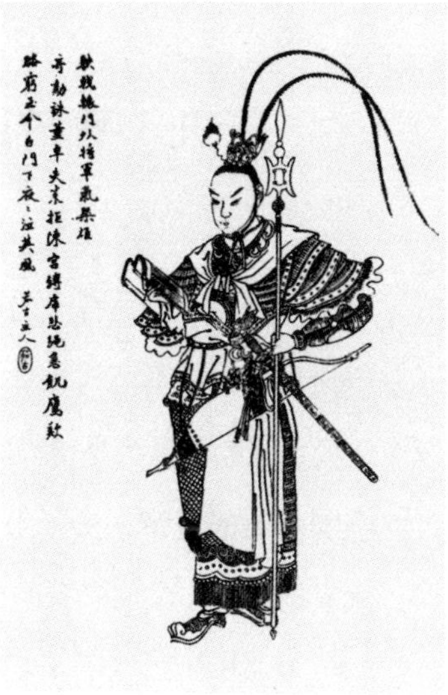

吕布画像

刘备的才略自然非陶谦之比。倘使他据徐州稍久，未尝不可出兵以攻击曹操，倒也是曹操一个劲敌。苦于他旧有的兵力和徐州的兵力都太不行了。而才得徐州，袁术又来攻击。袁术本来是和刘备站在一条战线上的，论理他这时候该和刘备联合以攻曹操。他却贪图地盘，反而进攻刘备。刘备和他相持，吕布又乘虚以袭其后。刘备腹背受敌，只得逃到现在的扬州，遣人求和于吕布。吕布也要留着刘备以抵御袁术，就招他还屯小沛。于是徐、扬二州，因刘备、吕布、袁术三角式的相持，不足为曹操之患，曹操就得以分兵西迎献帝了。

九　曹孟德移驾幸许都

诸葛亮隆中之对，有一句话说："今曹操已拥百万之众，挟天子以令诸侯，此诚不可与争锋。"这句话，是人人知道的。挟天子以令诸侯，大家都以为是曹操胜利的一个条件了。其实亦不尽然。

中国从前的皇帝，实际上并没有什么号召力。除掉异族侵入时，大家把他看作民族国家的象征之外（明朝的皇帝昏庸暴虐的很多，清朝时候，秘密社会里，却持反清复明的宗旨很久，就是为此），这一座宝位不论谁坐都好。自食其力的百姓，何苦要帮这一个、打那一个呢？

即如前汉为王莽所篡，后来光武帝兴起，还是前汉的子孙。而且王莽末年起兵的，真正汉朝的子孙和冒充的汉朝的子孙，光武以外还有好几个。大家就都说人心思汉，所以起兵的都要推戴汉朝的子孙，或假托汉朝的子孙，以资号召了。其实哪有这一回事？要是人心真个思汉，为什么王莽篡汉时，除掉几个姓刘的和一个别有用心的翟义之外，再没有人起而替汉朝抱不平？倒是王莽灭亡时，还有许多人对他效忠、替他尽节呢？然则把王莽说得如何坏，又说当时海内的人心如何思汉，怕只因做《汉书》的班固本是汉朝的亲戚；他又是一个无识见的人，根本不懂得历史是国民的公物，而只把它看成一家的私物吧？（《汉书》也是一部大家崇奉的名著，其实班固这个人是无甚识见的，根本不配写历史。只要看了《汉书》的末了一篇《叙传》，就可以知道。《汉书》的所以被人崇奉：（一）由中国人崇古的观念太深。（二）由古书传世的少了，没有别的书同他校勘，其弱点不易发见。这是一切古书都是这样的，不独《汉书》。《汉书》中自然也有一部分好东西，这是由于作史的总是把许多现成材料编辑而成，并非一个人所作，根本不是班固一人的功劳。）

然则说三国史事，一定要把蜀汉看作正统，魏、吴看作僭窃，也不过是一种陈旧的见解罢了。就说曹操的成功，和挟天子以令诸侯有多大的关系，也是一个不正确的见解。试问当时因曹操挟天子而归顺他的，到底是哪一个？刘备、孙权不就是明知其挟天子而还要和他抵抗的么？然则曹操的所以不可与争锋，还是拥百万之众的关系大，挟天子以令诸侯的关系小。曹操所以能有相当的成功，还是因其政治清明，善于用兵，和挟天子以令诸侯，根本没有多大的关系。

虽然如此，所谓皇帝，在事实上如其略有可以利用之处，想做一番事业的人还是要利用他的。这不过是政治手腕的一个方便，以利用为便则利用之，以推翻为便则推翻之罢了。这在汉献帝初年，本来有两条路线可走。当东方州郡起兵讨伐董卓之时，别立一君，而否认了汉献帝，本亦无所不可。所以袁绍就想走这一条路线，因刘虞的不

曹操和谋士

肯做傀儡而未能成功。到曹操平定兖州之后，要出来收拾时局，这时候的形势，利用汉献帝却比推翻汉献帝便利些。所以曹操就走了后一条路线了。

曹操的打退吕布，平定兖州，事在汉献帝兴平二年（195 年），即献帝即位后的第六年。这一年冬天，献帝逃到河东。其明年，为建安元年（196 年），即献帝即位后的第七年。七月里，献帝回到洛阳。这一年春天，曹操早就打平了现在的淮阳，和洛阳的形势更为接近了。献帝在洛阳，为什么不能自立，一定要叫一支外兵进来呢？说是为饥荒，这句话是似是而非的。饥荒是要望人家来进贡的，用不着带兵来。带了兵来，粮食、赏赐只有格外竭蹶。然则这时候所以要召外兵，还是在中央的几个人势均力敌，不能够互相吞灭，而要召外兵以为援罢了。

《三国志·吕布传》注引《英雄记》，说汉献帝在河东时，曾有诏书叫吕布去迎接他。这一道诏书不知是谁的意思。据事迹推测起来：张杨和吕布是要好的。这时候，张杨业已遣人进贡，汉献帝很得他接济之力。这个主意出于张杨，也很有可能。吕布在这时候，正苦于漂泊无归，找不到一个地盘。而他是诛董卓有功的人，在中央也有相当的历史。倘使带兵勤王，倒也名正言顺，在于他，实在是一个好机会。苦于吕布的军队太穷困了，连开拔费都筹划不出来。因此没有能去。

后来汉献帝又靠张杨帮助之力，才得回到洛阳。这时候，驻扎在京城里的，是韩暹和董承二人。张杨仍在河内。杨奉则驻扎在河南的商丘县。他的兵在诸人中最强。韩暹和董承争权。董承便去勾引曹操，叫他进京。曹操这时候既然平定了兖州，落得再向西南发展，平定豫州，把洛阳也收入自己势力范围之内。要达到这个目的，推翻汉献帝，自不如拥护汉献帝为便，所以曹操就走了勤王的一条路线。这正是我所说的政治手腕上的一个方便，可以利用则利用之。

勾结着曹操去勤王，只是董承一个人的意思。其余诸人有没有问题呢？韩暹大约不足顾虑。杨奉有强兵，张杨是一郡的太守，而且献帝从河东到洛阳，一路得其接济之力。他的举动是比较成气候一些的。倘使要和曹操反对，也是一个小小的阻力。固然，曹操的兵力不会怕这两个人，但能不打总是不打的好。竞争的时候，人人都想保存实力，谁肯妄耗实力呢？好在当这时候，曹操对这两方面都有相当的接洽。

原来这时候，有一个人唤作董昭，本是袁绍手下的人。因为袁绍听信了人家的话，要想加罪于他，他就想走向中央政府去投效。路过河内，被张杨留了下来。这时候，汉献帝尚在河东。曹操也派人去进贡。路过河内，也被张杨所阻。董昭知道曹操的做事是最为有望的，便替他运动张杨，放他的使者过去。后来张杨连董昭也放走了。董昭到了河东，献帝拜为议郎，就做了中央政府的官。这时候，董昭对于曹操，大约抱有很大的希望。所以运用机谋，到处替他开通道路。董昭知道杨奉的兵最强，却没有党羽，他的意思一定希望拉帮手的，就替曹操写了一封信给杨奉，说"现在的局势，不是一个人独力所能平定的。最好你在内中做主，我做你的外援。而且你有的是兵，我有的是粮，我可以供给你。我们两个人正好合作”。杨奉得书大喜。于是曹操进京勤王的阻力，全然除去了。

献帝还洛阳未久，曹操也就到了洛阳。董昭又对他说：“在这里，人多主意多，由不得你一个人做主。不如把皇帝搬到许县（今河南许昌市），只说是洛阳饥荒。为就粮起见。到那里，就离你的兖州近，脱出了这班带兵的人的势力范围了。”曹操说：“这真是好主意。但杨奉怎肯安然放我们过去呢？”董昭说：“杨奉勇而无谋。我们只要再写封信敷衍他，而且送他些礼物。到他觉悟，事已嫌迟了。”曹操又听了他。一面写信送礼物给杨奉，一面就把汉献帝搬到许县。果然，杨奉觉悟了，要想在路上拦阻，已经来不及了。

曹操到了许县，立刻和杨奉翻脸，发兵去讨伐他。杨奉怎敌得曹操，此时韩暹亦已逃到杨奉处，只得两个人同去投奔袁术。后来合了袁术去打吕布。吕布又派人去运动他们倒戈，说我打仗所得的油水全给你。二人欣然允诺。反和吕布合力，把袁术的兵打得大败。然而这种强盗般的行径，终究是站不住的。再后来，杨奉给刘备骗去杀掉。韩暹发急了，他本来是山西的强盗，要想跑回老家，在路上给人杀掉了。他的同党李乐，算是病死的。胡才为怨家所杀。李傕、郭汜一班人，郭汜是给自己的部将杀掉的。张济因没有给养，走到南阳境内，去攻击穰县（今河南邓州市东南），为流矢所中而死。他的侄儿张绣，统领了他的兵，归附了刘表。建安三年，汉朝下诏书给关中诸将段煨等，令其讨伐李傕，把他三族都灭掉。于是从董卓以来，扰乱中央政府的一班人，大概完了。只剩得一个董承。董承本来是牛辅的余孽，哪里是什么公忠体国的人？他叫曹操进京，也不过是想借曹操的力量，排除异己罢了，哪里会真和曹操一心？所以后来，又有奉到什么衣带诏，说献帝叫他诛灭曹操之说。从董卓拥立之后，到曹操进京之前，这一班拥兵乱政的人的行径，献帝还领教得不足么？就是要除曹操，如何会付托董承呢？这话怕靠不住罢？曹操到这时候，势力已成，也不怕什么董承不董承了。所以董承一党人，徒然自取灭亡之祸。只有一个刘备，因在外面，是走脱的。这是后话。

曹操这时候，在名义上做了汉朝的宰相，实际上也得到了一大块地盘，是很有利益的。这一次的事情，得董昭的力量实在不小。董昭并不是曹操的谋臣策士，而如此尽力帮他，那是由于扰乱之际，顾全大局的人总要想大局安定。而要想大局安定，总要就有实力的人中拣其成气候的而帮他的忙。这是从来的英雄所以能得人扶助的原因。明朝的王阳明先生说："莫要看轻了豪杰。能做一番大事业的人，总有一段真挚的精神在内。"可见天下事一切都是真的，断不是像平话家所说，用些小手段可以骗人的啊！

十 袁绍和曹操的战争

袁绍是曹操的大敌。他不但地广兵强，在社会上声望很高，势力极大，即论其才具，在当时群雄中，亦当首屈一指。从袁绍败后，北方就没有人能和曹操抵敌的了，虽然并没有全平定。曹操的破袁绍，事在汉献帝建安五年（200年）。《三国志·魏书·武帝纪》说：

“初，桓帝时，有黄星见于楚宋之分（古人有分野之说，把天文、地理都分画做若干部分，说那一部分天象的变动，主地面上那一部分的休咎，也是一种迷信之谈）。辽东殷逵善天文，言后五十岁，当有真人起于梁、沛之间，其锋不可当。至是凡五十年，而公破绍，天下莫敌矣。”这些话，固然是附会之谈，然而当时的人重视袁曹的战争，也就可想而知了。

怎说袁绍的才具并不算弱呢？读史的人都说袁绍地广兵强，而当曹操没有平定河南以前，不能起而与之争衡，坐令他破陶谦，平吕布，且收服了刘备，赶走了袁术，到他养成气力，挟天子以令诸侯，再要起来和他争衡，就难了。其实不然。

要和大敌争衡，先要后方没有顾虑。袁绍的地盘，是现在河北、山西两省，在建安四年（199 年）以前，问题正多着呢。别的且不论，公孙瓒就是到建安四年三月，才给袁绍灭掉的，而在建安三年的冬天，吕布业已给曹操灭掉了。到四年的春天，河内太守张杨为其将杨丑所杀，又有一个唤作眭固的，杀掉杨丑，归附袁绍，曹操就进兵把他打破，这一年八月里，曹操进兵黎阳（汉县，在今河南浚县东北），旋又回兵。而分兵把守官渡（城名，在今河南中牟县东北）。此时曹操的兵力，业已达到河北了。袁绍从公孙瓒破灭以后，就派他的大儿子袁谭去守青州，第二个儿子袁熙去守幽州。又派他的外甥高幹去守并州，其布置并不算迟。

至于说他坐视曹操入居中央，挟天子以令诸侯，以致于已不利，则当时挟着一个天子，实际并无甚用处，在上一节中业经说过；而袁绍在曹操迁献帝于许都之后，曾经挟着兵威，胁迫曹操，要令他把献帝迁徙到鄄城，置于自己势力范围之内。袁绍的本意，是要否认献帝的，此时又有此转变，其手段也不算不敏捷。曹操自然是不肯听的。因为曹操断不是虚声所能恐吓的；袁绍此时，既因河北内部尚有问题，不愿和曹操以实力相搏，自然只好听之而已。然而袁曹的成败，始终和挟天子与否无关，所以这也算不得袁绍的失策。

这时候，曹操的后方，也不是绝无问题的。其中最足为患的，就是屯扎在穰县（今河南邓州市）的张绣。因为他的地势，可以南连刘表，是有接济的。然而张绣听了贾诩的话，却投降了曹操。贾诩所以劝张绣投降曹操，大约因兵力不足和曹操相敌，袁绍相隔太远，不能应援，刘表又系坐观成败之徒，未必能切实联合之故。《三国志·贾诩传》载他劝张绣的话：（一）是因曹操挟天子以令诸侯；（二）则袁绍兵多，你投降他，他未必看重，曹操兵少，你投降他，他必另眼相看之故；怕也未必确实的。张绣的投降，是建安四年十一月的事，到十二月，曹操就又进兵官渡了。

然而张绣之难甫平，刘备之兵又起。原来这时候，袁术在淮南，因其荒淫过甚，弄得民穷财尽，不能立脚，

袁绍　袁术　颜良　文丑

要想去投奔袁绍，打从下邳经过，曹操便派刘备去拦截他。刘备是有野心的，不肯服从曹操，把个袁术拦截回去，袁术又气愤，又穷困，病死了。他却和董承通气，说奉到了献帝的衣带诏，叫他们诛灭曹操，就在下邳起兵。把徐州刺史车胄杀掉，屯兵小沛。

曹操派刘岱、王忠去打他，都给他打败了。建安五年正月，董承等阴谋发觉，都给曹操杀掉，曹操立刻起兵东征。这件事，《三国志·魏书·武帝纪》上说："诸将皆曰：'与公争天下者袁绍也，今绍方来，而弃之东，绍乘人后，若何？'公曰：'夫刘备，人杰也，今不击，必为后患。袁绍虽有大志，而见事迟，必不动也。'郭嘉亦劝公。"曹操遂决计东行。《袁绍传》上说：曹操攻刘备时，田丰劝袁绍袭其后方，袁绍说儿子有病，不听。"丰举杖击地曰：'夫遭难遇之机，而以婴儿之病失其会，惜哉！'"这也是事后附会之谈。

曹操是善于用兵的人，后方绝不会空虚无备；况且当时曹操也有相当的兵力，后方绝不至于空虚无备。袁绍的根据地在河北，要袭击许昌，先要渡过黄河，渡过黄河之后，还有好几百里路，绝非十天八天可以达到。如其说轻兵掩袭，那是无济于事，徒然丧失兵力的。刘备初起兵，力量有限，未必能牵制曹操许久。这一点，曹操和袁绍都是明白的。曹操所以决计东征，也是为此。

接触之后，自然是刘备败了，便投奔袁绍。当时守下邳的是关羽，孤军自然难于抵抗，就暂时投降。关羽的投降，的确不是真降的，至于封金、挂印、过五关、斩六将等事，就都是演义上渲染之谈，无关宏旨的了。

刘备在当时，兵力虽然不足，然而他是个有野心、有能力的人，倘使曹操和袁绍以主力相持，而刘备从后方捣乱，这确是一个大患，所以曹操要先把他除掉。刘备既败之后，曹操后方就无甚可怕的捣乱之徒了。

当时还有一个臧霸，本来是泰山一带的强盗，他是服从吕布的。曹操破吕布后，招降了他，就把青、徐二州的事情交给他。这时候，臧霸颇能出兵以牵制袁绍，所以曹操不怕袁绍从现在山东的北部进兵。不过臧霸的兵力，亦只能牵制袁绍不从这一路进兵而已，要想捣乱现在的河北，成为袁绍的大患，其兵力也是不够的。于是袁曹二人，不得不各出全力，在现在河南境内的黄河沿岸，决一死战。

建安五年二月，袁绍派颜良等攻东郡太守刘延于白马城（汉县，在今河南滑县东）。袁绍带着大兵，进至黎阳。四月，曹操自己带兵去救刘延。荀攸因袁绍兵多，劝曹操引兵西向延津（黄河渡口，在今河南延津县北），装出要绕道袭击袁绍后方的样子。袁绍果然分兵而西。曹操就赶快引兵回来，派张辽和关羽先登，把颜良击斩。关羽就在这时候，封书拜辞曹操，走归刘备了。于是袁绍整兵渡河，攻击曹操。刘备和文丑先到。曹操又把文丑击斩。《三国志·魏书·武帝纪》说："良、丑皆绍名将也，再战悉擒，绍军大震。"颜良、文丑之死，曹操固然先声夺人，然而袁军的主力并没有动，胜负还是要决一死战的。

曹操破颜良、文丑之后，回兵官渡。袁绍便进兵阳武（今属河南原阳县）。彼此相持，直到这一年八月里，袁绍才慢慢地进兵，靠着沙堆扎营，从东到西，连绵好几十里。曹操也分兵和他相持。出兵决战，曹操的兵不利。袁绍就进攻官渡。在地面上筑起土山，地下掘了隧道，要攻破曹操的营。这时候，曹操的兵势是很危急的。

论起防守来，曹操自然有相当的力量，然而兵既比较少，粮食又要完了，眼看着不能支持。

于是曹操写一封信给后方的荀彧，商议要退兵回许都。当时曹操的兵势既较袁绍为弱。倘使一动脚，袁绍乘机追击，是很危险的。所以荀彧的复信说："公以至弱当至强，若不能制，必为所乘。"又说："此用奇之时，不可失也。"这不过说退军绝无全理，叫他不论什么险路，到此时也只得拼死干一干罢了。

《三国志》上所说的兵谋，大都是靠不住的。这大约因军机秘密，局外人不得而知，事后揣测，多系附会之谈，而做历史的人所听见的，也不过是这一类的话之故。独有荀彧这一封信，据《三国志》本传注引荀彧的《别传》载曹操表请增加荀彧封邑的表文，曾经郑重地说及，官文书不能伪造，可以相信其是真的。

我们因此可以窥见当时兵事形势的一斑。形势是不得不冒险了，险却怎样冒法呢？那还是只有在兵粮上想法子。当时袁绍有运粮的车子几千辆到了，曹操派兵袭击，把它尽数烧掉。然而还不能动摇袁军，这大约因袁军粮多，不止这一批之故。到十月里，袁绍又派车辆出去运粮。这一次，袁绍也小心了，派淳于琼等五个人带着一万多兵去护送。

据《三国志》说：袁绍手下有一个谋士，唤作许攸，性甚贪财，袁绍不能满足他。许攸便投奔曹军，劝曹操去袭击淳于琼。曹操左右的人都疑心他。只有荀攸、贾诩两个人劝曹操去。于是曹操带着马、步兵五千，夤夜前往。到那里，已经天明了。淳于琼等见曹操兵少，直出营门排成阵势。曹操向前急攻。淳于琼等退入营内。曹操就直前攻营，把营攻破，淳于琼等都被杀掉。这一次，曹操大概是舍生忘死，拼个孤注一掷的。

《三国志·魏书·武帝纪》说：袁绍听得曹操攻淳于琼，对袁谭说道：我趁这时机，把他的大营打破，他就无家可归了。”就派张郃、高览去攻曹操的大营，不能破。后来听得淳于琼被杀，张郃、高览就投降了曹操。

《张郃传》则说：郃闻曹操攻淳于琼，劝袁绍派兵往救。郭图说不如去攻曹操的大营。张郃说：曹操的营很坚固，攻他必不能破。袁绍不听，而听了郭图的话，只派些轻骑去救淳于琼等，而遣张郃和高览去攻曹操的大营。果不能破，淳于琼等却被曹操杀了。郭图觉得惭愧，反对袁绍说："张郃等闻兵败而喜。"郃等因此畏惧，就去投降曹操。这些话，也都是不实的。

淳于琼屯兵之处，名为乌巢，离袁绍的大营只有四十里。倘使来得及救援，袁绍不是兵少分拨不开的，何难一面派兵去攻曹操的大营，一面再多派些兵去救淳于琼等？曹操的兵不过五千，淳于琼等的兵已有一万，袁绍倘使再派马兵五千名去，也比曹操的兵加出三倍了，何至于还不能敌？倘使还不能敌，相隔四十里，续派大兵何难？何至淳于琼等还会被杀？可见曹操的攻淳于琼，是疾雷不及掩耳的。他所以只带马、步兵五千，正因兵多容易被人觉察之故。然则当时淳于琼等被攻的消息到达袁绍的大营时，怕早已来不及救援。派张郃、高览去攻曹操的大营，也不过无聊的尝试而已。袁绍连营数十里，而曹操能分兵和他相持，其兵数虽不如袁绍之多，亦必不能甚少。曹操攻淳于琼等，不过抽去五千人，何至于大营就不能守呢？据此看来，可见历史上所传的情节，多非其真，读书的人不可不自出手眼了。

淳于琼等既破，张郃复降，据《三国志》说：袁绍的兵就因此大溃，袁绍和袁谭都弃军而走，曹操大获全胜。这大约因袁绍的兵屯扎日久，锐气已挫，军心又不甚安宁，遂至一败而不可收拾。曹操的攻淳于琼，固然有胆气，也只是孤注一掷之举，其能耐，倒还是在历久坚守、能挫袁军的锐气上见得。军事的胜败，固然决于最后五分钟，也要能够支持到最后五分钟，才有决胜的资格哩。

《三国志·袁绍传》说：袁绍未出兵之前，田丰劝他分兵多枝，乘虚迭出，曹操救左则击其右，救右则击其左，使其军队疲于奔命，百姓亦不得安业，不要和他决胜负于一旦，袁绍不听；颜良、文丑被杀之后，沮授又说："北兵数多而不及南兵之精，南兵粮草缺乏，财力不及北兵的充足，所以南军利在速战，北军利在缓战，宜用持久之计。"袁绍又不听，以至于败。这两说也不确实。

田丰的话，袁绍固然没有听，然而袁绍从四月里和曹操相持，直到八月里才进攻曹营，可谓已充分利用持久之计。当时曹操因军粮垂尽，意欲退还许都，就是袁绍持久之计的效验。不幸曹操的兵，实在坚固难于动摇，以至功败垂成罢了。至于袁绍既进兵，还是用稳扎稳打之博学计，则本来并不冒险，田丰之计听不听也无甚关系。所以说历史上的话，总是不可尽信，我们读书非自出手眼不可的。

袁绍兵败之后，当时北强南弱之势，遂变为南强北弱。然亦不过南强北弱而已，说曹操的兵力就可以一举而扫荡袁绍，那还是不够的。当时曹操乘势追击，冀州郡县多有投降曹操的。然袁绍回去之后，收合散兵，就又把降曹的郡县收复了。曹操的用兵是最精锐不过的，倘使力足扫荡河北，岂肯中途停顿？可见袁绍的兵力也还足以自守。不但如此，当袁绍未败之时，还分兵给刘备去攻略汝南（汉郡，治平舆，今河南汝南县）。汝南降贼龚都等就做了他的内应。可见袁绍对于扰乱曹操的后方，亦很注意。不过大军既败，此等游军就无甚用处罢了。

曹操既不能扫荡河北，就回兵许都。旋又出兵南征。刘备就逃奔刘表，龚都等都逃散了。这是建安六年（201年）冬天的事。七年（202年）春天，曹操又进兵官渡。这一年五月里，袁绍病死了。手下的人立了他的小儿子袁尚，因此和袁谭兄弟失和。然而曹操进攻，竟还没有能够把他打平。到建安八年（203年）五月，曹操已把攻取河北之事，暂时搁起，回兵许都，八月里，出兵南征刘表了。

袁谭和袁尚，却因曹兵退去，自相攻击。袁谭被袁尚打败了，派人求救于曹操。曹操见机会不可失，才再回兵攻取河北。从建安九年（204年）二月里攻击袁尚的根据地邺城（汉邺县，今河北临漳县），到八月里才攻下。袁尚是本来在外面的，逃到中山（今河北定州市）。此时袁谭已乘机占领了冀州的东部，就去攻击袁尚，袁尚逃到故安（汉县，今河北易县东南）去，依靠袁熙。曹操突然又和袁谭翻脸了。建安十年（205年），在南皮县（今河北南皮县）地方把他攻杀。袁熙、袁尚逃入乌丸。

乌丸亦作乌桓，乃是一个异民族，在现今热河、辽宁境内的，屡次侵犯边界。建安十一年（206年），曹操筹划出兵去征伐他，在现在河北的东北境辟了两条水路，以便运粮。十二年（207年）七月里出兵，因沿海大水，道路不通。先是刘虞被公孙瓒所杀，他手下的田畴，立意要和他报仇，就带着宗族，入居徐无山中（在今河北遵化市西）。避难的人民依附他的很多。田畴替他们立起章程，申明约束，居然很有条理，北边都很信服他。曹操出兵时，把田畴也招罗在军中。田畴说：旧北平郡之北。本来有一条路，出卢龙塞到柳城去的（这是从今遵化向东北出龙井关的路。柳城，汉县，在今辽宁兴城市西南）。从后汉以来，路绝不通，然而还有些痕迹。倘使从这一条路出兵，攻其不备，一定可大获全胜的。曹操听了他的话，就从这条路出去。果然一战而杀了三个乌丸的酋长，剩下来一个，和袁熙、袁尚逃到辽东。当时的辽东太守是公孙康，也是要据地自立的，袁熙、袁尚的资格岂能服从他？所以有人劝曹操进兵辽东，曹操就逆料他们不能相容，径从柳城回兵。果然公孙康把袁熙、袁尚的头送来了。到此，袁氏才算全灭。

从建安四年袁曹交兵至此，前后共历九年，和曹操的破陶谦、吕布、袁术等，前后不过两三年的，大不相同。所以说袁绍确是曹操的一个劲敌。

十一　赤壁之战的真相

赤壁之战，是三国史事的关键。倘使当时没有这一战，或者虽有这一战而曹操又胜了，天下就成为统一之局而不会三分了。所以这一战，实在是当时分裂和统一的关键。

要知道赤壁之战的真相，先要知道当时曹、刘、孙三方面的形势。

刘备是个有领袖欲的人，他是不甘心坐第二把交椅的。所以当他和曹操联合破灭吕布之后，他很可以依附曹操，做一个资深望重的大员了。他却不肯甘心，又和董承勾结，反叛曹操。到被曹操打败了，则始而投奔袁绍，继而投奔刘表。这时候，他和曹操业已成为不可复合之势。简单明了些说，他若再投降曹操，曹操必不能容他，而他也绝不会真心的。所以他对于曹操，无论兵势如何，总是要抵抗到底的。

至于孙权，情形就大不相同了。我们要说到孙权，又得先说到他的哥哥孙策。孙坚有四个儿子：大的唤作孙策，第二个就是孙权，第三个唤作孙翊，第四个唤作孙匡。孙坚是和袁术联合的，他死了之后，他的儿子自然是依靠袁术。孙策也是个轻剽勇敢的人，大有父风。袁术看他不错，就把孙坚手下的人都还了他。他曾替袁术打过好几次仗，都是胜利的，袁术是个赏罚不明、不能用人的人，派他出去打仗时，允许他战胜之后如何酬劳他，后来都不能实践。

孙策心中失望，觉得在袁术手下，一辈子没有出路，就自告奋勇，愿去平定江东。江东就是江苏省里长江以南的地方，现在称为江南，古人却称为江东，而把对江之地，称为江西。古人所说的江南，是现在湖南地方。这是闲话，搁过不提。后汉时，江东西同属扬州。扬州刺史本来驻扎在寿春，就是现在安徽的寿县。这时候，寿春给袁术占据了，扬州刺史刘繇只得寄治在曲阿，在现今江苏省丹阳县地方。虽然兵力有限，也还能和袁术相持，袁术一时不能吞灭他。到孙策渡江而东，情形就大不相同了。孙策是最剽悍善战的，一渡江，就把刘繇打败，刘繇逃到现在江西的湖口，不多时就病死了。于是从江苏到江西沿江一带，全成为孙策的势力范围。孙策就不再服从袁术，袁术称帝时，公然写信和他绝交了。

曹操在这时候，势力还顾不到江东，而且他和袁术是反对的，自然要拉拢孙策。于是表荐他，加他讨逆将军的称号，封为吴侯。

建安五年，曹操和袁绍正在隔河相持，孙策也要出兵渡江而北，不想还没有开拔，就给人家刺死了。你道是为什么呢？原来当孙策到江东时，有个吴郡太守（后汉分会稽郡所置的郡，治所即今江苏的吴中区）。唤作许贡，密表汉帝，说孙策骁勇，和项籍相像，该把他早些召回中央，不可任他留在江外，致成后患。孙策是立意要割据一方的，听得这个消息，很不高兴，就把许贡杀掉。许贡的门客，有几个潜伏在民间，想替许贡报仇。孙策最喜欢打猎，他骑的马又好，从人都限随不上。这一次出去打猎，和许贡的门客狭路相逢，就给他们打伤，回来不久就死了。

孙策这一次的出兵，《三国志》本传说：他是要袭击许都，迎接汉献帝的，这也是痴话。曹操是善于用兵的人，虽然和袁绍相持，后方不会无备，上一节中业经说过了。江东离许都，比河北更远，孙策有多大兵力能去攻袭？别说不能战胜，能否达到，还是个疑问呢！孙策也是个善于用兵的人，有这样傻的么？况且挟着一个天子，实际上并无多大用处，前文也早已经说过了。然则孙策的出兵，到底是什么主意呢？这里面，却有一段大家不很注意的故事。

当时有个沛相（汉朝的郡和王国，是一样的等级。王国治民之权在相），唤作陈珪，他是个归心中央的人，看得吕布和袁术一班人很不入眼。当袁术要想称帝，又替他的儿子向吕布的女儿求婚时，陈珪怕他们两人联合，更难平定，就去游说吕布，把他破坏了。又叫儿子陈登去见曹操，说吕布勇而无谋，反复无常，不可相信，要早些设法收拾他。曹操大喜，便拜陈登做广陵太守（广陵郡，本治现在的江都，此时陈登治射阳县，在今淮安东南）。临别的时候，握着他的手说道："东方之事，便以相付。"叫他暗中收合部众，预备做个内应。后来曹操攻吕布时，陈登曾带着本郡的兵，做曹兵的先驱。吕布灭后，汉朝因他有功，加给他伏波将军的名号。《三国志·陈登传》注引《先贤行状》，说他在这时候，慨然有吞灭江南之志。孙策的用兵，几于所向无敌，独有两次攻陈登，都是失败的。孙策心中甚为愤怒。他临死前的出兵，《三国志·孙策传》注引《江表传》，说他是想去攻陈登的，这大约是实情。

孙策用兵甚锐，这一次大举而来，假如不死而渡过了江，陈登能否抵抗，自然是一个问题。然而陈登不是像刘繇等武略不济的人，即便一时失败，必不至于一蹶不振，总还能收合余烬，求救于中央，或者和别一支兵马联合，和孙氏相持。况且孙策善战，陈登未必和他野战，还可用守势对付呢。所以陈登在广陵，确是孙氏的一个劲敌。现在孙策北伐未成，先已自毙，那是中央更好的机会了。曹操却把陈登调做东城太守（汉县，在今安徽定远县东南。此时临时设置太守）。于是隔江之地，就无能牵制孙氏的人，这是曹操的一个失策。到后来，再临江而叹，"恨不早用陈元龙之计"（亦见《先贤行状》。元龙是陈登的字），就迟了。

孙翊的性质，最和孙策相像。孙策临死时，张昭等都逆料他要把后事付托给孙翊，他却把印绶佩在孙权身上，对他说："举江东之众，决机于两阵之间，与天下争衡，卿不如我。举贤任能，各尽其心，以保江东，我不如卿。"这几句话，不知道真是孙策说的，还是后人附会。孙权足以当之而无愧，却是实在的。只要看他赤壁战时任用周瑜，袭取荆州时任用吕蒙，猇亭战时任用陆逊，就可知道了。孙策虽然长于战阵，然而平定江东，开创基业，也不是一味勇敢就能办得到的。或者他亦有些知人之明，所以把后事付托给他罢。孙权继任之后，一面整理现在江、浙、皖、赣之地，又频年出兵，攻击江夏（江夏郡在今湖北黄冈市）太守黄祖。到建安十三年（208年），把黄祖杀掉。于是孙权的势力，达到现在湖北省的东南部，再向西，就可到现在的汉口，窥伺江陵和襄阳了。而曹操也在这一年进攻刘表。

刘表的性质，究竟是个文人。他只会坐观成败，图收渔人之利，而不会身临前敌，去攻城夺地。此等人物，在天下扰乱时亦足以保境息民，偷一时之安，到天下将定时，就没有立足之地了。建安十三年七月，曹操南征荆州。八月，刘表病死了。他大的儿子唤作刘琦，小的儿子唤作刘琮。刘表和他的夫人蔡氏，都心爱刘琮，要立他为后。刘琦觉得不安，去请教诸葛亮。诸葛亮对他说："君不见申生在内而危，重耳在外而安乎？"刘琦明白了。恰好黄祖为孙权所杀，就乘机请求外出，做了江夏太守。刘表死后，襄阳一方面立了刘琮。对于曹兵，自然无法抵御。九月里，曹操的兵到新野，刘琮就举州投降了。

这时候，刘备屯驻在襄阳对岸的樊城。他对于曹操，是不能投降，而又无从抵抗的，只得渡过汉水，西南而走。《三国志·先主传》说：他走过襄阳时，诸葛亮劝他攻击刘琮，荆州可取。他说："吾不忍也。"这话也未必确实。当时的襄阳，人心自然不定，攻破他自然是容易的，转瞬曹操的大兵来了，却如何能守呢？诸葛一生唯谨慎，怕不会出这种主意罢？

刘备于是再向南走。《先主传》说：刘琮的左右和荆州人，归附他的很多，到当阳时，人众已有十几万了，一天只走十几里路。这话或者有些过甚，却不是毫无因由的。因为要做事业，手下一定要有人。老百姓只要饱食暖衣，安居乐业，谁来管你们争天夺地的事情？一个光干（编者注：即光杆），到了什么地方，要发动该地方的民众替自己战斗，绝不是容易的，所以基本的队伍绝不能弃掉。再加以荆州人不愿降北的，其数自有可观。而两汉三国时代，去古还近，社会的组织含有大家族的意味较多，做官、从军和避难的人，往往带着家族、亲戚走，所以其数之多如此。唯其这样，自然走不快了。

曹操此时，颇有一举而肃清荆州的决心，于是发轻骑，一日一夜走三百里去追击他，追到当阳东北的长阪，追上了。刘备自然不能抵抗，就逃向夏口（就是现在的汉口），去依靠刘琦。

这时候的刘备，显然是日暮途穷。倘使没有人和他联合，大约只好逃向现在的湖南。汉时的湖南还未十分发达，在那里，也绝然不能立足的。所以这时候的刘备真是末日将到了。而不期事出意外，却有个孙权来和他联合。

论起孙权的资格和他对曹操的关系来，都和刘备大不相同。

刘备虽然屡战屡败，始终没有得到一个地盘，这只是时运不济；他从灵帝末年起兵，在北方转战十余年，和曹操、二袁、吕布等都是一样的资格；而且素有英雄之名；当时确亦有一部分人归向他，所以曹操见了他，确亦有几分畏惧。

至于孙氏弟兄，虽在江东手创基业，然而当时江东之地，比较上还是无关大局的。所以大家心目中还不甚觉得有这么两个人。《三国志·张昭传》说：当孙策平定江东时，北方士大夫的信札，还是专归功于张昭的。《张纮传》说，孙策死时，曹操要乘机伐吴，张纮把他劝止了。曹操才表孙权为讨虏将军，领会稽太守，而以纮为会稽东部都尉（后汉会稽郡治今浙江绍兴。都尉是武职，称为某部都尉的，亦分管一部分之地，有治民之权），要令他“辅权内附”。所谓“辅权内附”，就是运动甚而至于胁迫孙权来投降。孙策死时，北方的问题多着呢，曹操如何会想到去伐吴？这句话也是不确的。但以张纮为会稽东部都尉，欲令“辅权内附”，这句话却该不诬。当时北方人心目中，看了孙权是怎样一个人，就可想而知了。曹操破了荆州，就想顺流东下，本来犯兵家之忌，贾诩曾经劝止他，而他不听。大概对于孙权，不免低估了些罢？然其所以低估之故，也是所谓资格限人，是极容易犯的错误，怪不得曹操了。

刘表的死耗，达到江东，鲁肃便对孙权说：荆州是个紧要的去处，请借吊丧为名，去看看情形。如其刘备和刘表一方面的人没有嫌隙，我们就得联合他。如其彼此乖离，就得另打主意。孙权允许了他。鲁肃就溯江西上，走到汉口，听说曹操的兵已向荆州，鲁肃也昼夜兼程而进。走到南郡界内，听说刘琮已降曹操了，刘备向南奔逃，鲁肃就径迎上去，和他在长阪相会。劝刘备和孙权联合。刘备自然欢喜。而刘备手下的诸葛亮亦说：“事急矣，请奉命求救于孙将军。”于是鲁肃回去复命，诸葛亮从汉口东行，到现在的九江，和孙权相见。

这时候，在孙权一方面，就要决定降战之计。据历史上的记载，是这样的：孙权聚群下会议，大多数主张迎降。其理由是：（一）曹操托名汉相，和他拒敌，似乎是反抗中央。（二）曹操已得荆州的水军，又有步兵，水陆并进，并非专靠马队，所以长江之险，并不足恃。而其（三）则为众寡不敌。只有鲁肃不开口。孙权出去更衣，鲁肃却跟了出去。孙权知道他有话说，握着他的手道：“你要说什么呢？”鲁肃道：“刚才众人的议论，是要误你的，你别要听他。像我是可以投降曹操的，你却使不得。为什么呢？我在你手下，不过做个官儿，投降了曹操，官还是有得做的，你却怎样呢？”这几句话，正合孙权之意，孙权便表示采纳。这时候，周瑜因事到鄱阳去，鲁肃便劝孙权把他召回，共商降战之计。周瑜到了，就决定迎战。他的理由是：（一）北方并未大定，加以关西还有韩遂、马超，曹操的兵绝不能作持久之计。（二）北方的人不善水战，荆州的人又非心服。（三）大寒之际，缺乏马草，天时亦不相宜。诸葛亮游说孙权的话，理由也大致相同。于是孙权就决意联合刘备，抵抗曹操了。派周瑜、程普为左右督，鲁肃为赞军校尉，去和刘备协力。

当时两方的兵力：大约北兵是十五六万，荆州的兵有七八万，合计共二十余万。刘备一方面，合水陆兵共有万人，刘琦手下的江夏兵，亦有一万。周瑜、程普的兵，《三国志》上有的地方说各有万人，有的地方又说共有三万，大率鲁肃手下还有些人，合计之共有三万。孙刘之兵，约在五万左右。两方的兵力，约系一与五之比。但在地利及军队的长技上说，南方的兵却是占了便宜的，而黄盖又进火攻之计，就在嘉鱼县赤壁地方，把曹兵打得大败。

曹操果然不能持久，留曹仁守着江陵，自带大兵北归。周瑜又跟着攻击，曹仁守不住，只得把江陵也放弃了。于是长江流域无复北兵踪迹，而南北分立的形势以成。

赤壁之战，军事上的胜败，真相颇为明白，用不着研究。其中只有孙权的决心抵抗曹操，却是一个谜。读史的人，都给“操虽托名汉相，实为汉贼”两句话迷住了，以为曹操是当然要抵抗的，其中更无问题。殊不知这两句乃是周瑜口里的话，安能作为定论？何况照我所考据，曹操确系心存汉室，并非汉贼呢？然则孙权决心和曹操抵抗的理由何在？周瑜、鲁肃等力劝孙权和曹操抵抗的

鲁肃像

周瑜像

理由又何在？这系从公一方面立论，从私一方面说，也是这样的。

赤壁之战，曹操固然犯着兵家之忌，有其致败之道。然而孙、刘方面，也未见得有何必胜的理由。自此以后，曹操幸而用兵于关西、汉中，未曾专注于南方。倘使曹操置别一方面为缓图，尽力向荆州或者扬州攻击，孙权的能否支撑，究竟有无把握呢？孙权和刘备不同。刘备投降曹操，曹操是必不能相容的，所以只得拼死抵抗。孙权和曹操，本无嫌隙，当时假使投降，曹操还要格外优待，做个榜样给未降的人看的。所以当时孙权假使迎降，就能使天下及早统一，免于分裂之祸；而以孙权一家论，亦系莫大的幸福；裴松之在《三国志·张昭传》注里，早经说过了。然则孙权的决意抵抗，周瑜、鲁肃的一力撺掇孙权抵抗，不过是好乱和行险侥幸而已。

《三国志·鲁肃传》说：鲁肃初到江东时，回东城葬其祖母（鲁肃是东城人）。他有个朋友，劝他北归，鲁肃意欲听他。特到江东搬取家眷。周瑜却劝他，说从前人的预言，都说“代刘氏者必兴于东南”，劝他不要回去。又把他荐给孙权。见面之后，甚为投机。众人都退了，孙权独留他喝酒。谈论之间，鲁肃便说：“汉室不可复兴，曹操不可猝除，为将军计，唯有鼎足江东，以观天下之衅。”后来孙权称帝时，“临坛顾谓公卿曰：昔鲁子敬尝道此，可谓明于事势矣。”（《三国志·鲁肃传》）《张昭传》注引《江表传》又说：孙权称帝之后，聚会百官，归功周瑜。张昭也举起笏来，要想称颂功德。孙权却说：“如张公之计，今已乞食矣。”可见自立的野心，孙权和周瑜、鲁肃等，早就有之。赤壁之役，孙权聚众议论降战时，反说“老贼欲废汉自立久矣，徒忌二袁、吕布、刘表与孤”，不知帝制自为的，毕竟是谁？事实最雄辩，就用不着我再说了。

十二　刘备取益州和孙权取荆州

赤壁一战，把曹兵打得连江陵都放弃了。此时益州还在刘璋手里，长江流域就全无北兵的踪迹；曹操要再图进取，其势并不容易；所以说经过这一战，而南北分立的形势以成。然而要说三分鼎足，还早呢，因为刘备的地盘太小了。

俗话有借荆州之说，说荆州是孙权的，后来借给刘备，这话是胡说的。荆州怎得是孙权的？后汉的荆州，东境到江夏郡为止，孙权直到赤壁之战这一年，才打破黄祖，还没有能据有其地，不过掳掠了些人民回去，做江夏太守的，依然是刘琦，怎能说荆州是孙权的呢？按照封建时代的习惯，谁用实力据有土地，就算是谁的，可以父子相传。如此，荆州该是刘琦的。所以赤壁战后，刘备便表荐刘琦做荆州刺史。但是话虽这样说，实际上能据有其地，还是要靠实力的。刘琦荆州刺史的名义，孙权虽不便否认，然而南郡是周瑜打下来的，还会将兵退出交给刘琦么？况且刘琦也不久就死了。事实上，当时长江从南郡以下，都给孙权的军队占据了。刘备则屯兵公安县，向现在湖南境内发展，把好些地方都打下来了。然而地方毕竟太小，而且湖南在汉时还未甚开发，是不够做一个地盘的。

大家都知道在诸葛亮未出茅庐时，就有所谓隆中（在湖北襄阳市，据说是诸葛亮隐居之处）之对。他的意思是：（一）曹操不可与争锋；（二）孙权可以联合而不可以吞并；（三）只有荆州和益州是可以取为地盘的；（四）如其取得了，到天下有事的时候，派一员上将，从襄阳出南阳一路以攻洛阳，而刘备自己带着益州的兵，去攻关中，如此，就“霸业可成，汉室可兴”了。

这一篇话，近来读史的人因为他和后来的事实太相像了，疑心它是假的。确实，三国时代所谓谋臣的话，靠不住的太多了。这一篇话，我倒以为无甚可疑的。因为这是当时的大势如此，不容说诸葛亮见不到。但是荆州从襄阳以北的一部分，还在曹操手里。沿江一带的要地，又大半给孙权占去了。刘备在此时，只有觊觎着益州，然而益州是个天险之地，刘璋虽说无用，打进去也不容易。所以刘备在此时，还是局促不能发展。

孙权一方面，却打什么主意呢？其中才雄心狠的，第一个要推周瑜。

他的第一条主意，是趁刘备到现在的镇江去见孙权的时候，把他软禁起来，而把关羽、张飞等分开了，使他们不能联合，而在周瑜指挥之下，去和曹操作战。他这条主意，利害是利害的了。然而刘备被软禁之后，关羽、张飞等能否听周瑜的调度，却是一个大问题。军队是有系统的，尤其封建时代的武人，全是效忠于主将的，是个对人关系。只要看曹操极其厚待关羽，而关羽还要逃归刘备，就可知道。吕布投奔刘备，刘备投奔曹操。在当时，刘备和曹操何难把他的敌人杀掉？不过因他们手下都是有人马的，一者未免心存利用，二者杀掉了一个人，他手下的还是要和自己反对的，剿抚两难，所以不得不敷衍、隐忍罢了。倘使当时竟把刘备软禁起来，关羽、张飞等怕不但不肯听周瑜的指挥，还会和他争斗起来，斗而不胜，便降附曹操，图报故主之仇，也是可能的。所以周瑜这条主意，太狠而不可行。

他第二条主意，便是合孙权的堂房弟兄孙瑜（孙静的儿子。孙静是孙坚最小的兄弟）去攻益州。攻取益州之后，留孙瑜守其地，而他自己回来和孙权共镇襄阳，以图北方。这条主意，却比较稳健了，至多攻益州无成，损失些兵马而已，所以孙权听了他。

周瑜就回江陵治兵，不想走到半路上病死了。孙权用鲁肃代他。带兵驻扎在陆口（现在的陆溪口，在湖北嘉鱼县西南）。这是建安十五年的事。周瑜是个极端锋锐的人，鲁肃却稳重了，他是始终主张联合刘备以抵御曹操的，所以当他在任时，孙刘方面得以无事。

孙权在这时候，又打了一条主意。派人去和刘备说：要和他共攻益州。刘备和手下的人商量，大家都说可以许他，攻下之后，孙权终不能跨过我们的地方，去据有益州，益州便是我们的了。有一个人，唤作殷观，却说：“我们合孙权去攻益州，一定要先行进兵。倘使益州打不进去，退回来，难保孙权一方面的人不截我们的后路，这是很危险的。不如赞成他攻益州，而说我们的地方都是新定，兵不能动，请你自己去打罢。”如此一来，刘备倒好截孙权的兵的后路了，孙权自然也不会上当，就终于没有动兵。

在这种情势之下，益州本来可以偷安，不料刘璋却自己把刘备请进去了。你道是怎样一回事？原来刘焉从占据益州以来，始终和本地的人民不甚相合。他曾杀州内的豪强十几个人，以立威严。

又招致了关中和南阳一带流亡的人民数万家，用其人为兵，称为东州兵，不免要欺凌本地人，所以本地的小百姓也不归附他。刘焉死后，他的儿子刘璋继位，有一个将官唤作赵韪的，就举兵造反。幸而东州兵想到自己的地位，全是依靠刘璋的，替他出力死战，总算把赵韪打平。然而这样上下离心，到底不是一回事。外面没有问题时，还可以苟安，有什么变动就难了。

建安十六年（211 年），曹操要去攻张鲁。这个消息传到益州，刘璋手下的张松就对刘璋说："汉中是巴蜀的门户。倘使曹操占据了汉中，巴蜀就危险了。而且蜀中诸将，像庞羲、李异等，都是靠不住的。刘备是你的同宗，善于用兵，又和曹操是冤家，不如招他来，使他攻取张鲁，如此，曹操就不足虑了。"刘璋颇以为然，就派一个人名唤法正的，带着四千名兵去迎接刘备。这时候，张鲁本来不听刘璋的命令。刘璋之意，大概以为把汉中送给刘备，自己是不吃亏的，而刘备是不会投降曹操的，得他和自己把守北门，就可以不怕曹操了，原也不是没有打算。

然而天下没有好人，刘备进了益州之后能否听自己的命令呢？这一层，刘璋却没有打算到。张松、法正等都是些倾危之士，不恤卖主求荣的，就劝刘备夺取益州。刘备听了，正中下怀，便随法正入川。刘璋自到涪县（今四川绵阳市），和他相见。添给他许多兵马，还给了许多粮饷财帛，使他督率白水关（编者注：今属四川广元市）的兵北攻张鲁。刘备此时，共有兵马三万，他却不攻张鲁，住在葭萌县地方（编者注：今属四川广元昭化区），大施恩惠，以收人心。当刘备和刘璋在涪县相会时，张松、法正和刘备手下的庞统，都劝他就在会上袭取刘璋。这样事出仓促，川中的军民如何会服呢？所以刘备不听他们的。

曹操想西攻张鲁，还没有进兵，却因此引起了韩遂、马超等的反叛。曹操亲自西征，虽然把他们打破了，然而进攻张鲁之事，却亦因此而未能实行。

到建安十七年（212年）十月，曹操又自己带兵去攻孙权。刘备就对刘璋说：孙权差人来求救，我和他本来是互相唇齿的，不得不去救。况且关羽正在和乐进相持，倘使不去救，关羽败了，益州一方面也是要受到骚扰的。张鲁是只会自守，不足为虑的。请刘璋再借一万名兵和军资器械，要想东还。刘璋给了他四千名兵，其余的东西都减半发给。这在刘备不过是借端需索，原未必真个东还，张松听得，却发急了，写封信给刘备，说大事垂成，何可舍之而去？张松的哥哥张肃，见他如此私通外敌，怕他连累于己，便把他举发了。刘璋便收斩张松。发命令给各关的守将，叫他们不得再和刘备往来。

刘备就借端装作发怒。庞统替他出了三条计策：上策是阴选精兵，径袭成都。中策是装作真个要东行，待白水关守将杨怀、高霈来送行时，把他们捉住，吞并其兵，再行进攻成都。下策是退还白帝城（在重庆奉节县东北），连合荆州的兵，再打主意。上策还是和在会所袭取刘璋一样的，纵然解决了刘璋一个人，全川军民不服，还是要发生问题。看似解决得快，其实并不是真快，甚而至于枝节更多；至于下策，则竟是把入川的机会放过了；所以刘备采用了他的中策。趁杨怀、高霈来见，把他们拘留起来，刘备进

刘备

了白水关，把关中的兵都收编了，而将其家属留作人质，进据涪县。刘璋派兵抵御，都非败即降。刘备进围雒县（今四川广汉市），这雒县是刘璋的儿子刘循守的，到底利害切身，守了一年，直到建安十九年（214 年）夏天才破。刘备就进攻成都。刘璋自知无力抵御，守了几十天，就投降了。于是刘备取得了益州，诸葛亮隆中的计划，达到了一半。

建安十七、十八两年，刘备和刘璋争持，马超也仍在关中反叛，所以曹操一方面进攻张鲁之事，始终未能实现。曹操这时候，是留夏侯渊在关中作战的。到建安十九年，刘备攻破了成都，夏侯渊也彻底铲除了马超，而且连凉州都打平了。

到建安二十年（215 年）三月，曹操就又进攻张鲁。这时候，孙权也派人去向刘备索取荆州。荆州该属于孙权的理由，是没有的。孙权的讨取，大概是像近代各军队一般，向人要求多让些防地给自己罢了。刘备当时大概也借口于军队的给养还是不够，就说等我得到凉州，再把荆州给你。孙权大怒。使吕蒙进占现在湖南的东部。刘备入川时，诸葛亮等一大班人本来都留在荆州的。后来刘备和刘璋翻脸，诸葛亮、张飞、赵云等，也沿着长江，打进四川，只留关羽一个人在荆州了。这时候，关羽也带兵到了现在湖南的益阳，刘备则统兵五万，从公安而下，打算和孙权方面争执一番。旋听得曹操攻汉中，乃和孙权和平解决，把荆州东西划分，从江夏向南属孙权，从南郡向南属刘备。刘备一方面派关羽驻扎在江陵。孙权一方面仍派鲁肃驻扎在陆口。江陵本是周瑜的防地，此时却正式属于刘备。所以这一个划分，刘备是占了些便宜的。刘备急急回川，听说张鲁已给曹操打败了，逃向巴中（汉朝的巴郡，治今重庆江北区。刘璋分置巴东、巴西两郡，巴东治今奉节县，巴西治今阆中县）来，疾忙派人去迎接。谁知张鲁已经投降曹操了。曹操此时，仍留夏侯渊在汉中，派张郃帮助他。张郃便进犯巴中。倘使巴中失守，西川和荆州的交通，岂不被曹操截断？幸得张飞把张郃打败，退回汉中。

建安二十二年（217 年），鲁肃死了，孙权派吕蒙继任。吕蒙的性质，是和周瑜相像的。他主张派一支兵驻扎江陵，一支兵进驻白帝，再派一支兵沿江游弋，作为应援，而自己则进据襄阳。如此，自然非夺取荆州不可。孙权又和他商量：到底是夺取荆州的好，还是夺取徐州的好？他说："徐州不难夺取，但其地系平原，利于马队，非用七八万兵不能守；不如夺取荆州，全据长江，在军队的长技上，是利于南而不利于北的。"孙权很以为然。于是孙权一方面，夺取荆州的计划已定，只是待时而动；而刘备一方面，却没有知道。

建安二十三年（218 年），刘备听了法正的话，进兵汉中。曹操也亲自西征，到了长安。

二十四年（219 年），刘备在沔县东南的定军山，把夏侯渊击斩。曹操亲自进兵。刘备收兵守住险要，始终不和他交锋。曹操无可如何，五月里，只得退兵。于是刘备又据有汉中，非常得意了。然而荆州方面，却就要有失意之事。

原来这时候，曹操方面，在荆州和关羽相持的是曹仁，屯兵樊城。建安二十三年十月，南阳守将侯音叛降关羽，曹仁回兵将他攻围，到二十四年正月里，把南阳攻破，把侯音杀掉了，而关羽亦于这一年进兵攻围樊城。七月里，曹操派于禁去助曹仁。八月，汉江水涨，于禁为关羽所擒。这时候，曹操一方面兵势颇为吃紧。大约因一部分兵还在关中，再调救兵，仓促不易齐集，而且不免骚扰之故。我们试看当时曹操再派去救曹仁的徐晃，就是从关中调出来的可知。此时北方无衅可乘，哪里就能实行诸葛亮隆中之对，荆益两州同时并举？刘备使关羽出兵，大概意思还是重在关中方面，使他牵制曹操的兵力的。曹操的兵既已从汉中退出，进兵的目的可谓业已达到，即使曹操方面不再多派救兵来；孙权方面不因此而议其后；而顿兵坚城之下，也是兵家所忌，所以关羽这时候，究竟应该退兵？还是该决意攻取樊城？也是要斟酌的，而关羽执意不回，且因孙权方面更换守将，而把后方的兵调赴前线，就不能不说他勇敢有余，谨慎不足了。

孙权一方面，既然决意夺取荆州，这时候自然是一个好机会。于是吕蒙密启孙权，说关羽还留着好些兵在后方，大约是防我的。我时常多病，请诈称有病，回建业调养，等他放心些，好把后方的兵调赴前线。孙权应允了他，吕蒙就回见孙权，保举陆逊，“意思深长，才堪负重，而未有远名，非羽所忌”，请用他做自己的后任。孙权也听了他。陆逊到任之后，写了一封信给关羽，辞气之间极其谦下。关羽果然放下了心，把后方的兵逐渐调赴前线。

孙权乃亲自西行，派吕蒙做前锋，去袭取荆州。吕蒙到了九江，把精兵都伏在船里，装作商船的样子西上。走过江边关羽设有斥候队的地方，都把斥候兵捆捉了。所以孙权的兵西上，荆州不能早得消息，然而倘使关羽的后方没人叛变，总还有些抵抗力的。而守江陵的糜芳，守公安的士仁（《三国志·孙权、吕蒙传》和杨戏《季汉辅臣传》都作士仁，惟《关羽传》作傅士仁，傅怕是衍字），又都和关羽不和，听见孙权的兵来，都投降了。于是关羽只得退兵。吕蒙既进江陵，约束军士，丝毫不得侵犯人民。对于跟随关羽出征的人的家属，尤其保护得周到。关羽的军心，就因此而乱，逐渐散去。关羽走到当阳东南的麦城，孙权派人去招降他，关羽诈称投降，带着十几个人逃走，被孙权伏兵所杀。

关羽这个人，是有些本领的，我们不能因他失败而看轻他。何以见得他有本领呢？一者，你留心把《三国志》看，自刘备用兵以来，不分兵则已，倘使分兵，总是自己带一支，关羽带一支的，可见他有独当一面的才略。二则刘备从樊城逃向江陵时，是使关羽另带一支水军到江陵去的，后来和刘备在夏口相会。北方人是不善水战的，赤壁之战，曹操尚以此致败，而关羽一到荆州就能带水军，亦可见其确有本领。至其在下邳投降曹操后，曹操待他甚厚，而他还是不忘故主；却又不肯辜负曹操的厚意，一定要立些军功，报答了曹操然后去，也确有封建时代武士的气概。后人崇拜他固然过分，我们也不能把他一笔抹杀了的。可是他的久围樊城，在军略上终不能无遗憾；而《三国志》说他“善待卒伍而骄于士大夫”，糜芳、士仁之叛，未必不由于此，也是他的一个弱点。

关羽的败，是刘备方面的一个致命伤。因为失去荆州，就只剩得从益州攻关中的一路，而没有从荆州向南阳攻洛阳的一路了。从汉中向关中，道路是艰难的；魏国防守之力，亦得以专于一面；后来诸葛亮的屡出而无成，未必不由于此。所以说这是刘备方面的致命伤。

这件事情，如其就事论事，关羽的刚愎而贪功，似应负其全责。如其通观前后，则刘备的急于并吞刘璋，实在是失败的原因。倘使刘备老实一些，竟替刘璋出一把力，北攻张鲁，这是易如反掌可以攻下的。张鲁既下，而马超、韩遂等还未全败，彼此联合，以扰关中，曹操倒难于对付了。刘备心计太工，不肯北攻张鲁，而要反噬刘璋，以至替曹操腾出了平定关中和凉州的时间，而且仍给以削平张鲁的机会。后来虽因曹操方面实力亦不充足，仍能进取汉中，然本可联合凉州诸将共扰关中的，却变作独当大敌。于是不得不令关羽出兵以为牵制，而荆州丧失的祸根，就潜伏于此了。

不但如此，刘备猇亭之败，其祸机实亦潜伏于此时。为什么呢？伐吴之役，《三国演义》上说刘备和关羽、张飞是结义兄弟，他的出兵，是要替义弟报仇，这固然是笑话，读史的人说他是忿兵，也未必是真相的。因为能做一番事业的人，意志必较坚定，理智必较细密，断不会轻易动于感情。况且感情必是动于当时的，时间稍久，感情就渐渐衰退，理智就渐渐清醒了。关羽败于建安二十四年，刘备的征吴，是在章武元年（221 年）七月，章武元年，就是建安二十六年，距离关羽的失败已经一年半了，还有轻动于感情之理么？然则刘备到底为什么要去征吴呢？我说：这个理由，是和吕蒙不主张取徐州而主张取荆州一样的。大约自揣兵力，取中原不足，而取荆州则自以为有余。当时赵云劝他，说国贼是曹丕不是孙权，伐吴之后，兵连祸结，必非一时能解，就没有余力再图北方了。这句话，刘备是不以为然的，所以不肯听他。而他的不以为然，并不是甘心兵连祸结，和吴人旷日持久，而是自以为厚集其力，可一举而夺取荆州。殊不知吴蜀的兵力，本在伯仲之间，荆州既失，断无如此容易恢复之理。旷日持久，就转招致猇亭的大败了。然其祸根，亦因急于要取益州，以致对于荆州不能兼顾之故。所以心计过工，有时也会成为失败的原因的，真个阅历多的人，倒觉得凡事还是少用机谋，依着正义而行的好了。

十三　替魏武帝辩诬

我现在，要替一位绝代的英雄辩诬了，这英雄是谁？便是魏武帝。

现在举世都说魏武帝是奸臣，这话不知从何而来？固然，这是受《三国演义》的影响，然而《三国演义》亦必有所本。《三国演义》的前身是说书，说书的人是不会有什么特别的见解的，总不过迎合社会的心理；而且一种见解，不是和大多数人的心理相合，也绝不会流行到如此之广的；所以对于魏武帝的不正当的批评，我们只能认为是社会的程度低下，不足以认识英雄。

魏武帝的为人，到底是怎样的呢？这只要看建安十五年（210年）十二月己亥日他所发的令，便可知道。这一道令，是载在《魏武故事》上面，而见于现在的《三国志注》里的。他的大要如下：

魏武帝是二十岁被举为孝廉的。他说："我在这时候，因为我本不是什么有名声的人，怕给当世的人看轻了，所以希望做一个好郡守。"的确，他后来做济南相，是很有政绩的，但因得罪了宦官，又被豪强所怨恨，怕因此招致"家祸"，就托病辞职了。

辞职的时候，他年约三十岁。他说："和我同举孝廉的人，有年已五十的，看来也不算老，我就再等二十年，也不过和他一样，又何妨暂时隐居呢？"于是他就回到他的本乡谯县，在城东五十里，造了一所精舍（精舍是比较讲究的屋子。汉时读书的人，往往是住在精舍里的），想秋夏读书，冬春射猎，以待时之清。这可见得他的志趣，很为高尚，并不是什么热衷于富贵利达的人；而他在隐居之时，还注意于文武兼修，又可见得他是个有志之士。

后来他被征为都尉，又升迁做典军校尉，这是武职了。他说："我在这时候，又希望替国家立功，将来在墓道上立一块碑，题为汉征西将军曹侯之墓。"

不想朝政昏乱，并不能给他以立功的机会，而且还酿成了董卓之乱。他在这时候，就兴起义兵，去讨伐董卓。他说："我要合兵，是能够多得的，然而我不愿意多，因为怕兵多意盛，和强敌争衡，反而成为祸始。所以和董卓打仗时，兵不过数千；后来到扬州募兵，也以三千为限。"

后来在兖州破降黄巾三十万，这是他生平做大事业之始。他又叙述他破平袁术、袁绍、刘表的经过，说："设使国家无有孤，不知当几人称帝？几人称王？"这句话，我们也不能不承认他是实话。

下文，他就说："人家见我兵势强盛，又向来不信天命（这是说做皇帝全凭本领、势力），或者疑心我有篡汉的意思，这是我耿耿于心的。从前齐桓公、晋文公所以为后人所称道，就因为他兵势强盛，还能够事奉周朝之故。周文王有了天下三分之二，还能够事奉殷朝，孔子称他为至德，我难道不想学他么？"他又引两段故事：

一段是战国时的乐毅。当战国时，燕国曾为齐国所灭，后来总算复国。这时候的燕王，谥法唤作昭王。他立意要报仇，任用乐毅，打破了齐国，攻下了七十多座城池。齐国只剩得两个城，眼见得灭亡在即了。乐毅因为要齐国人心服，不肯急攻。不想燕昭王死了，他的儿子燕惠王即位，素来和乐毅不睦，便派人去替代他。这时候，乐毅如回到燕国去，是必然要受祸的，乐毅就逃到赵国。乐毅去后，军心愤怒，齐国的名将田单，就趁此将燕兵打败，把齐国恢复过来了。后来赵王要和乐毅谋算燕国，乐毅伏在地上，垂着眼泪道："我侍奉燕昭王，和侍奉大王是一样的。我如其在赵国得罪，逃到别国去，我是终身不敢谋算赵国的奴隶的，何况燕昭王的子孙呢？"

又一件是秦朝蒙恬的故事。蒙恬的祖父，唤作蒙骜；父亲唤作蒙武，都是秦国的军官。蒙恬是替秦始皇造长城，带着兵。在现在陕西的北部防匈奴的。秦始皇死后，儿子二世皇帝即位，要杀掉蒙恬。蒙恬说："从我的祖父到我，在秦朝算作可以信托的臣子，已经三代了。我现在带兵三十多万，论起我的势力来，是足以造反的。然而我宁死而不肯造反，那一者是不敢羞辱了祖父，二者也是不敢忘掉前代的皇帝啊！”蒙恬就自杀了。

魏武帝引此两段故事，说：“我每读到这两种书，未尝不怆然流涕。从我的祖父至于我，受汉朝皇帝的信任三代了，再加上我的儿子，就不止三代了，我何忍篡汉呢？我这些话，不但对诸位说，还对我的妻妾（魏武帝的妻，自然不会再嫁的，下文的话，实在是专对妾说的；不过一个字有时候不能成为一个词，就往往连用一个不相干的字。这一个字的意义，是当他没有的，不过取这一个音，以足成语调罢了。这一个例子，在古书中很多，古人谓之“足句”；足字也写作挟字。如《易经》上“润之以风雨”，雨可以润物，风是只会使物干燥的，这风字就等于有音而无义。就是其一个例子）说。我又对她们说：我死之后，你们都该再嫁，想她们传述我的心事，使人家都知道。虽然如此，要我放下兵权，回到武平国（武平是汉朝的县，就是现在河南的鹿邑县）去，却是势所不能的。一者怕离了兵权，被人谋害，要替自己的子孙打算；再者，我如其失败，国家也有危险的；所以我不能慕虚名而受实祸。从前朝廷封我三个儿子做侯，我都力辞不受，现在倒又想受了。并不是还要以此为荣，不过要自己的儿子多建立几个国家在外。为万安之计罢了。”

令文所说，大略是这样。西洋的学者说：“政治不是最好的事情。”因为政治本来是社会上有了矛盾然后才有的，所以政治家所对付的，全是些贪婪、强横、狡诈的人，毫无手段是不行的。一个大政治家往往是一时代大局安危之所系。因为政治总是把这一种势力去压服那一种势力的，这虽然不必是战争，其性质实和战争无异。

魏文帝曹丕，称帝后，追尊曹操为魏武帝

政治上的首领，就和军中的主将一般，失掉了他，阵容是会散乱，甚而至于要崩溃的。所以一个政治上的首领，往往是敌方危害的对象。魏武帝说："我失败了，国家也要有危险。"这句话，是不能不承认其有真实性的。

有人说:既然如此,所谓政治,总不过是把这一种势力，去压服那一种势力罢了，和不参加政治斗争的人，根本没有关系，又何必去帮这一方面压那一方面呢？殊不知政治的斗争虽非人人所能直接参加，政治的好坏是人人要受其影响的，并不能置诸不管。而各个人，只要能明于政治的好坏，也并不要丢掉自己的事情去做政治工作，只要站在自己的本位上，对于当时的政治家或者帮助，或者制裁，就很可以决定他们的胜负了。因为政治看似另一件事情，实在是用社会的力量做基础，而多数人合计起来，其力量是非常伟大的。政治固然是两个阶级的斗争，然在一定时期内，总必有一个阶级，是代表国利民福的，我们于此，就不可漫无别白了。

政治上的斗争，既然和军队作战一般，则不但对于敌党的手段，有时是不得不然，即对于本党，亦是如此，因为要整顿阵容，就不能不把有害于团结的人除去。这正和军队里要讲军纪一样。所以政治家的功罪，只能问其根本上的主义如何，并不能摭拾着这一件事，或那一件事，用简单浅短的眼光去评论。譬如魏武帝的杀伏皇后，就是一个例子。这件事情，在建安十九年（214 年），据《三国志》说，是伏皇后曾写信给他的父亲伏完，说汉献帝因董承被杀，怨恨魏武帝，话说得很丑恶，这时候，这封信发觉了，所以魏武帝把伏皇后杀掉。

这句话很有可疑。凡做一番大事业的人，总是有人说好，有人说坏的，根本上没法子使个个人都说好，所以做大事业的人，总是把毁誉置之度外的。魏武帝难道是怕人家谤毁的人？要是有一封信说他的坏话，就要发怒而杀人，那他生平，不知道要杀掉多少人才够。所以当时的伏皇后，必是另有什么政治上的阴谋的，断不会因一封信骂魏武帝而被杀。至于说汉献帝因董承被杀而怨恨魏武帝，则董承并不是公忠可靠的人，我在前面，业经说过了。

《三国志》注引《曹瞒传》说：魏武帝派华歆带兵进宫去收捕伏皇后。皇后关了门，躲在墙壁里。华歆打坏了门，把墙壁也毁掉，将皇后牵了出来。这时候献帝正和御史大夫郗虑同坐。皇后走过他的面前，握着他的手道："你不能救活我了么？"献帝说："我的性命，亦不知道在什么时候。"又对郗虑说："郗公！天下有这样的事么？"这些话，一望而知其是附会之谈，写《后汉书》的人，却把他采入《伏皇后本纪》里。于是后来的人，以为他见在正史上，一定是可靠的，编纂历史的人，也都采取他，就成为众所共信的事了。《曹瞒传》又说，伏完和他的宗族，死的有好几百个人。其实伏完是死在建安十四年（209 年）的，离这时候已有五年了。即此一端，亦见得《曹瞒传》的不足信。

所以我说伏皇后的被杀，是一定另有政治上的阴谋的，不过其真相不传于后罢了。假定伏皇后的被杀，是别有阴谋，则魏武帝一身，既然关系大局的安危，自不得不为大局之故而将她扑灭。这正和带兵的不能因军中有一群人反对他而即去职，或自杀，置军队的安危于不顾一样。老实说：立君本来是为民的。如其本来的君主，因种种原因不能保护国家和人民，而另有一个能够如此，则废掉他而自立，原不算错，而且是合理的，因为这正是合于大多数人的幸福的呀！然而魏武帝当日，还始终不肯废汉自立，这又可见得他濡染于封建时代的道德很深，他对于汉朝，已经是过当的了。

后人诬枉魏武帝要篡汉的。是因为下列这几件不正确的记载：其（一）《三国志 · 荀彧传》说：建安十七年（212 年），董昭等说魏武帝应该进爵为公，把这件事情和荀彧商量，荀彧说："魏武帝本来是兴起义兵，以匡辅汉朝的，不宜如此。"魏武帝因此心不能平，荀彧就忧愁而死。荀彧死的明年，就是建安十八年（213 年），魏武帝就进爵为魏公了。这话也明是附会。魏武帝真要篡汉，怕荀彧什么？况且进爵为魏公，和篡汉有什么关系？他后来不还进爵为魏王么？

其（二）是建安二十四年（219 年），孙权要袭取荆州，《三国志》注引《魏略》说：他上书称臣，而且称说天命，说魏武帝该做皇帝。魏武帝把信给大家看，说"是儿欲踞吾著炉火上邪！"踞是放肆的行为。魏武帝比孙权，自然辈行在先，所以称他为是儿，就是说这个小孩子。炉火上是危险之处。他说：这个小孩子，要使得我放肆了而住在危险之处，这明明是不肯做皇帝的意思。《三国志》注又引《魏氏春秋》说：夏侯惇对魏武帝说："从古以来，能够为民除害，为人民所归向的，就是人民之主。您的功劳和德行都很大，该做皇帝，又有什么疑心呢？"魏武帝说："若天命在吾，吾为周文王矣。"这正和他建安十五年的令引齐桓公、晋文公、周文王来比喻自己是一样，正见得他不肯篡汉。后来读史的人，反说他是开示他的儿子，使他篡汉，岂非梦呓？篡汉本来算不得什么罪名，前文业经说过了。

然而始终执守臣节，不肯篡汉，却不能不说是一种道德。因为不论哪一种社会，总有一种道德条件，规定了各人所当守的分位的。这种条件合理与否，是一件事，人能遵守这条件与否，又是一件事。不论道德条件如何陈旧，如何不合理，遵守他的人，总是富于社会性的。所以遵守旧道德条件的人，我们只能说他知识不足，不能说他这个人不好。因为道理的本质，总是一样的呀！魏武帝的不肯有失臣节，我们看他己亥令之所言，勤勤恳恳，至于如此，就可见得他社会性的深厚了。

魏武帝的己亥令，还有可注意的两端：

其（一）是他怕兵多意盛，不敢多招兵，这正和后世的军阀，务求扩充军队，以增长自己权力的相反。分裂时代的争斗，其祸源都是如此造成的。

其（二）是他老老实实说：我现在不能离开兵权，怕因此而受祸，不得不为子孙之计。又老老实实承认：想使三个儿子受封，以为外援。这是历来的英雄，从没有如此坦白的。天下唯心地光明的人，说话能够坦白。遮遮掩掩，修饰得自己一无弊病的人，他的话就不可尽信了。现代的大人物，做自传的多了，我们正该用这种眼光去判别他。

《三国志·郭嘉传》说：嘉死之后，魏武帝去吊丧，异常哀痛，对荀攸等说："你们诸位的年纪，都和我差不多。只有郭奉孝最小。我想天下平定之后，把事情交托给他，想不到他中年就死了。这真是命呀！"可见得他的本意，在于功成身退，后来不得抽身，实非初意，至于说他想做皇帝，或者想让他的儿子做皇帝，那更是子虚乌有之谈了。人生在世，除掉极庸碌之辈，总有一个志愿。志愿而做到，就是成功，就是快乐。志愿而做不到，看似失败，然而自己的心力，业经尽了，也觉得无所愧怍，这也是快乐。志愿是各人不同的，似乎很难比较。然而其人物愈大，则其志愿愈大，其志愿愈大，则其为人的成分愈多，而自为的成分愈少，则是一定不移的。哪有盖世英雄，他的志愿只为自己、为子孙的道理？说这种话的人，正见得他自己是个小人，所以燕雀不知鸿鹄之志了。

封建时代，是有其黑暗面，也有其光明面的。其光明面安在呢？公忠体国的文臣，舍生忘死的武士，就是其代表。这两种美德，魏武帝和诸葛武侯，都是全备了的。他们都是文武全才。两汉之世，正是封建主义的尾声，得这两位大人物以结束封建时代，真是封建时代的光荣了。

十四　从曹操到司马懿

在晋朝五胡乱华的时候，有一个胡人，唤作石勒，据历史上记载，他有这样一段事情。有一次，他喝酒喝得醉了，对一个唤作徐光的人说道："我可同前代哪一位开基的皇帝相比？"徐光恭维他道："你比汉高祖、魏武帝都强。只有古代的轩辕皇帝，可以和你相比。"石勒笑道："人岂不自知？你的话过分了。我如其遇见汉高祖，要北面而事之，和韩信、彭越争先。如其遇见后汉光武帝，该和他并驱中原，未知鹿死谁手。大丈夫行事，当磊磊落落，如日月皎然，终不能如曹孟德、司马仲达父子，欺他孤儿寡妇，狐媚以取天下也。"这一段话，是否真实，还未可知，就算是他说的，也不过是酒后狂言，毫无价值。后来读史的人，却把他看作名言，有许多人喜欢引用，因此就有许多人，把魏武帝和司马懿，看作一流人物，这真是笑话了，魏武帝何尝有欺人孤儿寡妇之事来？

从魏武帝到司马懿可以说是中国的政局，亦可以说是中国的社会风气一个升降之会。从此以后，封建的道德，就澌灭以尽，只剩些狡诈凶横的武人得势了。

魏武帝死的一年，他的儿子魏文帝，就篡汉自立了。明年，刘备也在四川自称皇帝。这时候，只有孙权还称为吴王，到魏文帝篡汉后的十年，才自称皇帝，然而在实际上，东吴亦是久经独立的了，天下就分作三国。

翻开读史地图看起来，东吴的地方，也并不算小。他有现今江苏、安徽、湖北三省沿江的地方，又有湖南、江西、浙江、福建、广东、广西各省，较之曹魏尽有黄河流域，和湖北、安徽、江苏的汉淮二水流域的，并差不了许多。但是当时，南方开化的程度，还不及北方，人力财力都非北方之比，面积虽相差不多，实力却差得远了。至于蜀汉，只有今四川、云南、贵州三省，其中又只有四川是个天府之国，户口比较众多，财力比较雄厚，就更相差得远了。

魏朝据有这样好的地盘，论理，吴蜀二国，应该兢兢自守，还不容易。然而三国时代，也延长到六十年之久。这一因吴有长汉之险，蜀系山岭之区，北方的人，不善水战，要攻入山岭之区，也不容易；一亦因魏国的内部还有问题。

魏文帝篡汉后七年而死。他的儿子曹叡即位，这便是魏明帝。魏明帝是很荒淫奢侈的，魏朝的基业就坏在他手里。他在位共十三年。死的时候，魏朝开国刚刚是二十年。魏朝的政局就在这时候起了一个变化。又经过十年，而政权全入于司马懿之手，离魏朝的篡汉，刚好是三十年。

当曹操做魏王的时候，设立了一个秘书令。魏文帝篡位之后，将秘书改称中书，设置了监、令两个官，用刘放做中书监，孙资做中书令。在文帝、明帝之世，足足做了二十年。这是帮助皇帝处理一切文书的官，地位很重要的。自然他们两个人都有相当的权力。人的脾气，有了权力总是不肯轻易放弃的。魏明帝虽继承文帝，任用刘放、孙资，又另有几只小耳朵（俗语，谓暗中使人侦察他人，或爱听他人的这类报告），像秦朗等一班人都是。明帝病重了，有权的人各想树立自己的党羽。明帝有两个儿子：大的封为齐王，唤作芳，小的封为秦王，唤作询。据《三国志》说，这两个都是明帝的养子，其真相究竟如何，我们也无从知道了。明帝病危时，齐王被立为皇太子。他只有八岁，自然不会管事的，秦朗便保举魏武帝的儿子燕王宇辅政。刘放、孙资却保举了曹爽和司马懿。曹爽是曹真的儿子，曹真是魏武帝族中的侄辈，曹爽便是魏武帝同族的侄孙儿了。司马懿本是文官，在明帝手里才渐渐地带起兵来。此时他正削平了辽东回来。明帝病危时，自己做不得主，据说是刘放、孙资两个人强挟着他发命令的，把燕王、秦朗等都免官，而用曹爽和司马懿辅政。

司马懿

燕王是个无用的人，罢免之后，也就完了。此后十年之中，就变做曹爽和司马懿的争夺。其初政权在曹爽手里。司马懿本来是太尉，曹爽等却把他转作太傅，表面上是尊重他，算他皇帝的师傅，实际上却夺掉他的兵权。司马懿便诈病，睡在家里不出来。到齐王即位后十年，曹爽跟随着他出去谒陵，司马懿却突然起来，运动了京城里的军队，把城门关起来，要免掉曹爽的官，勒令他以侯还第。大司农桓范，是曹爽的一党，便诈传太后的命令，赚开了城门，逃到曹爽处。魏朝是建都在洛阳的，桓范劝曹爽把齐主搬到许昌，调外面的兵来和司马懿作战。大司农是当时管财政的官，所以桓范说：“大司农的印在我手里，粮饷是没有问题的。”曹爽却不肯听，接受了司马懿的条件，免官还第。司马懿却说黄门张当，曾将选择的才人（皇帝的妾的称号）给予曹爽，怕他还有别种情弊，便将张当捉来拷问。张当承认了和曹爽图谋造反。于是把曹爽、桓范、张当和曹爽的许多党羽都杀掉。

这一件事情的真相，我们现在无从知之。所可猜测的，则司马懿卧病十年，忽然而起，京城里的军队，就会听他调度，可见他平时必和军队预有勾结。曹爽在名义上是大将军，军队都应服从他的命令的；他的兄弟曹羲是中领军，曹训是武卫将军，亦都是兵权在手的人；一旦有事，军队反而都为敌人所用，他们的为人，就可想而知了。

然而曹爽所用的，都是当时的名士。据《三国志》零头碎角的材料看起来，他们是颇有意于改良政事，厘定制度的，实可称之为文治派。文治派对于军队，自然不如武人接近的，要利用军队，自亦不如武人的灵活，曹爽和司马懿成败的关键，大概在此。从此以后，魏朝就文治派没落，只剩武人得势了。

在魏明帝时候，司马懿就带了军队，在关中方面和诸葛亮作战的，所以西方的军队，对他没有问题。东方的军队，就不服他了。齐王十二年，都督扬州诸军事王凌阴谋反对他，事机不密，为司马懿所知，出其不意地去攻击他。王凌措手不及，只得出迎。司马懿把他送回洛阳，王凌在路上服毒自杀。

这一年，司马懿死了，他的儿子司马师继居其任。到齐王的十五年，中书令李丰，皇后的父亲张缉，又密谋废掉司马师。用曹爽的姑表弟兄夏侯玄代他。又因事机泄露，都给司马师所杀。司马师就废掉齐王，而立了魏文帝的曾孙高贵乡公髦。明年，扬州都督毌丘俭、扬州刺史文钦起兵声讨司马师。司马师自发大兵，和他相持。因兵力不敌，毌丘俭败逃，死在路上，文钦逃到吴国。这一次战事初起，司马师新割了眼上的一个瘤，创痛正甚，因为关系重大，不得已勉强自己带兵出去。战胜之后，回到许昌就死了。他的兄弟司马昭继居其位。

再过了两年，扬州刺史诸葛诞又起兵讨伐司马昭。这一次，诸葛诞知道司马昭的兵力是不容易力战取胜的，所以联结东吴，取着一个守势。东吴发了兵和文钦一起去帮助他，又另行发兵以为救应。攻者不足，守者有余。况且还有了外援？倘使不能扑灭他，倒也是一个大患。司马昭乃又费了极大的兵力，把他围困起来。又分兵堵住了吴国的救兵。靠着兵力的雄厚，居然把诸葛诞和文钦又打平。从此以后，魏国的武人，就再没有人能和司马氏反对了。

五年之后，高贵乡公自己带着手下的卫兵去攻击司马昭。那自然是以卵击石，万无侥幸之理。其结果，高贵乡公给司马昭手下一个人唤作成济的刺死。司马昭另立了燕王宇的儿子陈留王奂，自然是有名无实的了。于是司马昭要想篡位。要想篡位，当然先要立些功劳，蜀汉就因此灭亡。然而司马昭也没来得及做皇帝，篡位自立，是他儿子司马炎就是晋武帝手里的事了。

《晋书·宣帝（宣帝即司马懿）纪》说：晋朝的明帝，曾经问王导：晋朝是怎样得天下的？”王导乃历述司马懿的事情，和司马昭弑高贵乡公之事。明帝羞得把脸伏在床上道：“照你的话，晋朝的基业哪得长久？”可见司马懿的深谋秘计，还有许多后来人不知道的，王导离魏末时代近，所以所知的较多了。而且他很为暴虐，他的政敌被杀的，都是夷及三族，连已经出嫁的女儿，亦不得免。所以作《晋书》的人，也说他猜忌残忍。他一生用尽了深刻的心计，暴虐的手段，全是为一个人的地位起见，丝毫没有魏武帝那种匡扶汉室、平定天下的意思了。封建时代的道德，是公忠，是正直，是勇敢，是牺牲一己以利天下，司马懿却件件和他相反。他的儿子司马师、司马昭，也都是这一路人。这一种人成功，封建时代的道德就澌灭以尽了。然而专靠斗力，究竟是不行的。互相争斗的结果，到底是运用阴谋的人易于得胜。所以封建制度的腐败和衰亡，也可以说是封建制度本身的弱点。

十五　替魏延辩诬

三国的史事是大家都知道的，本来用不着我来讲。我现在所要讲的，只是向来大家弄错之处，我想要来矫正矫正而已。既然如此。我就还要想替一个人辩诬，那就是魏延。

魏延本来是以部曲（部曲本是军队编制的名目。《续汉书·百官志》说：大将军营分为五部，部下有曲，曲下有屯。后汉末，有些将校兵士，永远跟随着大将，就变做不直属于国家而属于这个将，带些半奴隶的性质。所以部曲的地位是颇低的）随先主入蜀的。因屡有战功，升迁到牙门将军。先主既得汉中之后，还治成都，要拔擢出一个人来镇守汉中。当时大家都以为要用张飞，张飞也以此自许，而先主竟破格擢用了魏延。关羽、张飞是先主手下资格最老的两员猛将，当时敌国的人亦都称他为万人敌的。先主从起兵以来，不分兵则已，要分兵，关羽总是独当一面的，前文中业经讲过了。此时关羽正在镇守荆州，再要找一个独当一面的人，以资格论，自然是张飞了。再次之则是赵云，随先主亦颇久。争汉中之时，赵云亦颇有战功，先主称他“一身都是胆”的。然而这时候要镇守汉中，先主却破格擢用了魏延，这就可见得魏延的才略。关羽、张飞都是长于战斗的。关羽攻曹仁，虽然终于失败，乃因受了孙曹两面的夹攻，而又外无救援之故。当时那种凌厉无前的气概，使曹操方面十分吃紧，那也不是容易的罢？当曹操平张鲁之后，张郃的兵，业已攻入巴中。使巴中而竟为曹兵所占据，强敌即逼近西川，蜀汉的形势，此时实亦万分吃紧，而张飞竟能够把张郃打退，这一场功劳，也不能算小罢？然则在当时，关羽、张飞所以威名播于敌国，易世之后，还有人称道弗衰，也不是偶然的。然而先主对于镇守汉中之任，竟不用张飞而用魏延，则魏延的将略，似乎还在关、张之上。大概关、张的将才，是偏于战斗，而魏延则要长于谋略些罢？然则镇守荆州的，假使是魏延，或者不如关羽之以过刚而折，而半个荆州，也就不至于失陷了。这虽然是揣测之词，似乎也有可能性。

魏延的谋略，从一件事情上可以见得。据《三国志》注引《魏略》说：诸葛亮出兵伐魏时，和手下的人谋议。魏延献计说：“魏国的安西将军关中都督夏侯楙，是曹操的小女婿，既无智谋，又无勇气。你只要给我精兵五千，直指长安，他听得我去，一定要逃走的。他走后，长安就只剩些文官了，魏国东方的救兵要合拢来，还得二十多日，你的大兵也好到了。如此则咸阳以西一举可定了。”案：诸葛亮第一次伐魏，在魏明帝太和二年（228年）。这一次，魏国见蜀国久不出兵，以为他无力北伐，毫无预备。所以诸葛亮出兵，甚为得手。南安（今甘肃陇西县西北）、天水（今甘肃通渭县西南）、安定（今甘肃镇原县南）三郡都望风迎降。只因马谡失机，以致前功尽弃。以后出兵，虽然累战克捷，然魏国亦已有了预备，要大得志就难了。所以太和二年这一役，亦是魏蜀强弱的一个关键。据《三国志·夏侯惇传》注引《魏略》，夏侯楙免去安西将军关中都督之职，就是在这一年的，然则魏延的献计，亦就是这一年的事，倘使诸葛亮采用魏延之计，则魏延做了先锋。马谡亦是奇才，我们不能以成败论人，但谋略虽好，战斗的经验或者要缺乏些，所以不免有失，用魏延则无此弊，然则使诸葛亮采用魏延之计，看似冒险，或者转无马谡的失着，亦未可知。所以诸葛亮不用魏延之计，实在是可惜的，而魏延的将略，亦就因此可见了。

魏延祠（绵阳梓潼卧龙山）

然诸葛亮虽不用魏延之计，而其军队精练，一切都依着法度，亦自有其不可及之处。他第一次虽然失败，以后又屡次出兵。魏朝尝派司马懿去抵御他。司马懿的用兵，亦有相当能力。他生平除掉和诸葛亮对垒之外，也总是胜利的。独至对于诸葛亮，则仅仅乎足以自守。这句话，是见在《三国志·诸葛亮传》注所引吴人张俨所著的《默记》里面。第三国人的话，比较要公平些。于此可见《三国志》里载诸葛亮伐魏之事，总不胜利，《晋书·本纪》里更说他每战辄败；只因《三国志》为晋人所著，《晋书》所根据的，也是晋朝人的史料，不足凭信罢了。诸葛亮每次出兵，都因粮运不继，不能持久，乃制造了木牛流马以运粮，又分兵屯田，为久驻之计。蜀汉后主的十二年，即魏明帝的八年（234年），他屯田的兵，已经杂居渭水沿岸，逼近长安了。不幸患病身死，从此以后，蜀汉就更无力进取中原了。这固然不仅是军事一方面的问题，然而当时蜀汉的军队起了内讧，以致魏延身死，亦不能说不是一个损失。

据《三国志》说：诸葛亮病危的时候，和杨仪、费祎、姜维三个人密定了退兵的计划。这一次出兵，魏延本来是先锋，这时候却将他改作断后，而令姜维次之。魏延如不听命令，大军就径行开拔。诸葛亮死后，杨仪秘不发丧，派费祎去探问魏延的意思。魏延说："丞相虽死，我自活着在这里。相府里亲近的人和官属，自可将护他的棺柩回去安葬，我自当带兵击贼。如何因一个人之死，废掉天下的大事呢？况且魏延是什么人，要听杨仪的命令，替他做断后将？"就和费祎同拟一个计划，哪一部分的兵该退回去，哪一部分的兵该留下来，要费祎和他连名，把这命令传给各将领。费祎骗他道："杨仪是文官，不会部署军事，他绝不会违反你的意思的，不如让我回去，再和他商量商量。"就骑着马快跑而去。费祎去后，魏延懊悔不该放他，再派人去追，已经来不及了。魏延派人去探看，杨仪等已经整军待发，打算把魏延一支兵留下来。魏延大怒，趁他们没有动兵，便带兵先发。杨仪等亦伐木开路，昼夜兼程，紧跟在他的后面。魏延的兵先到，据住了南谷口，派兵去攻击杨仪。杨仪派何平去抵敌。何平骂魏延先发的兵道："丞相死得没几时，你们何敢如此？"魏延的兵知道其曲在延，都不听他的命令，散掉了。魏延只和他的儿子以及另外几个人逃回汉中去。杨仪派马岱带兵去将他追斩了。这一段事情，一看而知其不是实在。

据注引《魏略》说：则诸葛亮病重的时候，是派魏延代理自己的职务，秘丧而归的。杨仪和魏延素来不睦，就扬言魏延要投降敌国，带着手下的人去攻魏延。魏延因出其不意，无从抵挡，只得带着兵逃走，就给杨仪追杀了。这话也不是事实。

诸葛亮在病危之时，预定退军计划，这一个命令，总是要传给全军的，岂有和杨仪、费祎、姜维私相计议，置先锋军于不顾之理？这岂像诸葛亮做的事情？若说诸葛亮的职务实系命魏延代理，则全军都在魏延统率之下，杨仪是文官，手下没有军队的，带着什么人去攻魏延？若说运动诸将，同反魏延，怕没有这样容易的事？况且据《三国志》说：当时魏延表奏杨仪造反，杨仪也表奏魏延造反，显然成了个两军对垒的形势，并不是从一军之中突然分裂而战斗起来的。然魏延是个名将，果使有了准备，派兵去攻杨仪，也断没有给何平一骂就被骂散了的情理。所以两种说法都不是事实。

这件事情的真相，依我推测，是这样的：诸葛亮病危时，并没有能够预定退兵的计划就死了。他死后，杨仪等密订了一个退兵的计划，怕魏延不听，派费祎去探问。魏延果然不肯听他们的部署，要自己另定一个计划，和费祎连名行下去。费祎哄骗他逃了回来。知道无可疏通，就把他置诸不顾，打算将余军径行开拔。这个消息又被魏延打听到了，乃趁他们没有开拔之前，先行开拔，把南谷口据住了。至此，两军遂不得不正式交战。魏延虽然勇猛，然所统率的，只有他的直属部队，就是做先锋军的，杨仪在诸葛亮幕府里，全军都在他调度之下，众寡不敌，所以魏延就给他打败了。至于说魏延的军队，给何平一骂就骂散了，不曾有剧烈的战斗，乃因内讧并非美事，所以又有些讳饰。这件事情的真相，似乎大略是如此。

魏延既然死了，自然得宣布他的罪状。当时所说的，大约是诬他要谋反降魏。所以《三国志》里有这样的几句话，说“魏延不北降魏而南还，乃是要除杀杨仪等，本意如此，不便背叛”，就是替魏延剖辨的。不过古人文辞简略，没有把当时诬他的话叙述清楚罢了。假使魏延真要造反，杨仪便有如剿灭反叛的大功、回来后岂得不重用？然而不过做一个中军师，并无实权，诸葛亮的老位置，反给蒋琬夺去了（诸葛亮是丞相，蒋琬的资格，是不够做丞相的，但以录尚书事而兼益州刺史，其实权就和诸葛亮无大异）。这件事，《三国志》上说：诸葛亮生时就密表后主，说我若死了，便将后事交给蒋琬。这也不是实情。诸葛亮的做事，是很积极的。他在生前，似乎并没有预料到自己要死。假如他预料到自己要死，那可先行布置的事情多着呢。以他的地位声望，一切公开嘱咐了，也不怕什么人反对，而且可使身后的事情更形妥帖，何至于密表后主，只保荐了一个蒋琬呢？《三国志·蒋琬传》说：诸葛亮死后，新丧元帅，远近危悚，蒋琬处群僚之右，既无戚容，又无喜色，神色举动，和平时一样，众人因此渐服。可见得蒋琬初继诸葛亮的任时，众人还不很信服他。假使诸葛亮生前预行指定他为自己职务的后继人，就不至于此了。以诸葛亮的公忠体国，心思细密，岂有想不到这一层之理？蒋琬和杨仪，向来所做的事情是差不多的，而杨仪的职位和资格，还在蒋琬之上。不过杨仪是锋芒毕露的，大家有些怕他，蒋琬却是个好好先生，人家容易和他和睦，所以诸葛亮的位置就给蒋琬抢去了。杨仪自然不服，口出怨恨之言，以致得罪而死，这事无甚关系，可以不必细述。然使魏延确系造反，杨仪确有诛灭反叛之功，则无论他如何不孚众望，人家将来要排挤他，当时总是要赏他的，断不能径置诸闲散之地，这也可见得魏延并没造反。

诸葛亮从太和二年以后，是不断的出兵伐魏的，太和二年，是入三国后的第九年。诸葛亮之死，在入三国后十五年。蜀汉的灭亡，是在入三国后四十四年。所以诸葛亮死后，蜀汉还有二十九年的命运。这二十九年之中，前十二年，总统国事的是蒋琬；中七年是费祎；后十年是姜维。蒋琬、费祎手里，都不甚出兵伐魏。姜维屡次想大举，费祎总裁制他，不肯多给他兵马。费祎死后，姜维做事才得放手些，然而亦无大功，而自己国里，反因此而有些疲敝。当时很有反对他的人。后来读史的人，亦有以蜀之亡归咎于姜维的用兵的，其实亦不尽然。

当时魏蜀二国，国力相去悬殊。灭蜀的一次，据魏国人计算，蜀兵总数共只九万，分守各地方的，差不多去其一半，而魏国分兵三路，诸葛绪、邓艾每路三万，钟会所带的兵又有十余万，兵力在两倍以上。所以蜀汉的形势，是很难支撑的。既无退守的余地，就只得进攻，至少要以攻为守。诸葛亮的不断出兵，也是为此。从魏齐王芳之立，至高贵乡公的被弑，其间共计二十一年，即系入三国后之第二十一年至第四十一年，正是魏国多事之秋，蜀汉若要北伐，其机会断在此间，而其机会又是愈早愈妙，因为愈早则魏国的政局愈不安定。然此中强半的时间，都在蒋琬、费祎秉政之日，到姜维掌握兵权，已经失之太晚了。所以把蜀国的灭亡，归咎到姜维，实在是冤枉的。倒是蒋琬、费祎应当负较大的责任。魏延伐魏之志，是比较坚决的。只看诸葛亮死日，他不肯全军退回，便可知道。如其诸葛亮死后，兵权在他手里，总不会像蒋琬、费祎那样因循的，虽然成败不可知。所以魏延的死，总不能不说是蜀汉的一个损失。

十六　姜维和钟会

魏武帝亡殁了，继之而得志的，却是司马氏父子。忠君爱民的心地，光明磊落的行为，全都看不见了，所剩下的，只是些自私自利的心地，狡诈刻毒的行为，几千年来，封建社会的道德，真个就此完了么？不，任何一种社会现象，都没有突然而兴，也没有突然而绝的。虽然在其衰败垂绝之时，也总还有一两个人，出而为神龙掉尾的奋斗。这正和日落时的余晖一般，流连光景的人，更觉得其可爱了。

司马昭打平了诸葛诞，又杀掉了高贵乡公，就渐渐地可以图篡了。要图篡位，总得立些武功，于是决计伐蜀。这些话，上文中业经说过了。这时候的蜀国，却是什么形势呢？蜀国这时候，兵权算在姜维手里。但是费祎死后，后主所信任的宦官黄皓，渐渐弄权，想要排挤陷害他。姜维虽有武略，政治上的手腕似乎欠缺些，就不敢回成都，带着兵屯驻在沓中。这沓中在现今甘肃临潭县，就是从前的洮州的西边，未免太偏僻些了。

当时魏国是分兵三路：邓艾、诸葛绪各带兵三万，邓艾牵制住姜维的正面，诸葛绪遮断了姜维的后路。钟会却带了十几万大军，从斜谷（编者注：今陕西眉县西南）、骆谷（编者注：今陕西周至县西南）两路并进。当魏延守汉中时，在汉中的外面设立了许多据点，派兵守住，敌人来攻，使其不得入内。后来姜维说："这种办法。虽然稳当，却也不能得利。不如把这些据点撤掉，聚集兵粮，坚守汉乐两城（编者注：今陕西勉县东南）。敌兵攻城不破，又野无可掠，粮运不继，自然只得退兵。我们却各城的兵齐出，和游军会合，就好把他歼灭了。"这条主

姜维雕像

意，固然也是好的，然而把敌兵放入平地，究竟有些冒险。钟会既进汉中之后，分兵围困汉、乐两城，自己直趋西南。把阳安关攻破。这阳安关在嘉陵江沿岸，现今沔县（编者注：今勉县）的西南，宁羌（编者注：今宁强县）县的西北，乃是入蜀正面第一道关隘。阳安关既破，就只有现今四川昭化、剑阁两县间的剑阁可守了。当时姜维听得钟会大兵前进，自然要从沓中回来。邓艾牵制他不住，诸葛绪也阻挡不住他。然而阳安关已经不守了，就只得守住了剑阁。邓艾追赶姜维，到了现今甘肃的文县，就是汉朝所谓阴平道的地方。从此南下，经过平武县的左担山，就可以从江油、绵阳直向成都去的。这一条路，极其险峻，所以当时蜀国并不防备。邓艾要和诸葛绪合兵走这一条路进去。诸葛绪说本来的军令，只叫他堵截姜维，并没有叫他攻蜀，就引兵和钟会的大军会合。钟会密白他畏懦不进，魏朝把他槛车（罪人坐的车，有阑槛，防他逃走）征还，兵也并给钟会统带了。然而攻剑阁，却攻不进去。钟会无法，打算退兵了。不料邓艾的兵，已从阴平伐山开路，走了无人之地七百多里打进去。把诸葛瞻的兵打败了，直向成都。邓艾的兵，是能够进去，退不回去的，自然要拼命死战，其锋不可当。然而其实是孤军。假使后主坚守成都，这时候，剑阁并没有破。钟会的大军不得前进，邓艾外无救援，终竟要做瓮中之鳖的。然而后主不能坚守，竟尔投降。姜维在剑阁，听得诸葛瞻的兵被打败了。传来的消息，有的说后主要坚守成都，有的说他要逃向东吴，又有的说他要逃到现今的云南地方去。不知的实，乃引兵向西南退却。到了现在的三台县地方，奉到后主的命令，叫他投降魏军。姜维便到钟会军前投降。据《三国志》说：当时将士，接到投降的命令，都发怒得“拔刀斫石”，难道姜维倒是轻易投降的么？

邓艾得意非常，就十分夸口。对蜀国的士大夫说道：“你们幸而遇见我，所以身家性命得以保全。要是遇见吴汉（后汉光武帝时平蜀的将，曾大肆杀戮）一流的人物，就糟了。”又说：“姜维也是一个有本领的人，不幸遇着了我，所以敌不过罢了。”听的人都暗笑他，他自己也不觉得。他又表上魏朝，说：“刘后主一时不可把他内徙。要是把他内徙，吴国人看见了，疑心魏国待遇他不好，就不肯归降了。现在该留兵两万人在蜀，蜀国投降的军队，也留着两万，不要解散。再在四川大造兵船，做出一个伐吴的声势来。一面派人去晓谕吴国，吴国自然可不战而降了。只要把后主留在四川一年，那时候吴国归降，就可把他送到京城里。”当时邓艾在川中，诸事多独断独行，并不等魏朝的许可。司马昭派监军卫瓘去对他说，不宜如此。邓艾倒说：“《春秋》之义，大夫出疆，有可以安社稷、利国家者，专之可也。一味等待命令，以致误国，这件事我是办不到的。”这样一来，司马昭自然要疑惧了。钟会等人就乘机说他的坏话。于是魏朝又下诏书，槛车征还邓艾。怕他不听命令，叫钟会也进向成都。卫瓘在前，用司马昭的亲笔命令，晓谕邓艾手下的兵。邓艾手下的兵，此时只想望得些赏赐回家，谁来和邓艾造反？况且邓艾也本无反心，抵抗命令的事情，自然不是仓促间可以结合的，于是邓艾手下的军队，都一无抵抗，把邓艾钉入槛车里去了。

钟会和姜维，很为要好。《三国志·姜维传》说他们“出则同舆，坐则同席”。邓艾被擒之后，钟会到了成都，所有伐蜀之兵，都在他一个人统率之下了。《三国志·钟会传》说：他这时候就有了反心。要叫姜维等带着蜀兵出斜谷，而自己带着大兵跟随其后。这时关中一方面，是没有阻碍的，可以唾手而得长安。既入长安，从渭水及黄河顺流而下，五天可到孟津（在今河南孟津县北），和骑兵在洛阳相会，一举而大事可定了。忽然得到一封司马昭的信，说：“怕邓艾不肯就征，已派贾充带了一万名兵进驻乐城，我自己带着十万兵驻扎在长安。相见在近，不再多说了。”钟会得书大惊，对亲近的人说道：“只取邓艾，司马昭知道我办得了的。现在自带大兵前来，一定是疑心我了。这事非速发不可。”恰好这时候郭太后（明帝的皇后）死了，钟会就诈传太后的遗诏，叫他起兵讨灭司马昭。召集北来诸将领，都把他们关闭在官署中，把城门宫门都关闭起来，要想都杀掉他们，还犹豫未能决断。他的帐下督丘建，本来是护军胡烈所荐的。看见胡烈独坐得可怜，替他请求钟会，许放他一个亲兵进来，传递饮食。钟会允许了。其余诸将领，也援例各放了一个人进来。胡烈对他的亲兵说，又写封信给他的儿子，说钟会要杀尽北兵。如此一传二，二传三，北来的兵都知道了，就同时并起攻城。被看守的人也都从屋上爬出去，各人回到自己的军队里，同时进攻。姜维和钟会手下的少数人，如何抵敌？就都给他们杀掉了。邓艾手下的将，听得钟会死了，追上去打破槛车，把邓艾放了出来。卫瓘一想不好，我是捉拿邓艾的人，放了他出来，他要报仇怎样？又派兵追上邓艾，把他杀死了。征西的两员大将，就是这样了结。

钟会为什么要造反？他是司马师、司马昭的心腹，人家称他为张子房的。司马师打破毌丘俭，司马昭打破诸葛诞，他的计谋很多。伐蜀的三路兵，邓艾是安西将军都督陇右诸军事，诸葛绪是雍州刺史，都是久在西方，和蜀国相持的，只有钟会是司马昭的心腹，所以大兵都在他的手里。这时候的司马氏，是不容易推翻的，他岂有不知之理？况且他也向来是个文臣，如何会忽有野心，想要推翻司马昭呢？我们看这个，就知他一定有大不得已的苦衷。

原来他是钟繇的小儿子，钟繇是替魏武帝镇守关中的。当汉献帝之世，关中反侧的人很多，凉州还有马超、韩遂。魏武帝能够专心平定东方，不以西顾为忧的，都是得他的力量。所以钟繇可以说受魏朝的恩典很深。钟会是个文人，很有学问的，不是什么不知义理的军阀，他要尽忠于魏朝，是极合情理的，所以钟会可说和王凌、毌丘俭、诸葛诞一样，都是魏朝的忠臣，并不是自己有什么野心。而他的谋略。远在这三人之上，亦且兵权在手，设使没有北兵的叛变，竟从长安而下，直指洛阳，这时候司马氏

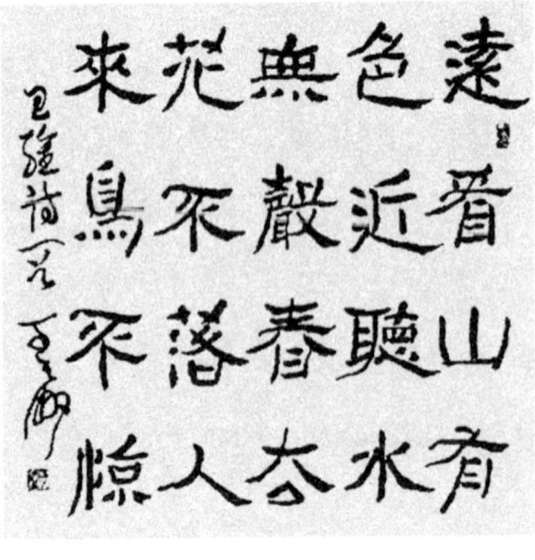

钟会书法（钟会之父为著名书法家钟繇，钟会在书法上亦造诣颇高）

的大势如何，倒是很可担忧的了。

至于姜维，则又另有姜维的心理。《三国志·姜维传》注引《华阳国志》说：姜维劝钟会尽杀北来诸将，要等诸将已死之后，再行杀掉钟会，尽数杀掉北兵，然后恢复蜀国。他曾经写一封秘密信给后主，说："愿陛下忍数日之辱。臣欲使社稷危而复安，日月幽而复明。"又引孙盛的《晋阳秋》，说他到蜀中时，蜀中父老还说及此事。孙盛的入川，在晋穆帝永和三年，已在蜀汉灭亡之后八十四年了。蜀中父老的传说，固然未必尽实。譬如姜维在当时，能否和后主秘密通信？后主这种人，秘密通信给他何用？只有泄露事机而已。只这一点，便有可疑。然而情节虽或不尽符合，姜维有这一番谋划，是理有可信的。因为他绝不是轻易降敌的人。而在当时，假使钟会不被北兵所杀，而能尽杀北来诸将，把一部分军队交给姜维，姜维反攻钟会，也很有可能的。注《三国志》的裴松之，就是这样说。姜维是天水郡冀县人，冀县是甘肃的甘谷县。凉州地方，是被曹操平定较晚的。姜维是诸葛亮第一次伐魏时，诣诸葛亮投降的。他本是天水郡的参军，所以要投降，据《三国志》说：是因天水太守疑心他要反叛之故。姜维绝不是轻易降敌的人，太守疑心他，他未必无法自明，就要真个降敌。姜维降蜀之后，诸葛亮写信给蒋琬等说他心存汉室，可见姜维本来是要效忠于汉而反魏的，太守疑心他，并没有错。

钟会的效忠于魏，姜维的效忠于汉，又可称封建道德之下的两个烈士了。

十七　孙吴为什么要建都南京[1]

（都邑的选择，我是以为人事的关系，重于地理的。南京会成为六朝和明初的旧都，这一点，怕能言其真相者颇少。读史之家，往往把史事看得太深了，以为建都之时，必有深谋远虑，作一番地理上的选择，而不知其实出于人事的推移，可谓求深而反失之。所以我在这里，愿意说几句话，以证明我的主张，而再附述一些我对于建都问题的意见。）

南京为什么会成为六朝的都邑呢？其实东晋和宋、齐、梁、陈不过因袭而已。创建一个都邑，不是一件容易的事情；又当都邑创建之初，往往是天造草昧之际，人力物力都感不足，所以总是因仍旧贯的多，凭空创造的少，这是东晋所以建都南京的原因。至于宋、齐、梁、陈四代，则其政权本是沿袭晋朝的，更无待于言了。然则在六朝之中，只有孙吴的建都南京，有加以研究的必要。

孙吴为什么要建都南京呢？长江下流的都会，本来是在苏州，而后来迁徙到扬州的。看秦朝会稽郡的治所和汉初吴王濞的都城，

① 此篇选自 1946 年 5 月 3 日《正言报》的《南京为什么成为六朝朱明的旧都》一文，今将原文的开头和结尾附于本文的开头和结尾，括号内文字即是。

就可知道孙吴创业，本在江东，其对岸，直到孙策死时，还在归心曹操的陈登手里，自无建都扬州之理。然则为什么不将根据地移向长江上流，以便进取呢？须知江东定后，他们发展的方向，原是如此的，然其兵力刚进到湖北边境时，曹操的兵，已从襄阳下江陵，直下汉口了。上流为曹操所据，江东断无以自全，所以孙权不能不联合刘备，冒险一战。赤壁战后，上流的形势稳定了，然欲图进取，则非得汉末荆州的治所襄阳不可。而此时荆州，破败已甚，庞统劝刘备进取益州，实以“荆土荒残，人物凋敝”为最大的理由。直至曹魏之世，袁准尚欲举襄阳之地而弃之（见《三国志·魏书·齐王纪》正始七年注引《汉晋春秋》），其不能用为进取的根据可见。然吴若以全力攻取，魏亦必以全力搏击，得之则不能守，不得则再蹈关羽的覆辙，所以吴虽得荆州，并不向这一方面发展，孙权曾建都武昌，后仍去而还江东，大概为此。

居长江下流而图发展，必先据有徐州。关于这一个问题，孙权在袭取关羽时，曾和吕蒙研究过，到底取徐州与取荆州，孰为有利？吕蒙说：徐州，北方并无重兵驻守，取之不难，然其地为“骁骑所骋”，即七八万人，并不易守，还是全据长江的有利。如此，才决计袭取荆州。

可见在下流方面，孙吴亦不易进取，而曹魏在这一方面的压力却颇重。原来刘琮降后，曹操要顺流东下，不过一时因利乘便之计，若专欲剿灭孙吴，自以从淮南进兵为便。所以赤壁战后，曹操曾四次征伐孙权（建安十四年，十七年，十九年，二十一年），都是从这一方面来的，而合肥的兵力尤重。

孙权

孙吴所以拒之者，实在今濡须口一带。此为江东的生死所系，都金陵，则和这一带声势相接，便于指挥。又京口和广陵相对，亦为长江津渡之处，曹丕曾自将自此伐吴，此路亦不可不防；居金陵与京口相距亦近，有左顾右盼之势，孙权所以不居吴郡而居金陵，其理由实在于此。此不过一时军事形势使然，别无深意。

东晋和宋、齐、梁、陈四朝，始终未能恢复北方，论者或谓金陵的形势，欲图进取，尚嫌不足；后来宋高宗建都临安，或又嫌其过于退守，谓其形势尚不如金陵。此等议论，皆太偏重地理，其实南朝之不能恢复，主因实在兵力之不足，当时兵力，南长于水，北长于陆，水军之力虽优，足以防御，或亦可乘机为局部的进取，然欲恢复中原，则非有优良的陆军，作一二次决定胜负的大战不可。

且身临前敌，居于适宜指挥之地，乃一将之任，万乘之君，初不必如此。孙权虽富有谋略，实仍不脱其父兄剽悍轻率之性质，观建安二十年攻合肥之役可知，此其所以必居金陵。若宋高宗，则初不能自将，居金陵与居临安何异？

小国寡民之世，则建都之地，要争出入于数百里之间，至大一统之世则不然。汉高祖欲都洛阳，留侯说：“其小，不过数百里，田地薄，四面受敌，不如关中，沃野千里，阻三面而守，独以一面制诸侯。”此乃当统一之初，尚沿列国并立时代之习，欲以都畿之地，与他人对抗，故有此说。若大一统之世，方制万里，都在一个政府统制之下，居长安与居洛阳，又何所择？

然则政治及军事的指挥，地点孰为适宜，必计较于数百千里之间，亦只陆恃马力，水恃帆力之世为然。

明初为什么要建都南京呢？那是由于其起兵之初，还没有攘斥胡元的力量，而只是要在南方觅一根据地，那么自濠州分离别为一军而渡江，自莫便于集庆（元集庆路）。太祖的取天下，其兵力，用于攘斥胡元者实少，用于勘定下流之张士诚、上流之陈友谅者转多。胡元遁走以后，南方之基础已固，又何烦于迁都？论者或谓明之国威，以永乐时为最盛，实由成祖迁都北平使然，此亦不考史实之谈，论其实，则永乐时之边防，实较洪武时为促。明初，北方要塞，本在开平（今多伦），自成祖以大宁畀兀良哈而开平卫挚孤，宣宗乃移之于独石，自此宣、大遂成极边。明初胡元虽退出北平，然仍占据漠南北，为中国计，欲图一劳永逸，必如汉世发兵绝漠，深入穷追，然度漠之事，太祖时有之，成祖时则未之闻。其后有也先之难，俺答之患，中国何尝不都北平？

自中国历代兵争之成败观之，似乎北可以制南，南不可以制北，故论建都之地者，多谓北胜于南。而同一北方，则又谓西胜于东，汴梁不如洛阳，洛阳不如长安，此皆以成败之原因，一断之于军事，而言军事之成败，则又一断之于地理形势，殊为失实。且有黄梨洲所见能与众不同，他在《明夷待访录》上说："秦汉之时，关中风气会聚，田野开辟，人物殷盛，吴楚方脱蛮夷之号，故不能与之争胜。今关中人物，不及吴会久矣。东南粟帛，灌输天下，天下之有吴会，犹富室之有仓库匮箧也。千金之子，仓库匮箧，必身守之，而门庭则以委之仆妾，舍金陵而弗都，是委仆妾以仓库匮箧，昔日之都燕，则身守夫门庭矣，曾谓治天下而智不千金之子若欤？"他知道天下之"重"，在财力，在文化，而不单在兵事，其识可谓胜人一筹。

古人言治，首重风化。欲善风俗，必有其示范之地，以理以势言之，自以首都为最便，故京师昔称首善之区。昔时论建都者，多注重于政治军事，而罕注重于化民成俗，有之者，则惟汉之翼奉，唐之朱朴，宋之陈亮。翼奉当汉元帝时，他对元帝说：文帝称为汉之贤君，亦以其时长安的规模，尚未奢广，故能成节俭之治，若在今日亦"必不能成功名"，他主张迁都成周，重定制度，"与天下更始"。朱朴，当唐末亦说"文物资货，奢侈僭伪已极"，非迁都不可。陈亮当宋高宗时，上书说："钱塘终始五代，被兵最少，二百年之间，人物繁盛，固已甲于东南；而秦桧又从而备百司庶府，一以讲礼乐于其中，士大夫又从而治园囿台榭，以乐其生；干戈之余，而钱塘遂为乐国矣。"窥其意，宴安鸩毒，实为不能恢复的大原因。三家之言，皆可谓深切著明，而陈亮之言，实尤为沉痛。有谋国之责者，倘不视为河汉？

十八　司马懿如何人

谁都知道，结束三国之局的是司马氏，司马氏的基业是创于司马懿之手的。这司马懿，却是怎样一个人物呢？

据《晋书·宣帝本纪》说，司马懿的玄孙晋明帝有一次和他的臣子王导谈天，便问他自己的祖宗是怎样得天下的，这王导大概因时代生得早，对于晋初的阴谋秘计比后来的人知道得多，便把司马懿如何创业，和后来他的儿子司马师杀死魏朝高贵乡公之事，一一述了一遍。明帝听了，羞得头都抬不起来，把脸贴在床上说道："要是照你的话，晋朝的传代又安得长远？"这真可谓之天良发现，而司马懿父子的丧心害理，也就可想而知了。然则他怎会成功的呢？丧心害理的人会成功么？

晋朝从武帝篡魏（265 年）至恭帝为刘裕所篡（420 年），共历一百五十六年。论他为民心所爱戴，以及自己支持的实力而论，都是远不及此的，然而它居然也绵历了一个相当的年代，关于这一点，如要推求其理由，那是不能不归结到它所遭遇的时势的。因为晋朝得到政权不久，北方就为异族所窃据。如此，它虽无功德于民，人民却念到他究竟是个本族的元首，还相当拥戴他。他的臣下虽亦有居心不正的，然非如王敦、桓温等略有对外的功绩的，不敢萌篡夺之念。即王敦、桓温，亦因功绩不够，到底不能有成。直到刘裕，总算恢复了一些国土，才把王位篡夺到手。然则晋朝的传代能够绵历相当的时日，倒是异族的侵陵给他的机会了，这是后话。但在当初，他究竟怎样会成功的呢？

王导所说司马懿的创业，无疑是指他谋杀曹爽之事，因为他是经过这一次的变动，然后取得政权的。原来魏朝的失柄，由于明帝死后，他的儿子齐王芳年纪太小，然而齐王即位之初，事权实在曹爽手里。司马懿虽然同受明帝的遗命辅翼幼主，却是被排斥于政府之外，卧病在家的。大约因为他本是武人，所以仍有一班人暗中和他勾结；而他的阴谋秘计亦以此时为甚，他托病蛰伏了十年，一旦时机来到，就突然而起，趁着曹爽奉齐王出城谒陵的时候，矫太后之诏把城门关起来，把曹爽废掉，旋又把他杀了，他从此就政权在手。

这事在公元249年，至其后年，司马懿就死了。其子司马师袭其爵位。后四年，废齐王而立魏武帝的曾孙曹髦，这就是高贵乡公。其明年，司马师也死了，其弟司马昭继其爵位。又六年，高贵乡公“忿威权日去”，带着自己手下的兵去攻司马昭，被司马昭手下迎战之兵所杀。这件事，历史上的记载是如此的：高贵乡公率兵而出，第一个遇着的是司马昭的兄弟司马伷，高贵乡公手下的人对他的兵叱责，他的兵就退走了。于是司马昭的心腹贾充，带着兵来迎敌，高贵乡公手持短兵，身临前敌，贾充的兵又要退走了，乃有弟兄两人，哥哥唤作成倅，兄弟唤作成济者，问贾充道：事势危急了，怎么办呢？贾充道：司马公养着你们为的正是今天，今天的事情还问什么呢？又说：司马公若败，你们还有种么？于是成济奋勇向前，直刺高贵乡公，兵锋从前面刺进，穿出背上，高贵乡公就此被杀死了。论兵力，高贵乡公自非司马昭之敌，高贵乡公亦岂不知？然而敢于率兵直出者，一则忿威权日去，感情冲动，未免要孤注一掷；一亦由专制时代，皇帝的名义到底非寻常人所敢轻犯，这正和民主时代，主权在民，人民的地位便是至高无上，法西斯徒党要屠戮人民，奉令执行的人有时也不肯出力一样。他也有个幸胜的希冀。试看司马昭的兵，既已溃退于前，贾充的兵又要溃退于后，则他的估计原没有十分错，无如狠恶而敢干犯名义的人，历代总是有的，尤其是在军阀手下。而高贵乡公就在这种情势之下牺牲了。此事原无足深论。

然而我们从王导所说的司马懿夺取政权，及司马昭杀死高贵乡公两件事情上，却可以看出司马氏所以成功的原因来。这话怎么说呢？

当曹爽被杀的后年，有一个魏朝的扬州都督王凌，要起兵反抗司马氏，给司马懿出其不意地把他捉去了。这事亦无足深论，然当王凌设谋时，曾派人去告诉自己的儿子，而他的儿子谏止他，所说的话，却深可注意，其大意是说：曹爽所用的人，确是一班名士，他们的意思，也确是想做些事情的。然而所做的事情，都是自上而下，所以人民不能接受。而司马懿，自推翻曹爽之后，却颇能“以恤民为先“。所以曹爽之败，“名士减半”而百姓并不哀伤他们。于此可以见得自上而下的政治，贻害于人民如何深刻猛烈了。真正的恤民，司马氏自然也说不上，然而他当时剥削扰害的程度，大约人民还可忍受。所以在大乱之后，人民只求活命，别无奢望之时，也就勉强相安了。

何以能将对于人民的剥削扰害，减轻一些呢？那么他对高贵乡公事变的善后，也是深可注意的。原来对于人民剥削扰害得最深刻猛烈的，就是武人。因为武人总是粗暴的，他们所做的事情，文官到底做不出来。当政局变动之际，最后的成功者，看似由于得到少数武人拥护，其实总是由于得到广大的人民的支持的。因为苟非广大的人民承认你，与你相安，变乱就无时而会息，你的政权就无从成立。所以创立政权者的能否成功，就看他驾驭武人的能力的强弱以为断。观于司马昭对于高贵乡公被弑以后的措置，就可见得他对于武人控制的力量的强大了。

这件事情是这样的：高贵乡公死后，司马昭聚集了一班大臣共谋善后，这件事，在专制政体之下，总不能没有一个说法。正和民主时代杀死了人民，不能没有说法一样。然而要给怎样的说法呢？当时有一个陈泰，是有资格又有名望的，司马昭便请教他，他说：只有杀掉贾充，稍可以谢天下。这贾充乃是司马氏的死党，司马昭如何能杀掉他呢？于是愣了半天，对陈泰道：请你再想个次一等的办法。陈泰却斩钉截铁毫不迟疑地答道：我的办法，只有进于此的，没有较此退步的。司马昭就不再问了。下令说：本来命令成济不得逼近皇帝所乘的辇舆的，而他竟突入阵内，以致造成大变，这都是他一人之罪，按律大逆不道的父母妻子兄弟都斩。于是把成倅、成济和他的家属一齐收付当时的司法官廷尉。这样办，成济是冤枉的么？自然是冤枉的。但我说：冤枉或许只有一半。因为不许伤害高贵乡公的命令，或许司马昭在当日是当真发出的，至少没有叫他伤害高贵乡公，因为这根本用不着。而成济当日，杀人杀得手溜，竟把他刺得胸背洞穿，这也只好算作蛮性发作，自取其咎了。然而成济弟兄想起来，自然总觉得是冤枉的。于是到逮捕之时，他弟兄两人就登屋大骂，大骂而要登屋，这大约是延缓逮捕的时间，以便尽情痛诋的。逮捕的人，乃发箭把他射下来。于是成济兄弟本因怵于司马氏失败则自己也不得留种，而替他效劳的，万想不到反因此而自绝其种了。他们都灭绝了，自然没有地方去申冤。

然而俗话说“兔死狐悲、物伤其类”，司马昭下如此辣手，难道不怕其余的武人看着寒心么？然而他竟不怕。而其余的武人也竟不能对他有什么反响。这就可见得他对于武人控制力之强，“政治不是最好的事情”，是非曲直，原无足深论，然即此亦可见得成功者之非出于偶然了。

封建时代谁能驾驭武人，谁反被武人牵着走？这是时局变动之际，居于领袖地位的人成功与否的试金石。

十九　司马氏之兴亡

我写了一篇《司马懿如何人》，有人读了问我道：“依你的说法，要求成功的，倒只要用严刑峻法，压制其下了。”这又不然，司马氏之所以能成功，能用严刑峻法，压制自己手下的武人，使其不敢十分胡行，固然是其一个原因；然而他的使用严刑峻法，主要的还不是为着约束自己手下的人，倒是用来对付政敌的。那么，用

司马炎，晋朝开国皇帝，史称晋武帝。

来严约自己手下的人，是他成功的因素，用严酷的手段对付政敌，就成为他失败的因素了。

谁都知道，历代用法的严峻，无有过于魏晋之间的。不但动辄族诛，就是嫁出的女儿，也不能免。他的所以如此，无非用恐怖政策，慑服异己，使其不敢有所举动罢了。他成功了么？倘使这种政策而用诸今日，反对他的，将是广大的人民，必非严刑峻法所能绝其反动的根株，即在昔日，反对他的仅是少数的政敌，并没有广大的人民作为基础，似乎给他压下去了。然而种瓜得瓜，种豆得豆，恐怖政策的结果，还是不免于自害自。

谁都知道，西晋之所以灭亡，由于八王之乱。而八王之乱，则是因惠帝的自杀其太子而引起的。原来晋武帝的儿子是晋惠帝，他的皇后就是上篇所说的贾充的女儿。惠帝的太子非其所生，贾后就蒙蔽惠帝，把他废掉，后来又把他杀掉。八王之乱就借此为由而开始，递推递演，终至于不可收拾了。当太子被杀之时，有一个唤作阎缵的，自己带着棺材，以表示必死的决心，上书替太子申冤，不见省。后来惠帝又立他的孙儿子做皇太孙。阎缵怕再有他祸，又诣阙上书。他的书中引证前代的三件事：

其一，汉高祖出去打仗，路过赵国，当时赵王唤作张敖，乃是汉高祖的女婿，迎见执礼甚恭，而汉高祖是流氓出身，喜欢骂人，谩骂他。赵王不敢如何，他的宰相唤作贯高，却听着不平，于是伏兵谋杀高祖。事情发觉了，这自然要连累到赵王，于是他被逮入京。贯高却真是个硬汉，随王到京一律承当，说都是自己所做的事，赵王全不知情。虽然受尽酷刑，口供始终不改，赵王因此得免。即贯高，汉高祖也并不办他的罪，还有赵王之臣田叔等十人，冒充赵王的家奴，随王到京保护服侍他，则还受到汉高祖的奖赏。

其二，汉高祖的皇后姓吕。高祖死后，他的儿子惠帝在位时，吕后实握朝权七年；惠帝死后，又临朝称制八年，在中国历史上，和唐朝的武则天并称的吕后。吕后是很有才能的。汉高祖平定天下后，东奔西走，不遑宁处。京城里的事情，实际都是交给她。汉高祖是个好色之徒，起兵之后宠爱了一个戚夫人，生子赵王如意。意欲废掉惠帝，把他立做太子，因顾虑吕后的实力，未能如愿。高祖在日，吕后无如戚夫人何，到高祖死后，便把她囚了起来，又召赵王入京，赵王的宰相周昌，知道她没有好意，留王不遣，如此者三次，吕后乃先召周昌入京，再召赵王。赵王到后，就把他母子一并杀害了。然而对于周昌，吕后却没有治罪他。

其三，是汉武帝的事情。汉武帝的皇后姓卫，生子名据，立为太子。后来他的谥法，是个戾字，所以称为戾太子。汉武帝是个喜怒无常、赏罚无章之徒，他又很迷信，到晚年更多疑忌。总疑心人家要用巫术去谋害他，这便是所谓“巫蛊”。于是有个唤作江充的，和太子有隙，就借以诬陷太子。太子明知道武帝偏见任性，既被诬陷之后，向他辩白是无益的，于是不想辩白，而竟诈传武帝的诏旨，发兵捕杀江充。这一来，武帝说太子造反了。发兵叫宰相带着兵去打他，太子战败逃出去，给追捕的人追到了，自杀。皇后亦自杀于京城之内，太子有三个儿子都被杀，只有一个孙儿，就是武帝的曾孙，因年幼系狱。后来武帝也知道太子的冤枉了，江充和迫害太子的人，多遭族诛。然皇曾孙仍系狱未释。再后来，武帝害病了，当时又有一种迷信称为“望气”。望气的人说：“长安狱中有天子气。”于是武帝下诏，要把狱中的囚徒，尽数杀掉。这真是不成事体，幸得当时有个法官唤作丙吉的关了狱门，拒绝诏旨，皇曾孙才得保全，这就是后来的宣帝。然武帝用刑虽滥，对于丙吉，却也没有治罪他。

阎缵引这三件事说：当时用法太酷，动辄灭门，所以使人不敢尽忠。他又说：倘使当时的人能像周昌、丙吉一般，暂时拒绝诏旨，太子固然可以不死，就是有些人，能够跟随太子，局面也总要好些。然而太子被废出宫之时，他的臣子有些在路上望车拜辞，还被逮捕送到监狱之中治罪，还有何人敢说话呢？然则晋朝恐怖政策，钳制其下，不是自杀其子孙么？种瓜得瓜，种豆得豆，他自己的政策贻害自己的子孙，谁能为他惋惜？然而政权在他手里。政治上的事情是最宜“气疏以达”，把各方面的意思，都反映出来的。最忌自行封锁，致处于耳无闻、目无见的地位。现在执掌政权的，用恐怖他人的政策，封锁自己。于是政治大坏，人民却连带着遭殃了，这真可为之三叹。

当大局动荡之时，一切事情都不上轨道，握有实权的人，很容易用严刑峻法，取快一时，这也是古今之通弊。魏晋间的严刑峻法，还不自司马氏始，当时曹操、孙权手下，都有所谓校事，就是今世所谓特务。曹操手下有一个人唤作高柔，曾力谏曹操，说这班人用不得，而曹操不听。至于孙权，则连他自己的太子亦不以此种办法为然，而孙权亦不听。曹操、孙权的出此，或者还不全是私心，而是有整顿政治的思想，因为他们的校事，并不是用来对付人民，倒是用来对付官吏的。这看后来孙权的觉悟，由于其信臣朱据的被诬，而魏文帝（曹丕）时，程昱的孙儿程晓疏论此事，称其“上察官属，下摄众司”，就可知道了。然而还是不胜其弊。可见用法而出于正式的法律和司法机关以外，总是弊余于利的。若其用途而非以对付官吏，则更不必论了。

二十　晋代豪门斗富

当两个文明程度不同的社会，接触以后，较高的社会文明，总会输入文明程度较低的社会中去。这本是有益无害的事，然而文明程度较低的社会，竟有因此而陷于衰亡的。这是什么原因呢？无他，明明可用来生利之物，你却不用之于生利，而用之于浪费虚耗之途而已。

在历史上，一朝开国之后，总能盛强安稳一个时期，独晋朝不然。从武帝平吴（280年）到洛阳沦陷（311年），不过三十一年而已。

这又是为什么？我们知道：一个人享用过度，就精力耗损，志气消沉了。晋初有一个远从魏武帝、近从晋宣帝遗留下来的腐败的文臣和骄横的武人的政治集团，其中荒淫奢侈之事，真是不胜枚举。我现在且举其两件：

其一，是晋武帝的女婿王济。武帝有一次到他家里去，他留武帝吃饭，肴馔的讲究，不必说了，《晋书》上说他“悉贮琉璃器中”。琉璃就是现在的玻璃，当时中国还不能自造，大约是从西域来的。其二，当时的豪门，多好斗富，其中最豪富的是石崇。晋武帝因为和姓王的有亲戚关系，暗中总帮助着他。有一次，把内府中一株三尺多高的珊瑚树，赏赐给一个唤作王恺的。这王恺，便要把它去夸示石崇了。石崇一见，就举起铁如意来，把它打碎。王恺觉得既可惜，又可气，不免声色俱厉。石崇却说：“不足多恨，今还卿。”唤人将自己所有的取出来，三四尺长的六七株。王恺乃爽然自失。珊瑚也非中国所有，大约是从南洋来的，罗致这许多东西，不都要花钱到外国去买吗？这在当日，实在是异常奢侈的

石崇与王恺斗富

事情。当时这个政治集团中人，有如此不合理的享受，他们的精力，还能够不耗损？志气还能够不消沉吗？何怪五胡一崛起，一班好战的人，都像秋风扫落叶一般，纷纷地倒坍下去呢？

这班人财自何来，历史上没有详明的记载。论其大略，总不免向农人头上剥削，只要看《晋书》的列传上，叙述他们的产业，总说田园水碓甚多，就可知道了。田是种谷物的，可以收取租米，史书上记载也颇多。园是种果树、开池养鱼等的，《晋书·王戎传》说：他家有好李，要把它卖出去，又怕人家得其种，都先钻其核而后卖之，大约就是园中的出产。水碓则是舂米的，当时使用颇广。晋惠帝时京城被一个叛将围起来，这叛将把城外的水决去，城中的水碓，都因无水不能动，乃将十三岁以上的男子总动员，来舂米给兵吃，就可见对水碓相需之殷。他们拥有广大的田园，水碓多数又为他们所有，豪门资本就侵入了工商界了。

诚如 Frank Rounds Ir 所说（见《现实周报》第一期外论），中国人民的忍耐性和农村经济的坚韧性，是极大的。然而其忍耐和坚韧，也总有一个限度的，古来有多少好战之徒，都失败在这个限度的错误估计上。当洛阳沦陷之后，索琳、麹允还翼戴愍帝，在长安建立了一个政权。不几年又覆败了。于是元帝只得退却到江东，成为偏安之局。当时有一个刘琨，在并州，即今日的太原地方，还艰苦支撑了好几年，也终于灭亡了。刘琨和索琳、麹允，都是很忠勇的，为什么都不能成功呢？那是由于农村经济的坚韧性，此时已变成脆弱，而人民也再不能忍耐了。试看《晋书》上叙述当时长安的情形，是“户不满百，荆蒿成林”，而刘琨初到并州时所上的表，则说现在晋东南境，一路都是白骨遍地，太原则四山都是羌胡，不能出城樵采，本地既无出产，粜买的通路，又极艰苦，便可知其致败之由。五胡中最成功的是鲜卑，鲜卑之所以能成功，是由于慕容氏所根据的，是今热河、辽宁之地，拓跋氏所根据的，是今察哈尔、绥远之地，倒是比较安静富庶的。慕容氏既入中原，辽东之地，为高句丽所据，辽西亦受侵扰；拓跋氏末年，六镇大乱，其固有的根据地失掉，鲜卑也就完了。这岂非百代的殷鉴？

三国史文章补辑

汉末之乱与三国始末[1]

第一节　汉末之乱

两汉时代，总算是中国统一强盛的时代；两汉以后，便要暂入于分裂衰弱的命运了。这个分裂衰弱的原因也甚多，追溯起来，第一件便要说到“后汉时代的羌乱”。

后汉时，羌族分布的地方，是很广的。现在专讲后汉时在中国为患的一支，《后汉书·羌传》说：

> 羌无弋爰剑者，秦厉公时，为秦所拘执，以为奴隶……后得亡归，而秦人追之急，藏于岩穴中，得免。羌人云：爰剑初藏穴中，秦人焚之；有景，象如虎，为其蔽火，得以不死。既出，又与劓女遇于野，遂成夫妇。女耻其状，被发覆面，羌人因以为俗。遂俱亡入三河间（《注》：“黄河湟水赐支河也。”案：赐支就是析支，就是河曲之地，不能另算作一条河。所以注引《续汉书》作“河湟之间”）。诸羌见。爰剑被焚不死，怪其神，共畏事之，推以

① 选自吕思勉著《白话本国史》（上海古籍出版社，2005 年版），标题有改动。

为豪。河湟少五谷，多禽兽，以射猎为事；爰剑教之田畜，遂见尊信；庐落种人依之者日益众。羌人谓奴为“无弋”，以爰剑尝为奴隶，故因名云。其后世世为豪。至爰剑曾孙忍时，秦献公初立，欲复穆公之威，兵临渭首。灭狄豲戎，忍季父卬，畏秦之威，将其种人附落而南，出赐支河曲数千里；与众羌绝远，不复交通。其后子孙分别，各自为种，任随所之：或为犛牛种，越嶲羌是也（如今四川的西昌市）；或为白马种，广汉羌是也（如今四川的广汉市）；或为参狼种，武都羌是也（如今甘肃的武都县）。忍及弟舞，独留湟中，并多娶妻妇。忍生九子，为九种；舞生十七子，为十七种。羌之兴盛，从此始矣。

《后汉书》说越嶲、广汉、武都诸羌，都是爰剑之后，这句话恐未必十分可信。但因这一段文字，可以证明两汉时代，为中国患的羌人确是居湟中这一支。湟中是个肥沃的地方，爰剑又是个从中国逃出去的，他的文明程度，总得比塞外的羌人高些，看“教之田畜，遂见尊信”八个字，就可以明白。

这一支羌人的根据地，是从河湟蔓延向西南，包括青海和黄河上游流域。他们的文明程度颇低，而体格极其强悍（《后汉书》说他们“堪暑耐寒，同之禽兽”）而且好斗。部落分离，不能组织大群；又好自相攻伐，要到一致对外的时候，才“解仇诅盟”；事情一过，就又互相攻伐了；这也是羌人的一个特色（这个是因为他们所处的地方，都是山险，没有广大的平原的缘故。羌人在历史上，始终不能组织一个强大的国家，做出大一点的事业，也是为此）。

汉朝和羌人的交涉，起于武帝时。这时候，匈奴还据着河西。和羌人所据的湟中，只隔着祁连山脉。武帝防他们互相交通，派兵击破羌人，置个护羌校尉统领他。羌人就弃了湟水，西依西海（青海）盐池（在青海西南）。王莽时，羌人献西海之地，王莽把来置了一个西海郡，莽末内乱，羌人就乘此侵入中国。后汉时羌人一支占据河北大允谷和大小榆中一带（在如今平番导河一带）。颇为边患，和帝时，才把他打破，重置了西海郡；而且夹着黄河，开列屯田。从此从大小榆中到西海，无复羌寇。然而降羌散布郡县的很多（在安定、北地、上郡的，谓之东羌。在陇西、汉阳、金城的，谓之西羌）。中国的吏民豪右，都不免"侵役"他。永初元年（107年），罢西域都护和校尉，发羌人去迎接他。羌人颇有逃散的。郡县到处"邀截"，又不免骚扰。于是各处羌众，同时惊溃。"东寇三辅，南略益州"。凉州的守令，都是内地人；见羌势已盛，无心战守，都把郡县迁徙到内地来；百姓有不愿意迁徙的，就强迫"发遣"；死亡流离，也不知多少。直到元初五年（118年），才把三辅肃清，凉州还没有平定，而军费已用掉二百四十亿。到顺帝时，凉州也算平定了，才把内徙的州县，依旧回复。不多时，羌人又叛。用兵十余年，又花掉八十多亿的军费。到桓帝即位，才用段颎做校尉，去讨叛羌，这个段颎，是以杀戮为主义的。他说："昔先零作寇，赵充国徙令居内，煎当乱边，马援迁之三辅。始服终叛，至今为梗，犹种枳棘于良田，养蛇虺于室内也。臣欲绝其本根，不使能殖。"于是从延熹二年（159年）起，至建宁二年（169年）止，用兵凡十一年。把西羌直追到河首积石山，东羌蹙到西县（如今甘肃的秦安县）山中，差不多全行杀尽。这历年的羌乱，才算靠兵力镇定（羌乱的详细，可参看《后汉书·西羌传》和任尚、虞诩、段颎、皇甫规、张奂等传）。

后汉的羌人，并不算什么大敌，他的人数，究竟也并不算多，然而乱事的蔓延，军费的浩大，至于如此。就可见得当时军力的衰弱，政治的腐败（这件事情，和清朝川楚教匪之乱，极其相像。军费自然十之七八，都是用在不正当的方面的）。却是（一）凉州一隅，因此而兵力独厚；（二）其人民流离迁徙之后，无以为生，也都养成一个好乱的性质，就替国家种下一个乱源。

政治腐败，他的影响，决不会但及于凉州一隅的。咱们现在，要晓得后汉时代社会的情形，且引几段后汉人的著述来看看。

> 今察洛阳，资末业者，什于农夫；虚伪游手，什于末业；是则一夫耕，百人食之；一妇桑，百人衣之；以一奉百，孰能供之。天下百郡千县，市邑万数，类皆如此；本末不足相供，则民安得不饥寒。（《论衡·务本篇》）
>
> 王侯贵戚豪富，举骄奢以作淫巧，高负千万，不肯偿债；小民守门号呼，曾无怵惕惭怍哀矜之意。（《论衡·断讼篇》）使饿狼守庖厨，饥虎牧牢豕，遂至熬天下之脂膏，斫生人之骨髓……豪人之室，连栋数百，膏田满野，奴婢千群，徒附万计，船车贾贩，周于四方，废居积贮，满于都城，奇赂宝货，巨室不能容，马牛羊豕，山谷不能受，妖童美妾，填乎绮室，倡讴妓乐，列乎深堂。（《昌言·理乱篇》）

井田之变：豪人货殖馆舍，布于州郡，田亩连于方国。……财赂自营，犯法不坐，刺客死士，为之投命。至势弱力少之子，被穿帷败，寄死不敛，冤困不敢自理。(《昌言·损益篇》)

这种情形，说来真令人“刿心怵目”。却是为什么弄到如此？这是由于汉朝时候的社会，本不及后世的平等。它的原因，是由于（一）政治上阶级的不平，（二）经济上分配的不平，这种不平等的社会，倘使政治清明，也还可以敷衍目前，为“非根本的救济”；却是后汉时代，掌握政柄的不是宦官就是外戚，外戚是纨绔子弟，是些无知无识的人，宦官更不必说。他们既执掌政权，所用的自然都是他们一流人，这一班人布满天下，政治自然没有清明的希望。要晓得黑暗的政治，总是拣着地方上愚弱的人欺的，总是和地方上强有力的人，互相结托的。所以中央的政治一不清明，各处郡县都遍布了贪墨的官；各处郡县都遍布了贪墨的官，各处的土豪，就都得法起来。那么，真不啻布百万虎狼于民间了（灵帝开西邸卖官，刺史守令，各有价目。尤其是直接败坏吏治的一件事情）。

所以张角一呼，而青、徐、幽、冀、荆、扬、兖、豫八州的人，同时响应。张角是巨鹿人，他自创一种妖教，名为“太平道”，分遣弟子“诳诱四方”，十余年间，众至数十万，他把这些人分作许多“方”（大方万余人，小者數千）。暗约中平元年（184年）三月五日同时起事。还没有到期，给自己同党的人告发了，张角就“驰敕诸方，一时俱起”。中外大震。这种初起的造反农民，论兵力，究竟是不济事的。灵帝派皇甫嵩、朱儁等去讨伐，总算不多时就戡定了。然而从此之后，四处起义，都以“黄巾”为号。(张角的兵，都是把黄布包着头的，所以人家称他为“黄巾”)。郡县竟不能镇定。因为到处寇盗蜂起之故，把州刺史改作州牧，于是外权大重，就成为分裂的直接原因。

第二节　三国始末

“山雨欲来风满楼”，分裂的机会成熟了，却仍等待着积久为患的宦官外戚做个导火线。

灵帝是个最尊信宦官的。他因为数失皇子，何皇后的儿子辩，养于道人史子助家，号为史侯。王美人的儿子协，由灵帝的太后董氏自行抚养，号为董侯。灵帝想立董侯，没有办到，中平六年(189年)，灵帝病重了，把董侯嘱托宦者蹇硕，叫蹇硕立他。这时候，何皇后的兄弟何进，做了大将军，兵权在手。蹇硕想诱他入朝，把他杀掉，然后拥立董侯。何进明知他的阴谋，拥兵不朝。蹇硕不敢动。于是史侯即位，是为废帝。

这时候，外戚宦官，依旧是势不两立。然而何氏出身低微，何太后的立，颇得些宦官的力。以是何氏对于宦官，有些碍难下手。何进虽然杀掉蹇硕，又逼死董太后，杀掉董太后的哥哥董重；然而要尽诛宦官，何太后就要从中阻挠他。何进手下袁绍等一班人，因而劝何进召外兵以胁太后。

宦官知道事情危险了，就把何进诱入宫，杀掉。袁绍等乘势攻宦官，尽杀之。凉州将董卓，驻兵在河东。听得何进召外兵的命令，即日进兵。这时候刚刚到京。于是拥兵入京城，把废帝废掉了，拥立董侯，是为献帝。

京城里的大权，霎时间落入“凉州军阀”之手。袁绍等一班人，自然是不服的。于是袁绍逃回山东，起兵“讨卓”。诸州郡纷纷应之。董卓就把天子迁徙到长安（近着凉州老家）。“讨卓”的兵，本来不过“各据地盘”，没有“讨卓”的诚意。自然是迁延敷衍，毫无成功。

然而“凉州系”却又内乱起来了，初平三年（192年），司徒王允和中郎将吕布，合谋杀掉董卓。董卓手下的将官李傕、郭汜，起兵攻陷京城，杀掉王允。吕布逃到山东。李傕、郭汜又自相攻伐。傕劫天子，汜留公卿为质。直到建安元年（196年），凉州将张济从东方来，替他们和解，才算罢兵言和。献帝趁这机会，便想逃归洛阳。李傕、郭汜起初答应了，后来又追悔，合兵来追。献帝靠群盗李乐等帮忙，总算逃脱。然而群盗又专起权来，外戚董承等没法，只得召兖州的曹操入卫。曹操既至，以洛阳残破，挟着献帝迁都许昌（如今河南的许昌市）。从此以后，大权都在曹操手里，献帝“守府而已”。

这时候，州牧郡守，纷纷割据。就有：

袁绍	据幽并青冀四州
刘备	据徐州
刘表	据荆州
刘焉	据益州
袁术	据寿春（如今安徽的寿县）
马腾、韩遂	割据凉州

后汉时代，是颇重门阀的。袁绍是“四世三公”，所据的地方又广大，所以势力最强。却是曹操，“挟天子以令诸侯”，所假借的名义，也与众不同。

“凉州系”在当时是个扰乱天下的罪魁。然而其中并没有雄才大略的人，李傕、郭汜、张济，不久都无形消灭了。只有吕布，却是个骁将。袁术攻刘备，吕布乘势夺取徐州。刘备弄得无家可归，只得投奔曹操。这刘备也是个英雄，曹操便利用他去攻吕布。曹操表刘备做豫州牧，借兵给他。建安三年（198 年），和他合力攻杀吕布。这时候，袁术因为措置乖方，在寿春不能立足，想要投奔袁绍。曹操顺便叫刘备击破他。袁术只得折回，死在寿春。然而刘备也不是安分的人，就和董承合谋，想推翻曹操。却又自己出屯小沛。事情发觉了，曹操杀掉董承，打破刘备。刘备也投奔袁绍，于是青、徐、兖、豫四州略定。

袁曹冲突的时机到了。建安五年（200 年），战于官渡（在如今河南中牟县的北边）。袁绍大败，惭愤而死。儿子袁谭、袁尚争立。建安十一年（206 年），曹操全定河北（袁谭为曹操所杀。袁尚逃到乌桓又给曹操打败；再逃到辽东，辽东太守公孙康把他杀掉）。建安十三年（208 年），便南攻荆州。刘表刚好死掉，他的小儿子刘琮把荆州投降曹操。

这时候，刘备也在荆州。他和曹操是不能相容的，逃往江陵。曹操派轻骑追他，一天一夜走三百里，到当阳长阪（如今湖北的当阳县），追到了。刘备兵败，再逃到夏口，靠刘表的大儿子刘琦。

这时候的刘备，可算得势穷力尽了，却有一支救兵到来。当东诸侯起兵“讨卓”的时候。长沙太守孙坚也起兵而北。董卓西迁之后，孙坚便收复洛阳。后来和袁术结连去攻刘表，给荆州军射杀。他的儿子孙策，收集残部，投奔袁术。孙策虽然年少，倒也是个英雄。看看袁术不成个气候，便想独树一帜。于是请于袁术，得了父亲旧时的部曲。南定扬州。建安五年（200年），孙策死了，他的兄弟孙权代领其众。刘备手下的诸葛亮，便想一条计策，自己到江东去求救。

这时候的江东，论起兵力来，万万敌不过曹操。然而，（一）北军不善水战，（二）荆州军又非心服，（三）加以远来疲敝，又有疾疫，却也是曹操兵事上的弱点。孙权是个野心勃勃的人，手下周瑜、鲁肃等也有一部分主战的；于是派周瑜带水军三万，和刘备合力抵御曹操。大破曹操的兵于赤壁（如今湖北嘉鱼县的赤壁山）。于是曹操北还，刘备乘胜攻下如今湖南省的地方。明年，周瑜又攻破江陵。三分鼎足之势，渐渐地有些成立了（俗传“借荆州”一语，说荆州是孙权借给刘备的。这句话毫无根据。请看赵翼《廿二史札记》）。

赤壁战后，曹操一时也不想南下。而西方的交涉又起。原来凉州地方，本有个马腾、韩遂割据。李傕、郭汜等灭后，曹操虽然收复关中，派钟繇镇守，却还没顾得到凉州。建安十六年（211年），曹操征马腾做卫尉。马腾的儿子马超，疑心曹操要害他，就和韩遂举兵造反。凉州的兵势，十分精锐。钟繇抵敌不住，只得弃长安而走。马超、韩遂直打到潼关。曹操自将去抵御他，用离间之策，叫他两个分心，到底把他打败了。明年，曹操就杀掉马腾。马超知道了，举兵又反，却给杨阜等起兵打败。马超就逃奔汉中。

这时候的汉中，是谁据着呢？先前巴郡有个张修，创立五斗米道。沛县的张鲁信奉他，张修死后，张鲁就俨然做了教主。很有信奉他的人。益州牧刘焉，便叫他保守汉中。刘焉死后，儿子刘璋颇为暗弱。张鲁就有吞并益州之志。刘璋急了，因为刘备素有英雄之名，就想招他入川，借他防御张鲁。

刘备闻命，真是“得其所哉”。即便带兵入川，不多时，就借端和刘璋翻脸，把西川夺去，这是建安十九年（214 年）的事。建安二十年（215 年），曹操平定张鲁，取了汉中。建安二十一年（216 年），刘备又把汉中夺去。这一年八月里，又命关羽从荆州进兵攻取襄阳。这时候的刘备，对于曹操竟取了攻势了。

曹操取汉中这一年，孙权因刘备入川，也颇想乘虚夺取荆州，刘备这时候，正想争取汉中，知道两面开衅是不行的，便和孙权妥

刘、关、张桃园三结义

协，把荆州地方平分，备使关羽守江陵，权使鲁肃屯陆口（如今湖北的蒲圻县，这时候周瑜已经死了）。到关羽进攻北方的时候，孙权又把吕蒙调回，换了个“未有重名，非羽所忌”的陆逊。关羽果然看轻他。把江陵守兵尽数调赴前线，后路空虚。吕蒙便乘势发兵，袭取江陵。这时候，关羽前敌的攻势也已经给曹操发大兵堵住，弄得进退无路，只得退军，给孙权伏兵捉住，杀掉。西蜀进取之势，受了一个大打击。

建安二十五年（220 年），曹操死了。儿子曹丕嗣为魏王，便把汉献帝废掉，自立，是为魏文帝。明年，蜀汉先主刘备也称帝于成都。黄初三年（222 年），孙权也在建业（如今江苏的江宁县，西晋时因为避愍帝的讳改名建康）称帝，是为吴大帝。后汉就此分作三国。

关羽的败亡，是蜀汉的一个致命伤。当时东吴的无端开衅，却也是有伤国际信义的（这种毫无借口的开衅，在历史上也很为少见）。所以先主称帝之后，就首先自将伐吴，却又在猇亭（在如今湖北宜都县西边）给陆逊杀得大败亏输。又羞又气，死了。诸葛亮受遗诏辅政，东和东吴，西南定益州（汉郡，治滇池，如今云南的昆明市）。屡次出兵伐魏。建兴十二年（234 年），死了。蜀汉就此不振［诸葛亮是中国一个大政治家，本书限于篇幅，不能详细介绍他。广智书局《中国六大政治家》里有他的传，颇可看的。诸葛亮出兵伐魏，第一次在建兴五年（227 年）。这一次魏人不意蜀国出兵，很为张皇失措。天水、南安、安定三郡，都叛应亮，兵势大振。[①] 时魏明帝初立，亲幸长安，派张郃去抵御他。诸葛亮派马谡当前锋。这张郃是魏国的宿将，马谡虽有才略，大约军事上的经验不及他。给张郃在街

① 编者注：《三国志·诸葛亮传》记载第一次北伐时间为建兴六年（228 年）。

亭（如今甘肃的秦安县）打败。诸葛亮只得退回汉中。这一年十二月里，诸葛亮再出散关（在如今陕西宝鸡市西边）围陈仓（在宝鸡的东边），不克而退。明年春，再出兵攻破武都（如今甘肃的成县）、阴平（如今甘肃的文县）。[①] 太和五年（231年），魏曹真伐蜀。[②] 攻汉中，不克。明年，诸葛亮伐魏。围祁山（在武都西北），魏司马懿来救。诸葛亮因粮尽退回。张郃来追，给诸葛亮杀掉。建兴十四年（236年），诸葛亮再出兵伐魏。[③] 进兵五丈原（在如今陕西眉县），分兵屯田，为久驻之计。这年八月里，就病死了。诸葛亮的练兵和用兵，都很有规矩法度；和不讲兵法，专恃诡计，侥幸取胜的，大不相同。《三国志》《晋书》，都把他战胜攻取的事情抹煞，这是晋朝人说话如此。只要看他用兵的地理，是步步进逼，就可以知道他实在是胜利的了]。

诸葛亮死后五年，魏明帝也死了。养子曹芳年纪还小。明帝死时，本想叫武帝的儿子燕王宇辅政。中书监刘放、中书令孙资，趁他昏乱时候，硬劝他用曹爽和司马懿。明帝听了他。于是曹爽、司马懿，同受遗诏辅政。其初大权尽在曹爽手里，司马懿诈病不出。到正始十年（249年），曹爽从魏废帝出去谒陵。不知道怎样，司马懿忽然勒兵关起城门来，矫太后的命令，罪状曹爽。曹爽没法，只得屈服了。其结果，就给司马懿所杀。于是大权尽入于司马懿之手。这件事的真相是无从考见的，然而有可注意的，曹爽所共的一班人，都是当时的名士，司马懿却是个军阀［曹爽和司马懿相持凡十年。曹爽是曹真的儿子，在魏朝总算是个宗室。朝廷上又有一班名士拥

① 编者注：《三国志·诸葛亮传》记载此次北伐时间为建兴八年（230年）。

② 编者注：《三国志·曹真传》记载曹真伐蜀时间为太和四年（230年）。

③ 编者注：《三国志·诸葛亮传》记载此次北伐时间为建兴十二年（234年）。

护他（把如今的话说起来，可以说他是名流系的首领）。其初司马懿不能与争，大概是这个缘故。曹爽专政之后，把太后郭氏迁徙到永宁宫。和他的兄弟曹羲，都带了禁兵（这时候，表面上把司马懿尊作太傅，暗中却夺去他的权柄。司马懿就称病不出）。后来司马懿推翻他，就是趁他兄弟都出城，夺了他的禁兵，表面上却用太后出头。这样，我们推想起司马懿的行为来，大约是“交通宫禁”“勾结军队”。其详情却就无可考较了。现在历史上所传的话，都是一面之词，信不得的〕。曹爽死后，司马懿、司马师、司马昭，父子弟兄，相继秉政，削平异己（当时魏国的军人，都是司马懿一系。只有扬州的兵反抗他。嘉平三年（251 年），扬州都督王凌，正元二年（255 年），扬州都督毌丘俭，甘露二年（257 年），扬州都督诸葛诞，三次起兵。都给司马氏平定）。司马师先废曹芳而立曹髦；司马昭又杀曹髦而立曹奂；到司马炎，就自己做起皇帝来了（泰始元年，265 年）。

蜀自诸葛亮死后，蒋琬、费祎，相继秉政。费祎死后，后主才亲理万机，信任宦官黄皓，颇为昏暗。蒋琬、费祎的时代不大主张用兵。费祎死后，姜维执掌兵权，连年出兵北伐，毫无效果；而百姓疲敝，颇多怨恨。景元四年（263 年），司马昭叫钟会、邓艾两道伐蜀。会取汉中，姜维守住剑阁（如今四川的广元市）。会不得进。而邓艾从阴平直下绵竹（就是从甘肃文县，出四川平武县的左担山，向绵竹的一条路）。猝攻成都，后主禅出降。蜀汉就此灭亡。于是晋国派羊祜镇襄阳，王濬据益州以图吴（羊祜死后，杜预代他）。

吴自大帝死后，少子亮立。诸葛恪辅政，给孙峻所杀。于是峻自为大将军。峻死后，弟綝继之，废亮而立景帝休。景帝把孙綝杀掉，然而也无甚作为。景帝死后，儿子皓立，很为淫虐。吴当诸葛恪秉政时，曾一次出兵伐魏。诸葛恪死后，忙着内乱，就没有工夫顾到北方。靠着一个陆抗，守着荆州，以抵御西北两面。陆抗死后，吴国就没有人才了（274年）。太康元年（280年），王濬、杜预从益、荆两州，顺流而下。王濬的兵先到，孙皓出降。吴国也就灭亡。

三国时代，是我国南北对抗之始。这时代特可注意的是江域的渐次发达。前此江南的都会，只有一个吴。江北的广陵（如今江苏的江都县）却是很著名的。我们可以设想，产业和文化的重心还在长江的北岸。自从孙吴以建业为国都（孙吴建国，北不得淮域。濡须水一带，是兵争的要地。定都建业，既可扼江为险，又便于控制这一带地方），建业后来又做了东晋和宋、齐、梁、陈四朝建都之所。东晋以后，南方文化的兴盛，固由于北方受异族之蹂躏，衣冠之族避难南奔；然而三国时代的孙吴，业已人才济济。这也可见南方自趋于发达的机运，不尽借北方的扰乱为文化发达的外在条件了。又益州这地方，从古以来，只以富饶著名，在兵争上，是无甚关系的。却是到三国时代，正因为他地方富饶，就给想“占据地盘”的人注目（刘备初见诸葛亮的时候，诸葛亮劝他占据荆益二州。说“天下有变：则命一上将，将荆州之军，以向宛洛；将军身率益州之众。以出秦川。”前者就是关羽攻魏的一条路。关羽既败，诸葛亮屡次伐魏，就只剩得后者一条路了。论用兵形势，自然是出宛洛，容易震动中原，所以我说荆州之失，是蜀汉的致命伤。然而刘备、诸葛亮，当日必定要注重益州。则“荆土荒残，人物凋敝”两句话，就是他主要的原因。这个全然是富力上的问题）。而向来不以战斗著名的蜀人，受诸葛亮一番训练，居然成了“节制之师”。从此以后，蜀在大局上的关系也更形重要了。

当时还有一个占据辽东的公孙度，传子公孙渊，于青龙五年(237年)，为司马懿所灭。其事情，和中原无甚关系。

边章、韩遂[1]

《后汉书·董卓传》云："北宫伯玉等乃劫致金城人边章、韩遂，使专任军政，共杀金城太守陈懿，攻烧州郡。"注引《献帝春秋》曰："凉州义从宋建、王国等反，诈金城郡降，求见凉州大人故新安令边允、从事韩约。约不见，太守陈懿劝之使往，国等便劫质约等数十人。金城乱，懿出，国等扶以到护羌营，杀之，而释约、允等。陇西以爱憎露布，冠约、允名以为贼，州购约、允各千户侯。约、允被购，约改为遂，允改为章。"

《三国志·魏书·武帝纪》：建安二十年(215年)，"西平、金城诸将麹演、蒋石等共斩送韩遂首"。注引《典略》曰："遂字文约，始与同郡边章俱著名西州。章为督军从事。遂奉计诣京师，何进宿闻其名，特与相见。遂说进使诛

韩遂，以诛宦官为名举兵反，拥兵西州，割据三十二年。

① 本篇选自吕思勉著《论学集林·蒿庐札记》。

诸阉人，进不从，乃求归。会凉州宋扬、北宫玉等反，举章、遂为主，章寻病卒，遂为扬等所劫，不得已，遂阻兵为乱，积三十二年，至是乃死，年七十余矣。”又引刘艾《灵帝纪》曰：“章，一名元。”案：元疑当作允。遂字文约，亦可见其本名约。宋建亦名扬，北宫伯玉亦名玉，盖边郡之事，传闻不能甚审，故名字或有异同也。

自建安二十年（215年）上溯三十二年，为灵帝中平元年（184年），与《后汉书》本纪、《董卓传》俱合。何进之谋诛阉人，当在灵帝崩后，而《典略》云：“遂说进使诛阉人”，即传闻不审之一证。然据《献帝春秋》及《典略》观之，则章、遂本不欲叛，似皆可信也。

张纯之叛[①]

《三国志·公孙瓒传》云：“光和中，凉州贼起，发幽州突骑三千人，假瓒都督行事传，使将之。军到蓟中，渔阳张纯诱辽西乌丸丘力居等叛，劫掠蓟中，自号将军，掠吏民，攻右北平、辽西属国诸城，所至残破。瓒将所领，追讨纯等有功，迁骑都尉。属国乌丸贪至王率种人诣瓒降。迁中郎将，封都亭侯，进屯属国，与胡相攻击五六年。丘力居等钞略青、徐、幽、冀，四州被其害，瓒不能御。朝议以宗正东海刘伯安既有德义，昔为幽州刺史，恩信流著，戎狄附之，若使镇抚，可不劳众而定，乃以刘虞为幽州

① 本篇选自吕思勉著《论学集林·蒿庐札记》。

牧。”案云：瓒与胡相攻击五六年，则张纯之叛，不得在中平四年（188年）可知。而《后汉书·灵帝纪》记纯、举之叛在是年。《后汉书·乌桓传》亦云：“中平四年（188年）前中山太守张纯畔入丘力居众中者，以举称天子，纯称弥天安定王”，在是年也。《后汉书·公孙瓒传》云：“中平中，以瓒督乌桓突骑车骑将军张温讨凉州贼，会乌桓反叛，与贼张纯等攻击蓟中，瓒率所领追讨纯等有功，迁骑都尉。”注云：“凉州贼即边章等。”案：边章之叛，事在中平元年（184年）。明年乃命张温讨之，下距中平四年（187年），绝不足五六年，《后汉书》之说误也。[中平二年（185年）瓒或尝奉随张温讨边章之命，然张纯之叛，必不在此事之后。]《刘虞传》谓纯、举之叛，在凉州贼起之后，更不足信。

董卓之乱①

《三国志·吴书·孙坚传》言：张温讨边章、韩遂，表请坚与参军事，屯长安。温以诏书召卓，卓良久乃诣温，温责让卓，卓对应不顺，坚时在坐，前耳语温：“宜以召不时至，陈军法斩之。”温不能用。《后汉书·皇甫嵩传》，谓卓拜为并州牧，诏使以兵委嵩，卓不从，嵩从子郦劝嵩讨之，嵩亦不听。意若深惜之者。然时温、嵩兵力，皆未必能制卓。孙坚再请，温曰“君且还，卓将疑人”，其惮

① 本篇选自吕思勉著《秦汉史》。

之如是，安能陈兵诛之？且时凉州将帅之跋扈久矣，亦非杀一董卓所可定也。及卓既入洛阳，拥强兵，有异志，则为安定京师计，诚不得不与之一决。何进先遣骑都尉鲍信募兵，适至，劝袁绍及其初至疲劳袭之，绍不敢发，则诚可惜也。内莫能与之抗，而兵遂起于外。

董卓之欲废立也，袁绍争之，与卓言语不协，遂奔冀州。侍中伍琼等阴为绍说卓曰："袁氏树恩四世（绍高祖父安生京、敞。京生彭、汤。汤生平、成、逢、隗。安、敞、汤、逢、隗皆为三公。绍，成子，术，逢子。《后汉书·袁绍传》注引袁山松书曰：绍，逢之孽子，出后成。《三国志·袁绍传》注引华峤书曰：绍，术异母兄），门生故吏，遍于天下。今急购之，势必为变。收豪杰以聚徒众，英雄因之而起，山东非公之有也。不如赦之，拜一郡守。绍喜于免罪，必无患矣。"卓以为然，乃遣授绍渤海太守（后汉渤海治南皮，今河北南皮县）。初平元年（190年），绍以渤海起兵。后将军袁术（卓将废立，以术为后将军，术畏祸，奔南阳），冀州牧韩馥，豫州刺史孔伷，兖州刺史刘岱，陈留太守张邈，广陵太守张超，河内太守王匡，山阳太守袁遗，东郡太守桥瑁，济北相鲍信同时俱起，众各数万。约盟，遥推绍为盟主。先是卓表曹操为骁骑校尉，欲与计事，操乃变易姓名，间行东归，散家财合义兵，起兵于己吾［中平六年（189年）十二月。己吾，后汉县，今河南宁陵县西南］。及是，众推操行奋武将军。卓乃酖杀弘农王，迁天子西都。尽徙洛阳人数百万口于长安，步骑驱蹙，更相蹈藉，饥饿寇掠，积尸盈路。卓自屯留毕圭苑中，悉烧宫庙、官府、居家，二百里内，无复孑遗。又使吕布发诸帝陵及公卿已下冢墓，收其珍宝。是时袁绍屯河内，张邈、刘岱、桥瑁、袁遗屯酸枣（汉县，今河南延津县北）。袁术屯南阳，孔伷屯颍川，韩馥在邺。卓兵强，绍等莫敢先进。曹操曰："举义兵以诛暴乱，大众已合，诸君何疑？乡使董卓闻山东兵起，倚王室之重，据二周之险，东乡以临天下，虽以无道行之，犹足为患。今焚烧宫室，劫迁天子，海内震动，不知所归，此天亡之时也，一战而天下定矣，不可失也。"遂引兵西，将据成皋。张邈遣将卫兹分兵随操。到荥阳汴水，遇卓将徐荣，与战，不利，夜遁去。荣见操所将兵少，力战尽日，谓酸枣未易攻也，亦引兵还。操到酸枣，诸军兵十余万，日置酒高会，不图进取。操责让之。因为谋曰："诸君听吾计：使渤海引河内之众，临孟津；酸枣诸将守成皋，据敖仓，塞轘辕、大谷（见下）。全制其险；使袁将军率南阳之军军丹、析，入武关，以震三辅；皆高垒深壁，勿与战。益为疑兵，示天下形势。以顺诛逆，可立定也。今兵以义动，持疑而不进，失天下之望，窃为诸君耻之。"邈等不能用。初，长沙贼区星自称将军，众万余人，攻围城邑。以孙坚为长沙太守，克破星等。周朝、郭石亦率徒众起于零、桂，与星相应，遂越竟寻讨，三郡肃然（《三国志·吴书》本传。《后汉书·灵帝纪》：中平四年（187年），十月，零陵人观鹄自称平天将军，寇桂阳，长沙太守孙坚击斩之）。州郡讨卓，坚亦举兵。荆州刺史王叡素遇坚无礼，坚过杀之。比至南阳，众数万人。太守张咨闻军至，晏然自若。坚以牛酒礼咨，咨明日亦答诣坚，坚斩之。郡中震栗，无求不获。前到鲁阳。与袁术相见。术表坚行破虏将军，领豫州刺史。遂治兵于鲁阳。卓先遣将徐荣、李蒙四出虏掠。荣遇坚于梁（汉县，今河南汝州市东）。与战，破坚，生擒颍川太守李旻，烹之。卓所得义兵士卒，皆以布缠裹，倒立于地，热膏灌杀之（《后汉书·董卓传》。《三国志·董卓传》注引《献帝纪》曰：卓获山东兵，以猪膏涂布十余匹，用缠其身，然后烧之，先从足起。获袁绍豫州从事李延，煮杀之。卓所爱胡恃宠放纵，为司隶校尉刘谦所杀。卓大怒曰：我爱狗尚不欲令人呵之，而况人乎？乃召司隶都官挝杀之。《续汉书·五行志》：灵帝中平中，京都为《董逃》之歌。注引《风俗通》曰：卓以《董逃》之歌，主为己发，大禁绝之，死者千数）。王匡屯兵河阳津，将以图卓。卓遣疑兵挑战，而潜使锐卒从小平津过津北，破之，死者略尽（《魏志》注引谢承书曰：匡败，走还泰山。收集劲勇，得数千人。欲与张邈合。匡先杀执金吾胡母班，班亲属与太祖并势共杀匡）。明年，孙坚收合散卒，进屯梁县之阳人（聚名）。卓遣将胡轸、吕布攻之。布与轸不相能，军自惊恐，士卒散乱。坚追击之，轸、布败走。卓遣将李傕诣坚求和，坚拒绝不受。进军大谷（《后汉书注》：大谷口，在故嵩阳西北八十五里，北出对洛阳故城。案：嵩阳，隋县，唐改为登封，即今河南登封市），距洛九十里。卓自出与坚战于诸陵墓间，卓败走，却屯渑池。聚兵于陕。坚进洛阳宣阳城门，更击吕布，布复破走。坚乃扫除宗庙，平塞诸陵。分兵出函谷关，至新安、渑池间，以截卓后。卓乃使东中郎将董越屯渑池，中郎将段煨屯华阴，中郎将牛辅屯安邑，其余中郎将、校尉，布在诸县，以御山东。卓讽朝廷，拜为太师，位在诸侯王上。乃引还长安。以弟旻为左将军，封鄠侯，兄子璜为侍中中军校尉，皆典兵事。于是宗族内外，并居列位。其子孙虽髫龀，男皆封侯，女为邑君。数与百官置酒宴会，淫乐纵恣。乃结垒于长安城东以自居。又筑坞于郿（汉县，今陕西眉县东北）。高厚七丈，号曰万岁坞。积谷为三十年储。自云事成雄据天下，不成守此足以毕老。常至郿行坞，公卿以下祖道于横门外，卓施帐幔饮设，诱降北地反者数百人，于坐中杀之。先断其舌，次斩手足，次凿其眼目，以镬煮之。未及得死，偃转杯案间。会者战栗，亡失匕箸，而卓饮食自若。诸将有言语蹉跌，便戮于前。又稍诛关中旧族，陷以叛逆。时太史望气，言当有大臣戮死者。卓乃使人诬告太尉张温与袁术交通，遂笞温于市杀之，以塞天变。温时与司徒王允、司空荀爽阴谋诛卓，未及发而见害。爽病薨。

初，卓留洛阳，朝政大小，悉委之于允。允矫情屈意，每相承附，卓亦推心，不生乖疑。允密与司隶校尉黄琬、尚书郑泰等谋诛卓。乃上护羌校尉杨瓒行左将军事，执金吾士孙瑞为南阳太守，并将兵出武关道，以讨袁术为名，实欲分路征卓，而后拔天子还洛阳。卓疑而留之。允乃引内瑞为仆射，瓒为尚书。初平三年(192年)，允与瑞、瓒复结前谋。初，吕布斩丁原首诣卓，卓以为骑都尉，甚爱信之，誓为父子。稍迁至中郎将。卓自以遇人无礼，恐人谋己，行止常以布自卫。然卓性刚而褊，忿不思难。尝小失意，拔手戟掷布，布拳捷避之，由是阴怨卓。卓常使布守中阁，布与卓侍婢私通，恐事发觉，心不自安。允先以布乡里壮健（允，太原祁人；布，五原九原人），厚接纳之。乃潜结布，使为内应。四月，帝疾新愈，大会未央殿。允与瑞密表其事。使瑞自书诏以授布。令骑都尉李肃与布同心勇士十余人，伪着卫士服，于北掖门内以待卓。卓入门，肃以戟刺之，衷甲不入，伤膺堕车。顾大呼曰：“吕布何在？”布曰：“有诏讨贼臣。”卓大骂曰：“庸狗敢如是邪！”布应声持矛刺卓，趣兵斩之。士卒皆称万岁。百姓歌舞于道。长安中士女，卖其珠玉衣装，市酒肉相庆者，填满街肆。使皇甫嵩攻卓弟旻于郿坞。杀其母、妻、男女，尽灭其族。坞中珍藏，有金二三万斤，银八九万斤，锦绮缋縠，纨素奇玩，积如丘山。

曹操平定北方（上）[①]

自董卓废立，李傕、郭汜继之作乱，汉朝政令，不出国门，东方诸侯，竞欲力征经营矣。既未能改玉改步，其势不得无所尊奉。于斯时也，非别戴一君，以拒董卓之所立，则将奉以号令焉。由前之说，袁绍以之，而其事未成。由后之说，怀是计者亦不乏，而卒成之者魏武，此则半由人力，半亦由于事机也。

献帝以兴平二年（195年）十二月至安邑。其明年为建安元年（196年），七月，还洛阳。是时居京师者为韩暹、董承，而二人不和［《后汉书·献帝纪》：建安二年（198年），二月，暹攻承］。杨奉屯梁（汉县，今河南汝州市东），张杨居河内，皆不能匡正王室，董承乃召曹操。《三国志·吕布传》注引《英雄记》，言天子在河东，有手笔版书召布来迎，布军无积蓄，不能自致。案：其时雄踞河北者，唯袁绍为强，然素与长安不和；刘虞、袁术，或远不相及，或为中朝所畏惮；荆、扬则势稍远矣。欲求辅佐，自在兖、徐。吕布虽反复，然本有诛董卓之功，与傕、汜为敌，流离颠沛之中，更思倚布，亦

① 本篇选自吕思勉著《秦汉史》。

事势应尔也。布又不能自致，则勤王之勋，势不得不留待魏武矣。

献帝至安邑之月，曹操定兖州（先二月，天子拜操兖州牧）。东略陈地。明年，正月，袁术所置陈相袁嗣降，西行之道始开。初，操之领兖州，遣使诣张杨，欲假途西至长安，杨不听。时袁绍以董昭领魏郡太守，绍受谗，将治罪于昭，昭欲诣献帝，至河内，为所留。昭说杨，杨乃通操上事，并表荐之。昭为操作书与长安诸将，各随轻重致殷勤。杨亦遣使诣操。操遗杨犬马金帛，遂与西方往来。天子在安邑，昭从河内往，拜议郎。及是，操将迎天子，诸将或疑，荀彧、程昱劝之，乃遣曹洪将兵西迎。董承与袁术将苌奴拒险，洪不得进。汝南、颍川黄巾何仪、刘辟、黄邵、何曼等，众各数万。初应袁术，又附孙坚。二月，操进军讨破之，斩辟、邵等，仪及其众皆降。天子拜操建德将军。操兵在许，遣使诣河东。时董昭已从河内往安邑，拜议郎。昭以杨奉兵马最强，而少党援，作操书与奉。言“群凶猾夏，四海未宁，神器至重，本在维辅，诚非一人所能独建。心腹四肢，实相恃赖。将军当为内主，吾为外援。今吾有粮，将军有兵，有无相通，足以相济。死生契阔，相与共之”。奉得书喜悦。语诸将军，共表操为镇东将军，袭父爵费亭侯（六月）。七月，操至洛阳。假节钺，录尚书事。董昭说操，言诸将人殊意异，未必服从。唯有移驾幸许。操曰：“杨奉近在梁，闻其兵精，得无为累？”昭曰：“奉少党援，将独委质。宜时遣使，厚遗答谢，以安其意。说京都无粮，欲车驾暂幸鲁阳，鲁阳近许，转运稍易，可无县乏之忧。奉为人勇而寡虑，必不见疑。比使往来，足以定计，何能为累？”操曰：“善。”九月，车驾自轘辕而东。奉自梁欲要之，不及。十月，操征奉，奉南奔袁术，遂攻其梁屯，拔之。先是操奏韩暹、张杨之罪，暹惧诛，单骑奔杨奉，奉与俱要遮车驾，不及，又同奔袁术，遂纵暴扬、徐间。明年，刘备诱奉斩之。暹惧，走还并州，道为人所杀。胡才、李乐留河东。才为冤家所害。乐自病死。张济饥饿，出至南阳，攻穰（汉县，今河南邓州市东南），战死。郭汜为其将伍习所杀。三年，使谒者仆射裴茂诏关中诸将段煨等讨李傕，夷三族。于是自初平以来干乱政事者略尽矣。唯董承为车骑将军，开府。案：诸将中承最后亡者，以其初结张杨，后结曹操，得外援也。然承亦牛辅部曲，岂能终与魏武一心，故其后复有与刘备同谋之事焉。

曹操之入洛，几于不劳而定，然袁绍虎视河北；刘表坐镇荆、襄；刘备、吕布、袁术纵横徐、扬之境；张济之死也，从子绣领其众，屯宛，复与刘表声势相倚；四方之难，正未息也。车驾之出轘辕而东也，以操为大将军，封武平侯。十月，以袁绍为太尉。绍耻班在操下，不肯受。操乃固辞，以大将军让绍。天子拜操司空，行车骑将军。是岁，操用枣祗、韩浩等议，始兴屯田。自遭荒乱，率乏粮谷。诸军并起，无终岁之计。饥则寇略，饱则弃余。瓦解流离，无敌自破者，不可胜数。是岁募民屯田许下，得谷百万斛。于是州郡例置田官，所在积谷，征伐四方，无转运之劳，戡定之基立矣。

刘备之领徐州也，袁术攻之。备拒之盱眙、淮阴（汉县，今江苏淮安市淮阴区东南）。操表备为镇东将军，封宜城亭侯。术欲引吕布击备，与布书，送米二十万斛，言非惟此止，当骆驿复致。布大悦，勒兵袭下邳，虏备妻子。备转军海西（汉县，今江苏东海市南），求和于布。布恚术运粮不复至，还备妻子，具车马迎备，以为豫州刺史。布自号徐州牧。备遣关羽守下邳，自还小沛。术惧布为己害，为子求婚，布复许之。术遣将纪灵等步骑三万攻备。备求救于布。诸将谓布曰："将军常欲杀刘备，今可假手于术。"布曰："不然，若破备，则北连泰山，吾为在术围中，不得不救也。"便率步骑千余驰往。灵等闻布至，皆敛兵而止。布屯沛城外，遣人招备，并请灵等，与共飨饮，各罢。备复合兵，得万余人。布恶之，自出兵攻备。备败，走归曹操。操厚遇之，以为豫州牧。将至沛，收散卒，给其军粮，益与兵，使东击布。时建安元年（196年）也。二年（197年），正月，操南征，军淯水。（今白河）。张绣降。操纳济妻，绣恨之。操闻，密有杀绣之计。计漏，绣掩袭操，操败还。绣奔穰，与刘表合。袁术少见谶书，言代汉者当涂高，自云名字应之，又以袁氏出陈为舜后，以黄代赤，德运之次，遂有僭逆之谋。沛相下邳陈珪，故太尉球弟子也。术与珪俱公族子孙，少共交游。书与珪，且胁致其中子应，图必致之。珪答书，以死拒。兴平二年（195年），冬，天子败于曹阳，术会群下，欲僭号。主簿阎象谏，术不悦。时孙策已据江东，闻术欲僭号，与书谏，术不纳，策遂绝之。建安二年（197年），春，术遂僭号，自称仲家。使韩胤以僭号议告布，并求迎妇。陈珪恐徐、扬合纵，往说布，布亦怨术初不已受也，女已在途，追还绝婚，械送韩胤，枭首许市。珪欲使子登诣操，布不肯遣。会使者至，拜布左将军，布大喜，即听登往。登见操，因陈布勇而无计，轻于去就，宜早图之。操即增珪秩中二千石，拜登广陵太守。临别，执登手曰："东方之事，便以相付。"令登阴合部众，以为内应。术与韩暹、杨奉等连势，遣大将张勋攻布。布用珪策，遣人说暹、奉与己并力，军资所有，悉许暹、奉。暹、奉从之。勋大破败。九月，术侵陈，操东征之。术闻操自来，弃军走，渡淮。时南阳、章陵（即舂陵，后汉改县）诸县复叛为绣，操遣曹洪击之，不利。还屯叶。数为绣、表所侵。十一月，操南征，至宛。拔湖阳（汉县，今河南泌源县南）、舞阴（汉县，今河南泌阳市西北）。三年，正月，还许。三月，围绣于穰。五月，刘表遣兵救绣，以绝军后。操引还，到安众（汉县，今河南镇平县东南），绣、表合兵东追，操设奇兵大破之。吕布复为袁术，遣高顺攻刘备于沛，破之。操遣夏侯惇救备，为顺所败。九月，操东征布。十月，屠彭城。进至下邳。布自将骑逆击，大破之。追至城下。遗布书，为陈祸福。布欲降。陈宫等自以负罪，深沮其计。布遣人求救于术，术不能救，出战，又败，乃还固守。攻之不下。时操连战，士卒罢，欲还。荀攸、郭嘉说曰："吕布勇而无谋，今三战皆北，其锐气衰矣。三军以将为主，主衰则军无奋意。夫陈宫有智而迟。今及布气之未复，宫谋之未定，进急攻之，布可拔也。"遂决泗、沂水以灌城。月余，布将侯成、宋宪、魏续等执陈宫、高顺，举城降。布与其麾下登白门楼，兵围急，乃下降。于是缢杀布与宫、顺等，皆枭首送许，然后葬之。《三国志·吕布传》注引《英雄记》曰：建安元年（196年）六月夜半时，布将河内郝萌反，入布所治下邳府，大呼攻阁。布牵妇科头袒衣，从溷上排壁出，诣都督高顺营。萌将曹性反。萌与对战。萌刺伤性，性斫萌一臂。顺斫萌首。床舆性送诣布。布问性：萌受袁术谋，谋者悉谁？性言陈宫同谋。时宫在坐上，面赤，旁人悉觉之，布以宫大将，不问也。又言曹操之攻下邳，布欲令陈宫、高顺守城，自将骑断太祖粮道。布妻谓曰："宫、顺素不和，将军一出，宫、顺必不同心共城守也。如有蹉跌，将军当如何自立乎？愿将军计之，无为宫等所误也。"又引《魏氏春秋》曰：陈宫谓布曰："曹公远来，势不能久。若将军以步骑出屯，为势于外，宫将余众闭守于内，若向将军，宫引兵而攻其背，若来攻城，将军为救于外，不过旬日，军食必尽，击之可破。"布然之。布妻曰："昔曹氏待公台（宫字）。如赤子，犹舍而来，今将军厚公台不过于曹公，而欲委金城，捐妻子，孤军远出，若一旦有变，妾岂得为将军妻哉？"布乃止。又引《英雄记》曰："顺为人清白，有威严。不饮酒，不受馈遗。所将七百余兵，号为千人，铠甲斗具，皆精练齐整，每所攻击，无不破者，名为陷阵营。顺每谏布，言凡破家亡国，非无忠臣明智者也，但患不见用耳。将军举动，不肯详思，辄喜言误，误不可数也。布知其忠，然不能用。布从郝萌反后，更疏顺，以魏续有内外之亲，悉夺顺所将兵以与续。及当攻战，故令顺将续所领兵。顺亦终无恨意。"合观诸说，陈宫盖倾危之士。操攻下邳，本欲退兵，以荀攸、郭嘉之言乃复进，知其兵力非甚有余。如得忠诚之将如高顺者以守于内，而布躬自率兵掎角于外，操之能克与否，殊未可知，而卒以陈宫难信，而又卒不能去其权，遂以不果，则宫以其反复之性，几败曹公，而卒又以之败布也。宫与曹公构衅之由不可知，然曹公之待人，大致尚偏于厚。宫与曹公之构隙，疑其咎不在曹公矣。一举而危曹公，败吕布，杀张邈，毒流兖、徐，覃及扬域者五年，甚矣，倾危之士之不可与处也。

初，泰山臧霸，从陶谦击破黄巾，拜骑都尉，遂收兵于徐州，与孙观、吴敦、尹礼、昌狶各聚众，霸为帅，屯于开阳（汉县，今山东临沂市北）。吕布之破刘备也，霸等悉从布。既擒布，霸自匿。操募索得霸，悦之。使霸招敦、礼、观、观兄康。以霸为琅琊相，敦利城（汉县，今山东临沂市东）、礼东莞（汉县，今山东沂水县）、观北海（后汉北海郡治剧，今山东寿光市）、康城阳太守。割青、徐二州委霸。后操与袁绍相拒，霸数以精兵入青州，故操得专事绍，不以东方为念焉。张杨素与吕布善。操之围布，杨欲救之，不能，乃出兵东市（胡三省曰：在野王县），遥为之势。四年，二月，其将杨丑杀杨以应操。杨将眭固杀丑，以其众属袁绍，屯射犬。四月，操进军临河，使史涣、曹仁破斩固，操济河，围射犬，降之。于是自河以南略平，袁、曹构兵之机迫矣。

曹操平定北方（下）[①]

《三国志·荀彧传》，载彧谏魏武勿取徐州，以兖州比汉高之关中，光武之河内，读史者亟称之，此不察情实之谈也。汉高与项羽，始终相持于荥阳、成皋之间，关中拒前敌甚远，自可倚为根本。光武之据河内，势已异是，然其时兵力，犹足自立。若魏武失兖州之时，则强敌在前，饥军不立，而狡焉思启者，且环伺于其旁，救死不赡，安敢望削平海宇哉？知往史所载谋臣硕画，多事后附

① 本篇选自吕思勉著《秦汉史》。

袁绍，汉末著名军阀，出身名门望族。初平元年（190年）被推为反董卓联合军盟主。此后，在汉末割据中，他先占据冀州，又夺青、并二州，并于建安四年（199年）击败公孙瓒；但在建安五年（200年）官渡之战中大败于曹操。

会之词，非其实矣。魏武一生，所遭危机有二：一为张邈、陈宫以兖州叛迎吕布之时，一则都许之后，袁绍挟四州之势以相临。虽其机权勇决，自有制胜之方，然其成败亦间不容发，非有必克之道也。

《三国志·袁绍传》云："初，天子之立非绍意，及在河东，绍遣郭图使焉，图还，说绍迎天子都邺，绍不从。"注引《献帝传》云：沮授说绍，而郭图、淳于琼沮之，《后汉书·袁绍传》用其说，然亦云"帝立既非绍意，竟不能从"，则当曹操迎献帝以前，袁绍迄未有承顺之意。盖其时汉室威灵已替，天子仅亦守府，挟以为资，实亦无足重轻也（迎献帝都邺之说，《三国志》谓出郭图，《献帝传》谓出沮授，疑当以《三国志》为得实，缘后来传河北事者，率多美授而归罪于图也）。《三国志》又云：太祖迎天子都许，收河南地，关中皆附，绍悔，欲令太祖徙天子都鄄城以自密近，太祖拒之。《后汉书》云：建安元年（196年），曹操迎天子都许，乃下诏书于绍，责以地广兵多，而专自树党，不闻勤王之师，而但擅相讨伐。绍上书自辩，乃以绍为太尉，封邺侯。时操自为大将军，绍耻为之下，表辞不受；操大惧，乃让位于绍。二年，使孔融持节拜绍大将军，锡弓矢、节钺、虎贲百人，兼督冀、青、幽、并四州，然后受之。则当都许之初，袁、曹似几至决裂，旋复敛兵而止者，盖由朝以四州之地畀绍。其时许都草创，操固无力攻绍；河北未定，绍亦不能专志河南；故遂各守疆埸，为后图也。

袁绍以初平三年（192年）败公孙瓒于界桥。瓒又遣兵至龙凑挑战，绍复击破之。瓒遂还幽州，不敢复出。四年，初，天子遣太仆赵岐和解关东，使各罢兵，瓒因此以书譬绍，绍于是引军南还。时魏郡兵反，与黑山贼于毒等共覆邺城，杀郡守。绍讨破之，斩毒。遂寻山北行，进击诸贼，屠其屯垒。与黑山贼张燕及四营屠各、雁门乌桓战于常山，连十余日，燕兵死伤多，绍军亦疲，遂各退（《后汉书·朱儁传》云：自黄巾起后，复有黑山、黄龙、白波、左校、郭大贤、于氐根、青牛角、张白骑、刘石、左髭丈八、平汉、大计、司隶、掾哉、雷公、浮云、飞燕、白雀、杨凤、于毒、五鹿、李大目、白绕、眭固、苦哂之徒，并起山谷间，不可胜数。其大声者称雷公，骑白马者为张白骑，轻便者号飞燕，多髭者号于氐根，大眼者为李大目。如此称号，各有所因。大者二三万，小者六七千。贼帅常山人张燕，轻勇趫捷，故军中号曰飞燕。善得士卒心。乃与中山、常山、赵郡、上党、河内诸山谷寇贼，更相交通，聚至百万，号曰黑山贼。河北诸郡县，并被其害。朝廷不能讨。燕乃遣使至京师，奏书乞降。遂拜平燕中郎将，使领河北诸山谷事。岁得举孝廉计吏。燕后渐寇河内，逼近京师。于是出儁为河内太守，将家兵击却之。其后诸贼多为袁绍所定，事在《袁绍传》。《袁绍传》云：绍出军入朝歌鹿肠山苍严谷口讨于毒，围攻五日，破之，斩毒及其众万余级。绍遂寻山北行，进击诸贼左髭丈八等，皆斩之。又击刘石、青牛角、黄龙、左校、郭大贤、李大目、于氐根等，复斩数万级。皆屠其屯垒，遂与黑山贼张燕及四营屠各、雁门乌桓战于常山。燕精兵数万，骑数千匹。连战十余日，燕兵死伤虽多，绍军亦疲，遂各退。《三国志·张燕传》云：真定人。本姓褚。黄巾起，燕合聚少年为群盗，在山泽间。转攻还真定，众万余人。博陵张牛角亦起，自号将兵从事，与燕合。燕推牛角为帅，俱攻瘿陶。牛角为飞矢所中，被创，且死。令众奉燕，故改姓张。张牛角当即青牛角也。朝歌，汉县，在今河南淇县东北。瘿陶，亦汉县，在今河北宁晋县西南。《后汉书·朱儁传》之文，略本《九州春秋》、《典略》、张璠《汉纪》，见《三国志·张燕传》注。青牛角，《九州春秋》但作牛角。苦哂作苦蝤。大计作大洪。掾哉作缘城。又有罗市，《后汉书》无其名。雷公，《典略》作张雷公。《九州春秋》又云：灵帝拜杨凤为黑山校尉，领诸山贼。得举孝廉计吏，与《三国志》云张燕者异）。麹义自恃有功，骄纵不轨，绍召杀之而并其众。先是刘虞稍节公孙瓒禀假，瓒怒，屡违节度，筑京于蓟城以备虞。是年，冬，虞举兵袭瓒，大败，奔居庸（汉县，今北京市延庆区东）。瓒攻拔居庸，生获虞。会董卓死，天子遣使者段训增虞邑，督六州，瓒迁前将军，封易侯。瓒诬虞欲称尊号，胁训斩虞。上训为幽州刺史。瓒徙镇易（汉县，今河北雄县西北）。虞从事鲜于辅等率州兵欲报瓒，以燕国阎柔素有恩信，共推柔为乌丸司马。柔招诱乌丸、鲜卑，得胡、汉数万人，与瓒所置渔阳太守邹丹战于潞北，大破之，斩丹。袁绍又遣麹义及虞子和（和逃术还北，为绍所留）。将兵与辅合击瓒，瓒军数败，乃走还易京固守。为围堑十重。于堑裹筑京，皆高五六丈，为楼其上。中堑为京，特高十丈，自居焉。积谷三百万斛。瓒曰："昔谓天下事可指麾而定，今日视之，非我所决，不如休兵，力田蓄谷。兵法百楼不攻，今吾楼橹千重，食尽此谷，足知天下之事矣。"欲以此敝绍。绍遣将攻之，连年不能拔。建安四年，绍悉军围之。瓒遣子求救于黑山贼。复欲自将突骑直出，傍西南山，拥黑山之众，陆梁冀州，横断绍后。长史关靖说瓒，谓将士皆已土崩瓦解，舍之而去，易京之危可立待。瓒遂止。救至，欲内外击绍，遣人与子书刻期，绍候者得其书，绍设伏击，大破之，复还守。绍为地道，突坏其楼，稍至中京。瓒自知必败，尽杀其妻子，乃自杀。于是河北略定。绍遂出长子谭为青州，中子熙为幽州，甥高幹为并州。简精卒十万，骑万匹，欲以攻许矣。

袁术自败于陈，稍困，将归帝号于绍。袁谭自青州遣迎之。术欲从下邳北过，操遣刘备、朱灵要之，术复走还寿春。至江亭，愤慨结病，呕血死。时建安四年（199年）六月也。八月，曹操进军黎阳（汉县，今河南浚县东北）。使臧霸等入青州，破齐（汉郡，治临淄）、北海、东安（汉县，今山东沂水县南）。留于禁屯河上。九月，操还许。分兵守官渡（城名，在今河南中牟县东北）。袁绍遣人招张绣。绣从贾诩计，十一月，率众降操。十二月，操军官渡。刘备未出时，董承辞受帝衣带中密诏诛操，备与同谋。至下邳，遂杀徐州刺史车胄，留关羽守下邳，而身还小沛。东海昌霸反，郡县多叛操为备。备众数万人，遣孙乾与袁绍联合。操遣刘岱、王忠击之，不克。五年，春，正月，董承等谋泄，皆伏诛。操自将东击备，破之。备走奔绍。获其妻子。攻下邳，关羽降。昌狶叛为备，又攻破之。二月，绍遣郭图、淳于琼、颜良等攻东郡太守刘延于白马。绍引兵至黎阳，将渡河。四月，操北救延。荀攸说操曰："今兵少不敌，分其势乃可。公到延津（在今河南延津县北），若将渡兵向其后者，绍必西应之，然后轻兵袭白马，掩其不备，颜良可擒也。"操从之。绍闻兵渡，即分兵西应之。操乃引军兼行趣白马。未至十余里，良大惊，来逆战。使张辽、关羽前登，击破斩良。遂解白马围。徙其民循河而西。绍渡河追操。军至延津南，操击斩其骑将文丑。良、丑皆绍名将也，再战悉擒，绍军大震。操还军官渡。绍进保阳武。关羽亡归刘备。八月，绍连营稍前，依沙缒为屯，东西数十里。操亦分营与相当。合战，不利。绍复进临官渡，起土山地道。操亦于内作之以相应。绍射营中，矢如雨下，行者皆蒙楯，众大惧。时操粮少，与荀彧书，议欲还许。彧以为"绍悉众聚官渡，欲与公决胜败，公以至弱当至强，若不能制，必为所乘，是天下之大机也"。操乃止。汝南降贼刘辟等叛应绍，略许下。绍使刘备助辟，操使曹仁击破之，备走，遂破辟屯。袁绍运谷车数千乘至，操用荀攸计，遣徐晃、史涣邀击，大破之，尽烧其车。十月，绍遣车运谷，使淳于琼等将兵万余人送之。绍谋臣许攸贪财，绍不能足，奔操，说操击琼等。左右疑之。荀攸、贾诩劝操。操乃留曹洪守，自将步骑五千人往。大破琼等，皆斩之。绍闻操击琼，使张郃、高览攻曹洪。郃等闻琼败，遂降。绍众大溃。绍及子谭弃军走渡河。追之，不及。冀州诸军多举城邑降者。六年，四月，扬兵河上。击绍仓亭军。破之。绍归，复收散卒，攻定诸叛郡县，然其势已不能复振矣。

袁、曹成败，往史议论甚多，然多事后附会之词，不足信也。

荀彧，字文若，颍川颍阴人。曹操统一北方的首席谋臣和功臣。战略方面为曹操规划制定了统一北方的蓝图和路线，曾多次修正曹操的战略方针而得到赞赏，包括“深根固本以制天下”，“迎奉天子”；战术方面曾面对吕布叛乱而保全兖州三城，奇谋扼袁绍于官渡等。

《武帝纪》云：刘备举兵，公将东征，诸将皆曰：“与公争天下者袁绍也，今绍方来而弃之东，绍乘人后，若何？”公曰：“夫刘备，人杰也。今不击，必为后患。袁绍虽有大志，而见事迟，必不动也。”郭嘉亦劝公（《郭嘉传》无此事）。遂东击备，破之。公还官渡，绍卒不出。《袁绍传》亦云：太祖自东征备，田丰说绍袭太祖后，绍辞以子疾，不许。丰举杖击地曰：“夫遭难遇之机，而以婴儿之病失其会，惜哉！”此即附会之词。夫兵有轻进逐利，有持重后进。许下距河北远，多遣兵则行迟，势不相及，少遣兵则徒遭挫折，无益于事，此绍之所以不肯轻进，操亦度其如此，故敢自将而东，非真能决其见事之迟也。袁绍既招张绣于前，复有刘辟应之于后，又尝遣使招诱豫州诸郡，诸郡多受其命，唯阳安不动（阳安，汉县，在今河南确山县东北，盖是时暂立为郡）。阳安都尉李通，操之信臣也，绍以为征南将军，事虽不成，然时通急录户调，朗陵长赵俨，忧民心之变，言之荀彧，彧以白操，操遂下令：绵绢悉以还民（见《李通传》《赵俨传》）。则绍谋犄操之后，不为不力。其不肯遣大兵往援者，此本牵制之师，犹操之用臧霸，亦仅欲纾东顾之忧，不能仗之以攻冀州也。且刘辟举兵而使刘备为之应，其所遣亦不为不重矣。曹操之攻淳于琼也，绍闻之曰："就彼破琼，吾攻拔其营，彼固无所归矣。"其计亦未为误。然张郃谓曹公营固，攻之必不拔，其后果然，则操之出兵，本据必甚坚固。以相持久疲敝之余，而犹如此，况欲以轻兵袭许乎？绍之计，盖欲一举而大溃操兵，使其不能复振。其将南下也，田丰说绍曰："操善用兵，变化无方，众虽少，未可轻也。不如久持之。将军据山河之固，拥四州之众，外结英雄，内修农战；然后简其精锐，分为奇兵，乘虚迭出，以扰河南，救右则击其左，救左则击其右，使敌疲于奔命，民不得安业，我未劳而彼已困，不及三年，可坐克也。今释庙胜之策而决成败于一战，若不如志，悔无及也。"及兵既接，沮授又曰："北兵数众，而果劲不及南；南谷虚少，而货财不及北。南利在于急战，北利在于缓搏。宜徐持久，旷以日月。"丰之策绍未能从，授之计则不可谓未见用。绍与操相持逾二时。所以不获速决者，固由操之善守，亦由绍不急攻。不然，胜负之机，本不待决诸半年外也。《袁绍传》云"太祖与绍相持日久，百姓疲乏，多叛应绍"，此即绍持久之效。操与荀彧书欲还许，盖其势实已不支。《荀彧传》云"欲还许以引绍"，夫以相持日久，粮尽势竭之余，安能复引人深入？一举足，则敌以全力蹑其后，势如山崩瓦解矣。彧所谓"若不能制，必为所乘”也。《荀彧传》载彧报操之辞曰：“划地而守之，扼其喉而不得进，已半年矣。情见势竭，必将有变，此用奇之时，不可失也。”此亦以势处于无可奈何，而教之以涉险耳。许攸来自敌军，进袭淳于琼之策，而操遽自将以行，虽曰智勇过人，其道亦甚危矣，非处甚窘之势，安肯冒昧出此哉？故曰：袁、曹成败之机，实间不容发也。

《魏志·荀彧传》载彧策曹操有四胜，曰：“绍貌外宽而内忌，任人而疑其心，公明达不拘，唯才所宜，此度胜也。绍迟重少决，失在后机，公能断大事，应变无方，此谋胜也。绍御军宽缓，法令不立，士卒虽众，其实难用，公法令既明，赏罚必行，士卒虽寡，皆争致死，此武胜也。绍凭世资，从容饰智，以收名誉，故士之寡能好问者多归之，公以至仁待人，推诚心不为虚美，行己谨俭，而与有功者无所吝惜，故天下忠正效实之士，咸愿为用，此德胜也。”《郭嘉传》注引《傅子》，载嘉谓操有十胜，绍有十败，与此大同小异，其为后人附会，亦显然可见。然此说亦颇足考袁、曹为人之异同也。

刘备之败于曹仁也，还绍军，欲离绍，乃说绍南联刘表。绍遣备将本兵复至汝南，与贼龚都等合，众数千人。操遣蔡阳击之，不利。操南征备。备闻操自行，走奔刘表。都等皆散。时操以粮少，不足与河北相支，欲因绍新破，以其间讨击刘表。荀彧曰：“今绍败，其众离心，宜乘其困遂定之，而背兖、豫，远师江、汉，若绍收其余烬，承虚以出人后，则公事去矣。”（注引《荀彧别传》载操表曰：“昔袁绍侵入郊甸，战于官渡。时兵少粮尽，图欲还许，书与彧议，彧不听臣，建宜住之便，恢进讨之规，更起臣心，易其愚虑，遂摧大逆，覆取其众，此或观胜败之机，略不世出也。及绍破败，臣粮亦尽，以为河北未易图也，欲南讨刘表，或复止臣，陈其得失。臣用反旆，遂吞凶族，克平四州。向使臣退于官渡，绍必鼓行而前，有倾覆之功，无克捷之势。后若南征，委弃兖、豫，利既难要，将失本据。彧之二策，以亡为存，以祸致福，谋殊功异，臣所不及也。”则此二策确出于彧，且与当时形势，大有关系）操从之。七年，复进军官渡。绍自军破后，发病呕血，五月死。绍爱少子尚，欲以为后，而未显。审配、逢纪，与辛评、郭图争权。配、纪与尚比，评、图与谭比。众以谭长，欲立之。配等恐谭立而评等为己害，缘绍素意，乃奉尚代绍位。谭至，不得立，自号车骑将军。由是谭、尚有隙。九月，操攻谭、尚。谭军黎阳。尚少与谭兵，而使逢纪从谭。谭求益兵。配等议不与。谭怒，杀纪。操渡河攻谭，谭告急于尚。尚欲分兵益谭，恐谭遂夺其众，乃使审配守邺，自将兵助谭。大战城下，谭、尚败，走入城守。八年，春，三月，攻其郭，乃出战。击，大破之。谭、尚夜遁。四月，进军邺。五月，还许，留贾信屯黎阳。八月，操征刘表，军西平（汉县，今河南西平县西。《郭嘉传》：从讨谭、尚于黎阳。连战数克。诸将欲乘胜遂攻之。嘉曰：“急之则相持，缓之而后争心生，不如南向荆州，若征刘表者，以待其变，变成而后击之，可一举定也。太祖曰“善”，乃南征）。操之去邺而南也，谭、尚遂举兵相攻。谭败，奔平原。尚攻之急。谭遣辛毗乞降请救（《辛毗传》注引《英雄记》曰：郭图说谭曰：“今将军国小兵少，粮匮势弱，显甫之来，久则不敌。愚以为可呼曹公，来击显甫，曹公至，必先攻邺。显甫还救，将军引兵而西，自邺以北，皆可虏得。若显甫军破，其兵奔亡，又可敛取，以拒曹公。曹公远侨而来，粮饷不继，必自逃去。比此之际，赵国以北，皆我之有，亦足与曹公为敌矣。不然不谐。”谭始不纳，后遂从之)。诸将皆疑。荀攸言：“兄弟遘恶，势不两全。若有所并则力专，力专则难图也。及其乱而取之，天下定矣，此时不可失也。”操乃引军还。十月，到黎阳。为子整与谭结婚。尚闻操北，乃释平原还邺。其将吕旷、吕翔叛尚，屯阳平，率其众降。九年，正月，操济河，二月，尚复攻谭，留苏由、审配守邺。由欲为内应，谋泄，与配战城中，败，出奔操。操攻邺，为土山地道。武安长尹楷屯毛城（在今河南涉县西），通上党粮道。四月，操留曹洪攻邺，自将击楷，破之。尚将沮鹄守邯郸，又击拔之。五月，毁土山地道。作围堑，决漳水灌城。城中饿死者过半。七月，尚还救邺。操逆击，破走之。遂围其营。尚夜遁，保祁山（《袁绍传》云：尚还走滥口）。其将马延、张觊等临阵降，众大溃。尚走中山。八月，审配兄子荣夜开所守城东门。内兵生擒配，斩之。天子以操领冀州牧。操让还兖州。操之围邺也，谭略取甘陵（后汉县，今山东高唐县清平镇南）、安平（今河北省衡水市冀州区）、渤海（后汉治南皮，今河北南皮县）、河间（今河北献县）。尚败，还中山。谭攻之。尚奔故安（汉县，今河北易县东南）、从熙。谭遂并其众。操遗谭书，责以负约，与之绝婚。女还然后进军。谭惧，拔平原，走保南皮。十年，正月，攻拔之，斩谭及郭图等，冀州平。是月，袁熙大将焦触、张南等叛，攻熙、尚。熙、尚奔三郡乌丸，触等举其县降。初，袁绍与公孙瓒争冀州，张燕遣将助瓒，与绍战，为绍所败，人众稍散。鲜于辅将其众奉王命，以为建忠将军，督幽州六郡。操与绍相拒于官渡，阎柔遣使诣操受事，迁护乌丸校尉，而辅身诣操，拜左度辽将军，遣还镇抚本州。将定冀州，燕遣使求佐王师，拜平北将军，率众诣邺。故安赵犊、霍奴等杀幽州刺史、涿郡太守。三郡乌丸攻辅于犷平（汉县，今北京市密云区东北）。八月，操征之，斩犊等。乃渡潞河救犷平。乌丸奔走出塞。操之拔邺，高幹降，以为并州刺史。闻操讨乌丸，以州叛。十一年，正月，操征幹。幹走入匈奴求救。单于不受。幹走荆州。上洛都尉王琰捕斩之（上洛，汉县，今陕西商县。《杜畿传》：高幹反，时河东太守王邑被征，河东人卫固、范先，外以请邑为名，内实与幹通谋。太祖谓荀彧曰："关西诸将，恃险与马，征必为乱。张晟寇崤、渑间，南通刘表，固等因之，吾恐其为害深。河东被山带河，四邻多变，当今天下之要地也。君为我举萧何、寇恂以镇之。"彧曰："杜畿其人也。"遂拜畿为河东太守。固等使兵数千人绝陕津。畿诡道从郖津度。范先欲杀畿以威众。固曰"杀之无损，徒有恶名。且制之在我"，遂奉之。畿以固为都督，行丞事，领功曹。将校吏兵三千余人，皆范先督之。固欲大发兵，畿患之。说固曰："今大发兵，众必扰，不如徐以赀募兵。"固以为然，从之。又喻固等曰：人情顾家，诸将掾史，可分遣休息，急缓召之不难。"固等恶逆众心，又从之。于是善人在外，阴为己援，恶人分散，各还其家。畿知诸县多附己，因出单将数十骑赴张辟拒守。固等与幹、晟共攻之，不下。会大兵至，幹、晟败，固等伏诛。是时天下郡县皆残破，河东最先定，少耗减。畿治之，崇宽惠，与民无为。韩遂、马超之叛也，弘农、冯翊多举县邑以应之。河东虽与贼接，民无异心，太祖西征，至蒲阪，与贼夹渭为军，军食一仰河东。及贼破，余畜二十余万斛。《梁习传》曰：并土新附，习以别部司马领并州刺史。时承高幹荒乱之余，胡狄在界，张雄跋扈。吏民亡叛，入其部落。兵家拥众，作为寇害，更相煽动，往往棋跱。习到官，诱谕招纳，皆礼召其豪右，稍稍荐举，使诣幕府。豪右已尽，乃次发诸丁强，以为义从。又因大军出征，分请以为勇力。吏兵已去之后，稍移其家，前后送邺，凡数万口。其不从命者，兴兵致讨，斩首千数，降附者万计。单于恭顺，名王稽颡。部曲服事供职，同于编户。边境肃清。百姓布野，勤劳农桑。令行禁止。案：丧乱之际，戡定虽赖兵力，其后抚绥生聚，则无不借良吏者，观此二事可知也）。十二年，操北征三郡乌丸。五月，至无终（汉县，今河北玉田县）。初，田畴为刘虞奉使还，未至，虞已为公孙瓒所害。畴乃入徐无山中（山在今玉田县北），营深险平敞地而居。百姓归之者，数年间至五千余家。畴为立约束。北边翕然，服其威信。操北征乌丸，先使辟畴，随军次无终。时方夏水雨，而滨海洿下，泞滞不通，虏亦遮守险要，军不得进。操患之，以问畴。畴言"旧北平郡治在平冈，道出卢龙（在今河北迁安县北），达于柳城（当在今凌南、兴城之间）。自建武以来，陷壤断绝，垂二百载，而尚有微径可从。今虏以大军当由无终，不得进而退，懈弛无备。若默回军，从卢龙口，越白檀之险（白檀，汉县，在今河北承德市西）。出空虚之地，路近而便，掩其不备，蹋顿之首，可不战而擒也"。操曰："善。"令畴将其众为乡导，引军出卢龙塞。塞外道绝不通。乃堑山湮谷，五百余里，东指柳城。未至二百里，虏乃知之。尚、熙与蹋顿、辽西单于楼班、右北平单于能臣抵之等将数万骑逆军。八月，纵兵击之，虏众大崩。斩蹋顿及名王以下。胡、汉降者二十余万口。辽东单于速仆丸，及辽西、北平诸豪，弃其种人，与尚、熙奔辽东。初，辽东太守公孙康恃远不服，及操破乌丸，或说操遂征之，尚兄弟可擒也。操曰："吾方使康斩送尚、熙首，不烦兵矣。"九月，操引兵自柳城还，康即斩尚、熙及速仆丸等，传其首。诸将或问："公还而康斩送尚、熙，何也？"操曰：

"彼素畏尚等；吾急之则并力，缓之则自相图，其势然也。"案：患莫大于养痈。三郡乌丸，种类繁炽，又数受袁氏恩，内利抄掠，使尚、熙获用其众，其为患，必不止如后汉初之卢芳而已。曹操大举征之，虽曰乘危以侥幸（《武帝纪》注引《曹瞒传》操自道语），然乌丸自此遂不能为大患，其用兵亦云神矣。

是时海内之患，以幽、并、青、冀、兖、徐为急，及是略已平定，关中操任钟繇抚之，凉州鸾远，诸将皆无大略，非可急图，亦不虞其为大患也，故乌丸平，操遂南征荆州。

袁曹成败[①]

袁、曹成败，昔人议论孔多，然皆事后附会之辞，非其实也。建安五年（200年），曹操之东征刘备也，《三国志·魏书·武帝纪》曰："诸将皆曰：'与公争天下者袁绍也，今绍方来，而弃之东，绍乘人后，若何？'公曰：'夫刘备，人杰也。今不去，后必为患。袁绍虽有大志，而见事迟，必不动也。'郭嘉亦劝公（《郭嘉传》无此语）。遂东击备，破之。……公还官渡，绍卒不出。"《袁绍传》亦云："太祖自东征备，田丰说绍袭太祖后，绍辞以子疾，不许。丰举杖击地曰：'夫遭难遇之机，而以婴儿之病失其会，惜哉！'"皆病绍之用兵，不能乘时逐利。案：用兵各有形势，轻兵掩袭，乘时逐利，

① 本篇选自《吕思勉遗文集》(下)。

与持重后进，专以摧破敌人之大军为主旨者，各一道也。

绍之计，盖为先定河北，然后蓄势并力，以与强者争衡。当操与吕布相持于兖州时，强敌在前，饥军不立，欲从袁绍之说，遣家居邺（《三国志·魏书·程昱传》）。其势可谓危矣，然以程昱之谏而遂止，袁绍亦不之问。其后吕布为操所败，张邈从布走，张超犹守雍丘，臧洪以故吏之谊，欲乞兵往救。绍当时大可存超以为牵制，而犹终不听许，至反因此与洪构衅，诚欲专力于河北，未欲问鼎于河南也。

建安四年（199年），绍既并公孙瓒，将进军攻许，则既遣人招张绣，复与刘备连和。其明年，两军既相持，则有刘辟等应绍略许下，绍又使刘备助之，则绍于牵制操耳，亦不为不力矣。然终不发大兵为之援者，许下距河北远，多遣兵则势不能捷，少则无益于事，徒招挫折，故绍不肯遣大兵。即操亦知其如此，度其时日，足以定备，是以敢于轻兵东骛，非真能逆亿绍之昧机而不动也。

绍之南也，田丰说绍曰："曹公善用兵，变化无方，众虽少，未可轻也。今不如久持之……简其精锐，分为奇兵，乘虚迭出，以扰河南，救右则击其左，救左则击其右，使敌疲于奔命，民不得安业，我未劳而彼已困，不及三年，可坐克也。今释庙胜之策而决成败于一战，若不如志，悔无及也。"及兵既接，沮授又曰："北兵虽众，而果劲不及南；南军谷少，而货储不如北；南幸于急战，北利于缓师，宜徐持久，旷以日月。"一以兵之不逮，一以将之不及，不欲速战，而主持久以敝敌。盖时河北虽云凋敝，然其空乏初不如河南之甚，田丰违旨，终遭械系，沮授之策，则绍实不可谓不用。《袁绍传》云：“太祖与绍相持日久，百姓疲乏，多叛应绍，军食乏。”《三国志·魏书·武帝纪》亦谓：操以粮少，与荀彧书，议欲还许。而绍则运谷车为徐晃、史涣所邀击者数千乘。又使淳于琼等五人将兵万余人送之，悉为操所烧，乃致大溃。则其粮储之丰可知，使徐晃、史涣功不成，操攻琼而之诛不启，抑或不克济，事之成败，固未可知。

或传太祖军粮方尽，书与彧议，欲还许以引绍。彧曰：“今军食虽少，未若楚、汉在荥阳、成皋间也。是时刘、项莫肯先退，先退者势屈也。公以十分居一之众，划地而守之，扼其喉而不得进，已半年矣。情见势竭，必将有变，此用奇之时，不可失也。”夫楚汉相持，汉以兵多食足见长，楚兵少食尽，其势与曹操之势正相反，安得举以为喻。陆逊之策刘备曰：“备是猾虏，更尝事多，其军始集，思虑精专，未可干也。今住已久，不得我便，兵疲意沮，计不复生，掎角此寇，正在今日。”此即荀彧所谓情见势绌，用奇之时。徐晃、史涣之邀击，及操之自将以攻淳于琼，正是其事。然亦幸而获济耳，使绍而虑精专，此等竟不能遂，则其后之成否，固犹未可知也。然则袁绍之成败，亦间不容发耳。所谓还许以引绍者，即是不支而退，使其竟尔如此，而绍以大兵乘其后，曹军之势必土崩瓦解，不复支矣。然则绍之筹策，固亦未尝可谓其不奏功也。

《满宠传》云：“时袁绍盛于河朔，而汝南绍之本郡，门生宾客布在诸县，拥兵拒守。太祖忧之，以宠为汝南太守。宠募其服从者五百人，率攻下二十余壁，诱其未降渠帅，于坐上杀十余人，一时皆平。得户二万，兵二千人，令就田业。”

《李通传》云：“建安初，通举众诣太祖于许。拜通振威中郎将，屯汝南西界。太祖讨张绣，刘表遣兵以助绣，太祖军不利。通将兵夜诣太祖，太祖得以复战，通为先登，大破绣军。拜裨将军，封建功侯。分汝南二县，以通为阳安都尉。通妻伯父犯法，朗陵长赵俨收治，致之大辟。是时杀生之柄，决于牧守，通妻子号泣以请其命。通曰：‘方与曹公戮力，义不以私废公。’嘉俨执宪不阿，与为亲交。太祖与袁绍相拒于官渡。绍遣使拜通征南将军，刘表亦阴招之，通皆拒焉。通亲戚部曲流涕曰：‘今孤危独守，以失大援，亡可立而待也，不如亟从绍。’通按剑以叱之……即斩绍使，送印绶诣太祖。又击郡贼瞿恭、江宫、沈成等，皆破残其众，送其首。遂定淮、汝之地。”

《赵俨传》云：“袁绍举兵南侵，遣使招诱豫州诸郡，诸郡多受其命。惟阳安郡不动，而都尉李通急录户调。俨见通曰：‘方今天下未集，诸郡并叛，怀附者复收其绵绢，小人乐乱，能无遗恨！且远近多虞，不可不详也。’通曰：‘绍与大将军相持甚急，左右郡县背叛乃尔。若绵绢不调送，观听者必谓我顾望，有所须待也。’俨曰：‘诚亦如君虑；然当权其轻重，小缓调，当为君释此患。’乃书与荀彧……彧报曰：‘辄白曹公，公文下郡，绵绢悉以还民。’上下欢喜，郡内遂安。”由此可见操之多忠亮死节之臣，刘辟等之所以不能摇动以此也。

《后汉书·袁绍传》云：绍与操相持，许攸进曰：“曹操兵少而悉师拒我，许下余守势必空弱，若分遣轻军，星行掩袭，许拔则操为成擒，如其未溃，可令首尾奔命，破之必也。”夫遣骑轻则如曹仁等优足拒之矣，安得使操疲于奔命而况侈言拔许哉！

曹操之攻淳于琼也，袁绍闻之，谓长子谭曰：“就彼攻琼等，吾攻拔其营，彼固无所归矣！”乃使张郃、高览攻曹洪。此亦未为非计（《三国志·魏书·武帝纪》）。而郃谓曹分营固，攻之必不拔（《三国志·张郃传》），其后果然，则操之备豫不虞不为不至。安得如书生谈兵谓一即可袭取哉！

要之两汉三国时史所传，唯一大纲，余皆事后附会之辞，遂一一信为事实则傎矣。《蜀志》又谓曹公北征乌丸，先主说表袭许，表不能用其说，当时又谓孙策闻公与绍相持，乃谋袭许，未发，为刺客所杀（《三国志·魏书·武帝纪》），则近于子虚乌有矣。

《荀彧传》载彧论曹公较之袁绍有四胜，又曰不先取吕布，河北亦未易图也。《郭嘉传》注引《傅子》又谓嘉料绍有十败，公（指曹操）有十胜，其所谓十败十胜者，实与彧之辞无大异，特敷衍之，多其节目耳。嘉又曰：“绍方北击公孙瓒，可因其远征，东取吕布，不先取布，若绍为寇，布为之援，此深害也”。两人之言有若是其如出一口者乎，其为事后附会，而非其实，审矣。然此等综括大体之辞，较之专论一事者差为近理。要之当时之史尚系传述之辞，多所谓某人某人之语，未必可即作其人之词观。然以此为其时人之见解，固无不可也。《史》《汉》之《留侯传》，《三国志》之《荀彧传》均可作如是观。

关羽欲杀曹公[①]

《华阳国志·刘先主志》：建安五年，公东征先主。先主败绩，妻子及关羽见获。公壮羽勇锐，拜偏将军。初，羽随先主从公围吕布于濮阳，时秦宜禄为布求救于张杨。羽启公："妻无子，下城乞纳宜禄妻。"公许之。及至城门，复白。公疑其有色，自纳之。后先主与公猎，羽欲于猎中杀公，先主为天下惜，不听，故羽常怀惧。公察其神不安，使将军张辽以情问之。羽叹曰："吾极知曹公待我厚，然我受刘将军恩，誓以共死，不可背之，要当立功以报曹公。"公闻而义之。

案：关羽壮士，与刘备誓共死，不肯背之，其夙心也，然其怀惧不安，则自以初求秦宜禄妻，而曹公自纳之，及尝欲杀曹公之故。

关羽擒将图

① 本篇选自吕思勉著《论学集林·蒿庐札记》。

《三国志·关羽传》于此均未叙及，则情节漏略矣。注引《蜀记》与《华阳国志》之事略同，然但言公留宜禄妻，而羽心不自安，更不言羽因欲杀曹公而怀惧，情节亦为不全。羽初欲取宜禄妻，其当怀惧，固不如尝欲杀公之深也。惟云："猎中，众散，羽劝备杀公。"众散二字，又可补常璩之阙。知古人叙事，多不甚密，欲求一事之真，非互相校勘不可也。

曹嵩之死[1]

《三国志·魏书·武帝纪》兴平元年云："初，太祖父嵩，去官后还谯，董卓之乱，避难琅玡，为陶谦所害，故太祖志在复仇东伐。"《后汉书·陶谦传》云："初，曹操父嵩避难琅玡，时谦别将守阴平，士卒利嵩财宝，遂袭杀之。"

董卓之乱，未尝及谯，而嵩须避难者，以太祖合兵诛卓也。嵩所避居之琅玡，盖今山东诸城县东南之琅玡山，而非治开阳、在今临沂县境之琅玡郡，僻处海隅，为耳目所不及，故可避卓购捕之难。汉阴平县治在今江苏沭阳县东北，相距颇近，故为陶谦别将戍此者所害也。

《三国志》注引《世语》曰："嵩在泰山华县，太祖令泰山太守应劭送家诣兖州，劭兵未至，陶谦密遣数千骑掩捕。嵩家以为劭迎，

① 本篇选自《吕思勉遗文集》（下）。

不设备，谦兵至，杀太祖弟德于门中。嵩惧，穿后垣先出其妾，妾肥不时得出，嵩逃于厕，与妾俱被害，阖门皆死。”又引韦曜《吴书》曰：“太祖迎嵩，辎重百余两，陶谦遣都尉张闿将骑二百卫送，闿于泰山华、费间杀嵩，取财物，因奔淮南。”

陶谦，徐州牧，其部将张闿杀曹嵩，后曹操以替父报仇为由，起兵讨伐他。陶谦兵败，忧劳而死。

案：初平四年下邳阙宣聚众数千人，自称天子。谦与共举兵取泰山华、费，略任城，太祖乃征谦，则兖徐构衅，祸始泰山华、费。或又以为操与谦有不共戴天之仇，遂妄谓嵩之见杀，为在泰山华、费之间也。初平三年《纪》云：“袁术与绍有隙，术求援于公孙瓒，瓒使刘备屯高唐，单经屯平原，陶谦屯发干，以逼绍。太祖与绍会击，皆破之。”盖是时之相争者，袁绍与刘表为朋，袁术与公孙瓒为伍，太祖据兖州，绍之党也。田楷据青州，陶谦据徐州，皆瓒之与也。发干之屯，谦既躬进兵以逼绍；泰山之略，谦又合阙宣以图操，则自初平四年夏以前，陶谦皆攻取之师，袁绍与魏太祖仅备御之师而已。初平四年之秋，兴平元年之夏，魏祖始再举攻谦，谓之徼利之师可，谓之除害之师，亦无不可；谓之复仇则诬。嵩之死，固由谦之不能约束所部，然不能约束所部者亦多矣，究与躬行杀者有别也。

《后汉书·应劭传》六年拜泰山太守。“兴平元年，前太尉曹嵩及子德，从琅玡入泰山，劭遣兵迎之，未到，而徐州牧陶谦素怨嵩子操数击之，乃使轻骑追嵩、德，并杀之于郡界。劭畏操诛，弃郡奔冀州牧袁绍。”

《三国志·陶谦传》注引《吴书》谓：“曹公父子泰山被杀，归咎于谦。欲伐谦而畏其强，乃表令州郡一时罢兵。”谦被诏，上书拒命，“曹公得谦上书事，知不罢兵，乃进攻彭城。”裴松之谓：“此时天子在长安，曹公尚未秉政，罢兵之诏，不得由曹氏出。”

论魏武帝[①]

从古英雄，坚贞坦白，无如魏武帝者。予每读《三国志》注引《魏武故事》所载建安十五年（210年）十二月已亥令，未尝不怆然流涕也。

他且勿论，其曰：“合兵能多得耳，然常自损，不欲多之；所以然者，兵多意盛，与强敌争，倘更为祸始。”自清末至民国，军人纷纷，有一人知念此者乎？

其引齐桓、晋文及乐毅、蒙恬之事，自明不背汉，可谓语语肝鬲。且曰：“孤非徒对诸君说此也，常以语妻妾，皆令深知此意。

① 本篇选自吕思勉著《论学集林·蒿庐论学丛稿》。

孤谓之言：顾我万年之后，汝曹皆当出嫁，欲令传道我心，使他人皆知之。”以众人之不知也，使豪杰独抱孤忠，难以自明如此，岂不哀哉？

又曰：“然欲孤便尔委捐所典兵众，以还执事，归就武平侯国，实不可也。何者？诚恐己离兵，为人所祸也。既为子孙计，又己败则国家倾危，是以不得慕虚名而处实祸。”

又曰：“前朝恩封三子为侯，固辞不受，今更欲受之，非欲复以为荣，欲以为外援，为万安计。”自古英雄，有能如是坦白言之者乎？

夫惟无意于功名者，其功名乃真。公初仅欲做郡守，后又欲以泥水自蔽，绝宾客往来之望，虽至起兵讨卓之后，犹不肯多合兵是也。惟不讳为身谋者，其为公家谋乃真。使后人处公之位，必曰所恤者国家倾危，身之受祸非所计，更不为子孙计也。然其诚否可知矣。

《董昭传》载昭说太祖建封五等曰：“太甲、成王未必可遭，今民难化，甚于殷、周，处大臣之势，使人以大事疑己，诚不可不重虑也。明公虽迈威德，明法术，而不定其基，为万世计，犹未至也。定基之本，在地与人，宜稍建立，以自藩卫。”此即太祖欲受二子侯封以为外援之说，意在免祸，非有所图；且太祖早自言之矣，何待昭之建议。

乃传又载昭之言曰：“自古以来，人臣匡世，未有今日之功。有今日之功，未有久处人臣之势者也。……明公忠节颖露，天威在颜，耿弇床下之言，朱英无妄之论，不得过耳。昭受恩非凡，不敢不陈。"后太祖遂受魏公、魏王之号，皆昭所创。《荀彧传》云：建安"十七年（212年），董昭等谓太祖宜进爵国公，九锡备物，以彰殊勋，密以谘彧。彧以为太祖本兴义兵以匡朝宁国，秉忠贞之诚，守退让之实；君子爱人以德，不宜如此。太祖由是心不能平。会征孙权，表请彧劳军于谯，因辄留彧，以侍中光禄大夫持节，参丞相军事。太祖军至濡须，彧疾留寿春，以忧薨。……明年，太祖遂为魏公矣。"一似太祖之为魏公、魏王，实为篡逆之阶，董昭逢之，荀彧沮之者，此则诬罔之词矣。

太祖果欲代汉，易如反掌，岂待董昭之逢，亦岂荀彧所能沮？欲篡则竟篡矣，岂必有魏公、魏王以为之阶？《董昭传》注引《献帝春秋》，谓太祖之功，方之吕望、田单，若泰山之与丘垤，徒与列将功臣，并侯一县，岂天下之所望？此以事言为极确，即以理论为至平，开建大国，并封诸子，使有磐石之安宜也，于篡夺乎何与？《荀彧传》之说既全属讹传，即《董昭传》之辞，亦附会不实。然谓公忠节颖露，耿弇、朱英之谋不得过耳，则可见太祖当时守节之志甚坚，为众人所共知，故虽附会者，亦有此语也。已亥令所言之皆实，弥可见矣。

《郭嘉传》：嘉薨，太祖临其丧，哀甚，谓荀攸等曰："诸君年皆孤辈也，惟奉孝最少。天下事竟，欲以后事属之，而中年夭折，命也夫！"注引《傅子》载太祖与荀彧书亦云："欲以后事属之。"此太祖之至心，亦即公天下之心也。然其事卒不克就，身死未几，子遂篡夺，岂郭嘉外遂无人可属哉？人之心思，恒为积习所囿。父死者必子继，处不为人臣之势，则终必至于篡夺而后已。人人之见解如此，固非一二人之力所能为也。太祖既有所属，受其属者，亦岂能安其位哉？然而太祖之卓然终守其志，则可谓难矣。英雄固非众人之所能移也。

《蜀志·李严传》注云：“《诸葛亮集》有严与亮书，劝亮宜受九锡，进爵称王。亮答书曰：‘……吾本东方下士，误用于先帝，位极人臣，禄赐百亿，今讨贼未效，知己未答，而方宠齐、晋，坐自贵大，非其义也。若灭魏斩叡，帝还故居，与诸子并升，虽十命可受，况于九邪！’”如亮之言，使其为魏武帝，岂有不受九锡者哉？而李严当日，岂有劝亮为帝之理与？而以魏武帝之受九锡，进王封，必为篡夺之阶，其诬亦可知矣。

刘备入蜀[①]

赤壁战后，曹操图南，改道扬州，荆州仅遣将守御。上流形胜之地，既为孙、刘所同利；益州天府，尤其所共觊觎，于是刘备入益州，与孙权争荆州之事起。而曹操亦于此时，南定汉中，备又北争之，于是关羽取襄阳，孙权乘其后以取荆州之事又起矣。

曹操之于东南，初所任者为刘馥。馥，相人，避乱扬州。建安初，说袁术将戚寄、秦翊俱诣操。操悦之，辟为司徒掾。后孙策所置庐江太守李述攻杀扬州刺史严象。庐江梅乾、雷绪、陈兰

① 本篇选自吕思勉著《秦汉史》。

等聚众数万，在江、淮间，郡县残破。操方有袁绍之难，遂表馥为扬州刺史。馥既受命，单马造合肥空城（今安徽合肥市），建立州治。南怀绪等，皆安集之。流民越江山而归者以万数。于是广屯田，为战守备。其后孙权率十万众攻围合肥城百余日，卒不能破，以馥豫为之储也。馥以建安十三年（208年）卒。《三国志·魏书·武帝纪》：是年十二月，孙权为备攻合肥。公自江陵征备，至巴丘，遣张憙救合肥，权闻憙至，乃走。叙在赤壁战前。《吴志·孙权传》则叙于赤壁战后，云权自率众围合肥，使张昭攻九江之当涂。昭兵不利。权攻城逾月不能下。曹公自荆州还，遣张憙将骑赴合肥。未至，权退。《魏志》注引孙盛《异同平》云：《吴志》为是。要之是时权不过牵制之兵而已，其所重实在上流，故救至而即退也，操自赤壁还，十四年三月，军至谯。做轻舟，治水军。七月，自涡入淮，出肥水，军合肥。置扬州郡县长吏，开芍陂屯田（在今寿县南）。十二月，军还谯。十六年，权徙治秣陵（汉县，在今南京市）。明年，城石头（在今南京市）。改秣陵为建业。闻曹公将来侵，作濡须坞（在濡须水口立坞。濡须水，出巢湖，至无为县入江）。是岁，操征孙权。十八年，正月，进军濡须口。权与相拒月余。操望权军，叹其整肃，乃退。初，操恐江滨郡县，为权所略，征令内移。民转相惊。自庐江、九江、蕲春（汉县，今湖北蕲春县西北）。广陵户十余万，皆东渡江。江西遂虚。合肥以南，唯有皖城（皖，汉县，今安徽潜山市），操遣朱光为庐江太守，屯皖，大开稻田。吕蒙曰："皖田肥美，若一收熟，彼众必增。如是数岁，操态见矣。宜早除之。"乃具陈其状。十九年五月，权征皖城。闰月，克之。获朱光。拜吕蒙庐江太守。七月，操征孙权。十月，自合肥还。使张辽、乐进、李典等将千余人屯合肥。二十年，权攻合肥，为辽等所败。二十一年十月，操征孙权。二十二年正月，军居巢。二月，进军屯江西郝谿（在居巢东，濡须之西）。权在濡须口筑城拒守，遂逼攻之，权退走。三月，操引军还。留夏侯惇、曹仁、张辽等屯居巢。权令都尉徐详诣操请降。操报使修好，誓重结婚（《张辽传》：孙权复称藩，辽还屯雍丘）。缘江之争，至此而息。

灵帝时，太常刘焉建议，言刺史太守，货赂为官，割剥百姓，以致离叛，可选清名重臣，以为牧伯，镇安方夏。会益州刺史郤俭，赋敛烦扰，谣言远闻；而并州杀刺史张益，梁州杀刺史耿鄙；焉谋得施，出为监军使者，领益州牧。时为中平五年（188 年），是时凉州逆贼马相、赵祇等，于绵竹县（今四川德阳市），自号黄巾，杀绵竹令，前破雒县（今四川广汉市）。攻益州，杀俭。又到蜀郡犍为。旬月之间，破坏三郡。马相自称天子，众至十余万人。遣兵破巴郡，杀郡守赵部。州从事贾龙，素领兵数百人，在犍为东界。摄敛吏民，得千余人，攻相等。数日破走。州界清静。龙乃选吏卒迎焉。焉徙治绵竹（汉益州刺史本治雒县）。抚纳离叛，务行宽惠，阴图异计。张鲁者，沛国丰人。祖父陵，客蜀，学道鹄鸣山中，造作道书，以惑百姓。从受道者出五斗米，故世号米贼。陵死，子衡行其道。衡死，鲁复行之（此据《三国志·张鲁传》，其记事不必实）。焉以鲁为督义司马，与别部司马张修击汉中太守苏固。鲁遂袭修，杀之，夺其众。焉上书，言米贼断道，不得复通。又托他事，杀州中豪强十余人，以立威刑。犍为太守任岐及贾龙由此反，攻焉。焉击杀岐、龙。焉意渐盛，造作乘舆车具千余乘。时焉子范为左中郎将，诞治书御史，璋奉车都尉，皆从献帝在长安，惟小子别部司马瑁素随焉。献帝使璋晓谕焉，焉留璋不遣。马腾与范谋诛李傕，焉遣叟兵五千助之。战败，范见杀，收诞行刑。议郎河南庞义，与焉通家，乃募将焉诸孙入蜀。时焉被天火烧城，车具荡尽，延及民家，焉徙治成都。既痛其子，又感祅灾，兴平元年，痈疽发背而卒。州大吏赵韪等贪璋温仁，共上璋为益州刺史。诏书因以为监军使者，领益州牧。以韪为征东中郎将。先是荆州牧刘表，表焉僭拟乘舆器服。韪以此遂屯兵朐䏰（汉县，今四川云阳县西），备表（据《后汉书·刘焉传》《三国志·刘焉传》注引《英雄记》曰：焉死，子璋代为刺史，会长安拜颍川扈瑁为刺史，入汉中。荆州别驾刘阖，璋将沈弥、娄发、甘宁反。击璋，不胜，走入荆州。璋使赵韪进攻荆州，屯朐䏰）。初，南阳、三辅民数万户，流入益州，焉悉收以为众，名曰东州兵。璋性柔宽，无威略，东州入侵暴为民患，不能禁制，旧士颇有离怨。赵韪之在巴中，甚得众心，璋委之以权。韪因人情不辑，乃阴结州中大姓，建安五年，还共击璋。蜀郡、广汉、犍为皆反应。东州人畏见诛灭，乃同心并力，为璋死战。遂破反者。进攻韪于江州（汉县，今重庆江北区），斩之。张鲁以璋暗懦，不复承顺。璋怒，杀鲁母及弟，而遣其将庞羲等攻鲁，数为所破。鲁部曲多在巴土，故以羲为巴郡太守。鲁因袭取之，遂雄于巴、汉。汉力不能征，遂宠鲁为镇民中郎将，领汉宁太守，通贡献而已。十三年，曹操自将征荆州，璋遣使致敬。操加璋振威将军，兄瑁平寇将军（瑁狂疾物故）。璋复遣别驾张松诣操。操时已定荆州，走先主，不复存录松，松以此怨。会操军不利于赤壁，兼以疫死。松遂疵毁操，劝璋自绝，因说璋曰：“刘豫州使君之肺腑，可与交通。”璋皆然之。遣法正连好先主。寻又令正及孟达送兵数千，助先主守御。后松复说璋曰：“今川中诸将庞羲、李异等（《二牧传》注引《英雄记》，李异乃赵韪将，杀韪者），皆恃功骄豪，欲有外意。不得豫州，则敌攻其外，民攻其内，必败之道也。”璋又从之。遣法正迎先主。璋主簿黄权，陈其利害，从事王累，自倒县于州门以谏，璋一无所纳。敕在所供奉先主，先主入境如归。先主至江州，北由垫江水诣涪（汉县，今四川绵阳市）。是岁，建安十六年（211 年）也。璋往就与会。先主所将将士，更相之适，欢饮百余日。璋资给先主，使讨张鲁，然后分别。以上据《二牧传》。《先主传》云：璋闻曹公将遣钟繇等讨张鲁，内怀恐惧。张

刘璋，东汉末年领益州牧。益州内乱平定后，又传来曹操将袭击益州的消息。刘璋听信属下张松、法正之言，迎刘备入益州，想借刘备之力抵抗曹操。此乃引狼入室，后反被刘备击败。

松说璋曰："刘豫州使君之宗室，而曹公之深仇也，善用兵。若使之讨鲁，鲁必破。鲁破则益州强，曹公虽来，无能为也。"璋然之，遣法正将四千人迎先主。其说与《二牧传》又异。案：曹公征荆州时，璋已遣使致敬，此时岂有割据之心？其所以迎备入蜀，似当以《二牧传》所言为是。盖自焉牧益州以来，与土著迄未能和协，璋是时所患者，实在蜀中诸将，而无端而召先主，将为群下所疑，故以讨张鲁为名；抑张鲁既下，即以汉中处备，既不虑益州之域，莫能两大，又可相为辅车，以慑蜀中诸将，在璋未尝不自谓得计，而惜乎上下乖离，欲用人而反为人所用也（赵韪巴西人，弃官随焉入蜀。张鲁虽丰人，然三世客蜀，已同土著矣。庞羲初为璋亲信，《志》云：后与璋情好携隙，盖亦与土著合。故张松忧其民攻于内。先主入蜀，谏者黄权阆中人，王累广汉人，皆土著。赞之者唯张松蜀郡人，见《先主传》。法正郿人，璋初所遣致敬于曹公者阴溥，则河内人也。先主之围成都也，《志》云：城中尚有精兵三万人，谷帛支二年，吏民咸欲死战，璋言父子在州二十余年，无恩德以加百姓，攻战三年，肌膏草野者，以璋故也，何心能安？遂开城出降。夫诚恤百姓，何不早为备下，乃为三年之战乎？盖亦度上下乖离，无与同心守御者耳）。用客兵已不易，况益之以本兵之乖离乎？据其地而不能和其民者，可以鉴矣。

赤壁战后，先主表刘琦为荆州刺史。琦病死，群下推先主为荆州牧，治公安。权稍畏之，进妹固好。先主至京见权（京城，今江苏镇江市）。周瑜上疏曰："刘备以枭雄之姿，而有关羽、张飞熊虎之将，必非久屈为人用者。愚谓大计，宜徙备置吴，盛马筑宫室，多其美女、玩好，以娱其耳目；分此二人，各置一方，使如瑜者，得挟以攻战；大事可定也。今猥割土地，以资业之；聚此三人，俱在疆场；恐蛟龙得云雨，终非池中物也。”权以曹公在北方，当广揽英雄；又恐备难卒制，故不纳。瑜乃诣京见权，乞“与奋威（孙静子瑜，为奋威将军。静，坚弟）。俱进取蜀。得蜀而并张鲁，因留奋威固守其地，好与马超结援，瑜还，与将军据襄阳以蹙操，北方可图也”。权许之。瑜还江陵为行装，道病卒。以鲁肃代瑜领兵。《鲁肃传》云：备诣京见权，求都督荆州，唯肃劝权借之。共拒曹公。《吕范传》云：刘备诣京见权，范密请留备。《鲁肃传》注引《汉晋春秋》曰：吕范劝留备。肃曰：“不可。将军虽神武命世，然曹公威力实重，初临荆州，恩信未洽，宜以借备，使抚安之，多操之敌，而自为树党，计之上也。”权即从之。盖是时权之力，实未足以控制上流，故其计如此。《吕蒙传》谓权与陆逊论周瑜、鲁肃及蒙，谓“肃劝吾借玄德地，是其一短”，乃事后之词，当时情势，固未必尔也。曹公待关羽不为不厚，而羽卒奔先主于袁军，羁备于吴，分置羽、飞，挟以攻战，安能得其死力？且难保无他变。瑜之此计，虽雄而未免冒险，宜乎孙权不之许。然权之力虽未足以下备，备是时，亦必不敢显与权敌，置备而先取益州，益州既下，则长江全入于吴，备虽雄，亦无能为矣，此瑜之计所以为雄，惜乎瑜死而莫之能行也。《先主传》云：权遣使云欲共取蜀。或以为宜报听许，吴终不能越荆有蜀，蜀地可为已有。荆州主簿殷观进曰：“若为吴先驱，进未能克蜀，退为吴所乘，即事去矣。今但可然赞其伐蜀，而自说新据诸郡，未可与动，吴必不敢越我而独取蜀。如此，进退之计。可以收吴、蜀之利。”先主从之，权果辍计。盖周瑜既死，无能奋身独取蜀者，故又欲借先主为前驱，成则可以有蜀，不成亦可以借此以弊先主也。其计未尝不狡。然先主更事多矣，岂能入其彀中哉？固不若周瑜之所为，一决之于实力也（《鲁肃传》云：周瑜、甘宁并劝权取蜀，权以咨备。备内欲自规，乃伪报曰：备与璋托为宗室，冀冯英灵，以匡汉朝。今璋得罪左右，备独竦惧，非所敢闻，愿加宽贷。若不获请，备当放发，归于山林。此即所谓然赞权伐蜀而自说未可动者，特其措辞少异耳）。

蜀地险塞，易守难攻。周瑜之心虽雄，然即天假以年，能否长驱直入，亦未可知也。先主所以取之易者，则以璋先开门揖之，所谓国必自伐而后人伐之也。法正之迎先主也，因陈益州可取之策。先主留诸葛亮、关羽等据荆州，将步卒数万人入益州。至涪，璋自出迎。相见甚欢。张松令法正白先主，及谋臣庞统进说，便可于会所袭璋。先主曰："此大事也，不可仓卒。"（《庞统传》：先主曰：初入他国，恩信未著，此不可也。）璋推先主行大司马，领司隶校尉。先主亦推璋持镇西大将军，领益州牧。璋增先主兵，使击张鲁。又令督白水军（白水，汉县，今四川广元市昭化区）。先主并军三万余人，车甲器械资货甚盛。是岁，璋还成都。先主北到葭萌（汉县，蜀汉改为汉寿，在今昭化东南），未即讨鲁，厚树恩德，以收众心。明年，曹公征孙权，权呼先主自救（此盖先主托词）。先主乃从璋求万兵及资宝。欲以东行。璋但许兵四千，其余皆给半。张松书与先主及法正曰："今大事垂可立，如何释此去乎？"松兄广汉太守肃惧祸及己，白璋发其谋。于是璋收斩松，嫌隙始构矣。璋敕关戍诸将：文书勿复关通先主。统复说曰："阴选精兵，昼夜兼道，径袭成都。璋既不武，又素无豫备，大军卒至，一举便定，此上计也。杨怀、高沛，璋之名将。各杖强兵，据守关头。闻数有笺谏璋，使发遣将军还荆州。将军未至，遣与相闻，说荆州有急，欲还救之。并使装束，外作归形。此二子既服将军威名，又喜将军之去，计必乘轻骑来见，将军因此执之，进取其兵，乃向成都，此中计也。退还白帝（城名，在今重庆奉节县东），连引荆州，徐还图之，此下计也。若沉吟不去，将致大困，不可久矣。”先主然其中计。即斩怀、沛，使黄忠、卓膺勒兵向璋。先主径至关中，质诸将并士卒妻子，引兵与忠、膺等进。到涪，据其城。璋遣刘璝、冷苞、张任、邓贤等拒先主于涪，皆破败，退保绵竹。璋复遣李严督绵竹诸军。严率众降先主。先主军益强。分遣诸将平下属县。诸葛亮、张飞、赵云等将兵泝流定白帝、江州、江阳（汉县，今四川泸县）。先主进军围雒。璋子循守城，被攻且一年。十九年，夏，雒城破。进围成都。数十日，璋出降。迁于公安（孙权取荆州，以璋为益州牧，驻秭归。璋卒，雍闿据益州反，附于吴，权复以璋子阐为益州刺史，处交、益界首。诸葛亮平南土，闿还吴，为御史中丞）。先主复领益州牧。

孙权以备已得益州，令诸葛瑾从备求荆州诸郡。备不许，曰：“吾方图凉州。凉州定，乃尽以荆州与吴耳。”权曰：“此假而不反，而欲以虚辞引岁。”遂置南三郡长吏。关羽尽逐之。权大怒。乃遣吕蒙督鲜于丹、徐忠、孙规等兵二万取长沙、零陵、桂阳三郡。使鲁肃以万人屯巴丘（山名，在今湖南岳阳市西南），以御关羽。权住陆口（今湖北嘉鱼县西南陆溪口），为诸军节度。蒙到，二郡皆服。唯零陵太守郝普未下。先主引兵五万下公安。使关羽将兵三万至益阳（汉县，今湖南益阳市西）。权乃召蒙等，使还助肃。蒙使人诱普，普降。尽得三郡将守。因引军还，与孙皎、潘璋并鲁肃兵并进，拒羽于益阳。未战，会曹公入汉中，备使使求和。权令诸葛瑾报，更寻盟好。遂分荆州长沙、江夏、桂阳以东属权，南郡，零陵、武陵以西属备。先主引军还江州。

刘备取汉中[1]

《三国志·魏书·刘晔传》曰：太祖征张鲁，既至汉中，山峻难登，军食颇乏。太祖曰：此妖妄之国耳，何能为有无？吾军少食，不如速还。便自引归，令晔督后诸军，使以次出。晔策鲁可克，加粮道不继，虽出军犹不能皆全。驰白太祖：不如致攻。遂进兵。汉中平。晔进曰："今举汉中，蜀人望风，破胆失守。推此而前，蜀可传檄而定。刘备人杰也，有度而迟；得蜀日浅蜀人未附也。若小缓之，诸葛亮明于治而为相，关羽、张飞勇冠三军而为将，蜀民既定，据险守要，则不可犯矣。今不取，必为后忧。"太祖不从。注引《傅子》曰：居七日，蜀降者说蜀中一日数十惊，备虽斩之，而不能安也。太祖乃问晔曰："今尚可击否？"晔曰："今已小定，未可击也。"《晋书·宣帝纪》亦曰：从讨张鲁，言于魏武曰：

① 本篇选自吕思勉著《秦汉史》。

“刘备以诈力虏刘璋，蜀人未附，而远征江陵，此机不可失也。今若曜威汉中，益州震动，进兵临之，势必瓦解。”魏武曰：“人苦无足。既得陇右，复欲得蜀？”言竟不从。此皆附会之词。攻取汉中，谋之积年，见山险而轻退；刘晔之谋，既已见拒，闻降人之言而又欲动；魏武之用兵，有如是其轻率者乎？《和洽传》言：太祖克张鲁，洽陈便宜，以时拔军徙民，可省置守之费。太祖未纳，其后竟徙民弃汉中。《张既传》亦云：张鲁既降，既说太祖拔汉中民数万户以实长安及三辅。虽取汉中，而力不足以守之，或为当时情实耳。

然刘备当是时，力亦未足以争汉中。《蜀志·黄权传》曰：曹公破张鲁，鲁走入巴中，权进曰：“若失汉中，则三巴不振（谓巴郡及刘璋所置巴东、巴西二郡。巴郡治江州。巴西，在今四川阆中县西。巴东，在今重庆奉节县东北），此为割蜀之股臂也。”于是先主以权为护军，率诸将迎鲁。鲁已还南郑，北降曹公。是先主当时，欲迎张鲁且未得，更无论出兵以争汉中矣。是岁十二月，曹操自南郑还。留夏侯渊屯汉中。张郃别督诸军，降巴西、巴东二郡，进军宕渠（后汉郡，今四川渠县东北）。先主令张飞进破郃等。郃还南郑，先主亦还成都。

二十二年，法正说先主曰：“曹操一举而降张鲁，定汉中，不因此势以图巴、蜀，而留夏侯渊、张郃屯守，身遽北还，此非其智不逮而力不足也，必将内有忧逼故耳。今策渊、郃才略，不胜国之将帅，举众往讨，必可克之。克之日，广农积谷，观衅伺隙。上可以倾覆寇敌，尊奖王室，中可以蚕食雍凉，广拓境土；下可以固守要害，为持久之计，此盖天以与我，时不可失也。”先主善其策，进兵汉中。遣张飞、马超、吴兰等屯下辩。操遣曹洪拒之。二十三年，洪破吴兰，飞、超走。阴平氐强端斩吴兰，传其首。先主次阳平关，与渊、郃等相拒。七月，曹操西征。九月，至长安。二十四年春，备自阳平南渡沔水，缘山稍前。于定军山势做营（定军山，在今陕西勉县东南）。渊将兵来争，备命黄忠攻破之，斩渊及操所署益州刺史赵颙等。三月，操自长安出斜谷，遂至阳平。备敛众拒险，积月不拔，亡者日多。五月，操引军还长安，使曹真至武都迎曹洪等，还屯陈仓。备遂有汉中。初，孟达副法正迎备，蜀平，以为宜都太守（三国时郡，治夷道，在今湖北宜都市西北）。是年，命达北攻房陵（汉末郡，今湖北房县）。房陵太守蒯祺为达兵所害。达将进攻上庸（汉县，是时置郡，今湖北竹山县），备阴恐达难独任，遣养子刘封自汉中乘沔水下统达军，与达会上庸。上庸太守申耽降。秋，群下上备为汉中王。还治成都。拔魏延为都督，镇汉中。

关中之平，以徐奕为雍州刺史，后以张既代之。曹操自到汉中，引出诸军，令既之武都，徙氐五万余落，出居扶风、天水界。是时武威颜俊张掖和鸾、酒泉黄华、西平麹演等并举兵反。自号将军，更相攻击。俊遣使送母及子诣操为质求助。操问既。既曰："俊等外假国威，内生傲悖，计定势足，后即反耳。今方事定蜀，且宜两存而斗之，犹卞庄子之刺虎，坐收其毙也。"操曰："善。"岁余，鸾杀俊，武威王祕又杀鸾。文帝即王位，初置凉州，以安定太守邹岐为刺史。张掖张进，执太守杜通，举兵拒岐。黄华、麹演各逐故太守，举兵以应之。时以金城太守苏则为护羌校尉。武威三种胡并寇抄，道路断绝。武威太守毌丘兴告急于则。时雍、凉诸豪，

刘备

皆驱略羌、胡，以从进等。郡人咸以为进不可当。将军郝昭、魏平，先是各屯守金城，亦受诏不得西度。则曰："今贼虽盛，然皆新合，或者胁从，未必同心，因衅击之，善恶必离。若待大军，旷日持久，善人无归，必合于恶。"昭等从之，乃发兵救武威。降其三种胡。与兴击进于张掖。演闻之，将步骑三千迎则，辞来助军，而实欲为变。则诱与相见，因斩之，出以徇军，其党皆散走。则遂与诸军围张掖，破之，斩进及其支党。众皆降。华惧，出所执乞降（以上据《魏志》的《张既传》《苏则传》。又河西之平，毌丘兴亦甚有功，见《毌丘俭传》注引《魏名臣奏》）。初，敦煌太守马艾卒官，府又无丞，功曹张恭，素有学行，郡人推行长史事，恩信甚著。乃遣子就诣太祖请太守。至酒泉，为黄华所拘执。恭攻酒泉，别遣迎太守尹奉（见《阎温传》）。于是河西五郡皆平。时张既亦遣兵为苏则声势，故则得以有功。凉州卢水胡反，河西大扰。乃召邹岐，以既代之。遣护军夏侯儒、将军费曜等继其后。既破胡于显美（汉县，今甘肃永昌县东）。酒泉苏衡反，与羌豪邻戴及丁令胡攻边县，既与儒击破之。衡及邻戴等皆降。遂上疏请与儒治左城，筑障塞，置烽候邸阁以备胡。西羌恐，率众二万余落降。其后西平麹光等杀其郡守，既檄告谕诸羌："为光等所诖误者原之。能斩贼帅送首者，当加封赏。"于是光部党斩送光首，其余咸安堵如故焉。

马钧[①]

古今巧士，莫过马钧。然裴秀难之，曹羲复与之同，何哉？傅玄之说羲曰：马氏所作，因变而得。是则初所言者，不皆是矣。其不皆是，因不用之，是不世之巧，无由出也。曰"因变而得"，曰"初所言者不皆是"：则钧之所就，亦皆屡试而后成；而试之无成者，亦在所不免。度秀、羲等必以是而忽之也。此固为浅见。然自来长于巧者，多短于言。巧者之所成就，多非其所自传，而长于言者传之，其人不长于巧也。不知其事之曲折，不著其屡试屡易之艰苦；而但眩其成就之神奇，遂若凡有巧制，皆冥思而得，一蹴而成矣。此古来备物致用立成器以为天下利者，其事之真，所以多无传于后也。

前人巧制，每多不传于后，浅者每咎后人之不克负荷，此亦不然。凡物之能绵延不绝者，必其能有用于时者也。三国之世，诸葛亮做连弩，而马钧欲五倍之；钧又欲发石车；亮又做木牛流马；时蜀又有李譔，能致思于弓弩机械；而吴亦有张奋（奋，昭弟子，见《张昭传》），能造攻城大攻车。盖时攻战方亟，故军械及运粮之具，

① 本篇选自《吕思勉遗文集》（下）。

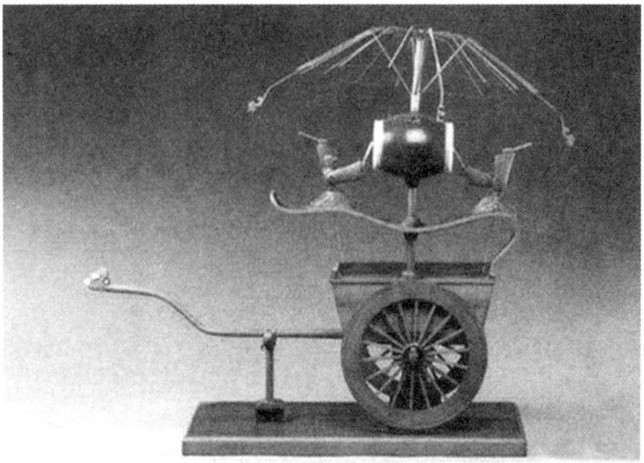

记里鼓车，又名大章车。三国时代的马钧发明（马钧，字德衡，是当时闻名的机械大师，他是第一个在史书中留下姓名的记里车机械专家。他不仅制造了指南车、记里鼓车，而且改进了绫机，提高织布速度；改进翻车；设计并制造了以水力驱动大型歌舞木偶乐队的机械等）。

相继而兴也。天下一统矣，攻战无所复事；而运粮以当时之情形，亦无须乎木牛流马，则其器安得而传哉？不观今世所谓机械者之于穷乡僻壤乎？人力既贱，资本家斥资以购机械，其赢曾不如用人力之为多也，则机械见屏矣。昔时巧制之不传，不与此同理乎？故机械之发明改革，实与群治相关。徒谓机械足以改革社会，亦言之不尽也。

君与王之别[①]

《三国志·乌丸传》注引《魏书》曰："常推募勇健能理决斗讼

① 本篇选自吕思勉著《论学集林·蒿庐札记》

相侵犯者为大人，邑落各有小帅，不世继也。数百千落自为一部，大人有所召呼，刻木为信，邑落传行，无文字，而部众莫敢违犯。”《后汉书·乌桓传》本之，而曰“有勇健能理决斗讼者，推为大人，无世业相继，邑落各有小帅”云云。知《魏书》“不世继也”句，当在“邑落各有小帅”之上，今本误倒也。邑落小帅，君也，不可无，亦不能无。或禅或继，各当自有成法。大人则邑落所共推，犹之朝觐讼狱之所归也，有其人则奉之，无则阙。德盛则为众所归，德衰则去之。三代以前，王霸之或绝或续，一国之所以忽为诸侯所宗，忽云诸侯莫朝以此。

《三国志·鲜卑传》注引《魏书》述檀石槐事曰：“乃分其地为中东西三部。从右北平以东至辽东，接夫余、貊为东部，二十余邑，其大人曰弥加、阙机、素利、槐头。从右北平以西至上谷为中部，十余邑，其大人曰柯最、阙居、慕容等，为大帅。从上谷以西至敦煌，西接乌孙为西部，二十余邑，其大人曰置鞬落罗、日律推演、宴荔游等，皆为大帅，而制属檀石槐。”此大人盖亦邑落所共推。而《后汉书》云：“分其地为三部，各置大人主领之。”一若本无大人，而檀石槐始命之者，误矣。《魏书》于乌丸，述其法俗甚详，于鲜卑则甚略，以乌丸、鲜卑法俗多同，述其相异者，同者则不及也。然则鲜卑亦当数百千落乃为一部。而檀石槐三部，中部十余邑，东西各二十余而已。而其大人皆非一人，则大人侔于小帅矣。檀石槐之众，合计不过五六十落，安能称强北边？然则所谓十余邑二十余邑云者，乃其大人所治之邑，即中部有大人十余，东西部各有二十余耳。属此诸大人之邑落，自在其外。此诸大人者，乃一方之主，犹之周初周、召分陕，一治周南，一治召南。太公所治，则东至于海，西至于河，南至于穆陵，北至于无棣也。其后吴、楚称王，犹自各王其域，彼此各不相干。曰天无二日，民无二王，乃冀望之词，非事实也。《魏书》又曰：自檀石槐死后，诸大人遂世相袭，则犹周衰而齐、晋、秦、楚不随之而俱替耳。

《魏书》及《后汉书》所谓大人，即后世所谓可汗，檀石槐乃大可汗也。越之亡也，诸族子或为王，或为君，滨于江南海上，服朝于楚。其为王者，犹之鲜卑之诸大人；楚之君则犹檀石槐也。蒙古自成吉思汗以前，哈不勒忽图剌皆有汗号，成吉思亦先见推为汗，后乃更见推为成吉思汗。其初称汗也，与哈不勒忽图剌同，犹是小可汗，后则大可汗矣。回纥诸部尊唐太宗为天可汗，则又驾于诸大可汗之上，虽其等级不同，其理则一也。

诸葛亮南征考[①]

诸葛亮之南征，《三国志》记其事甚略。《诸葛亮传》注引《汉晋春秋》曰：亮至南中，所在战捷。闻孟获者，为夷、汉所服，募生致之。既得，使观于营阵之间。问曰："此军何如？"获对曰："向者不知虚实，故败。今蒙赐观看营阵，若只如此，即定易胜耳。"亮笑，纵使更战。七纵七擒，而亮犹遣获，获止不去，曰："公，

① 本篇选自吕思勉著《论学集林·蒿庐札记》。

天威也，南人不复反矣。”遂至滇池。南中平，皆即其渠帅而用之。或以谏亮，亮曰：“若留外人，则当留兵，兵留则无所食，一不易也；加夷新伤破，父兄死丧，留外人而无兵者，必成祸患，二不易也；又夷累有废杀之罪，自嫌衅重，若留外人，终不相信，三不易也。今吾欲使不留兵，不运粮，而纲纪粗定，夷、汉粗安故耳。”

《马谡传》注引《襄阳记》曰：亮征南中，谡送之数十里。亮曰：“虽共谋之历年，今可更惠良规。”谡对曰：“南中恃其险远，不服久矣。虽今日破之，明日复反耳。今公方倾国北伐，以事强贼，彼知官势内虚，其叛亦速。若殄尽遗类，以除后患，既非仁者之情，且又不可仓卒也。夫用兵之道，攻心为上，攻城为下；心战为上，兵战为下；愿公服其心而已。”亮纳其策，赦孟获以服南方，故终亮之世，南方不敢复反。

攻心攻城，心战兵战，后世侈为美谈，其实不中情实。案：当时叛者，牂牁朱褒、益州雍闿、越嶲高定。

褒之叛在建兴元年（223年），闿、定则尚在其前（《后主传》：“建兴元年（223年）夏，牂牁太守朱褒拥郡反。先是益州郡大姓雍闿反，流太守张裔于吴，据郡不宾。越嶲夷王高定亦背叛。”据《张裔传》及《马忠传》，则闿前次已杀太守正昂。《吕凯传》云：“雍闿等闻先主薨于永安，骄黠滋甚。”又载亮表凯及王伉，谓其“执忠绝域，十有余年”，则当先主之世，闿亦未尝服从也）。闿又系为吴所诱（见《蜀志·张裔、吕凯传》《吴志·步骘、士燮传》），其答李严书，辞绝桀慢（见《吕凯传》），盖其蓄叛谋久矣。其心岂仓促可服？

《李恢传》云：“为庲降都督……住平夷县。先主薨，高定恣睢于越嶲，雍闿跋扈于建宁，朱褒反叛于牂牁。丞相亮南征，先由越嶲，而恢案道向建宁。诸县大相纠合，围恢军于昆明。”“恢出击，大破之。追奔逐北，南至槃江，东接牂牁，与亮声势相连。南土平定，恢军功居多。”

《吕凯传》：“永昌不韦人也。仕郡五官掾功曹。……（雍）闿又降于吴，吴遥署闿为永昌太守。永昌既在益州郡之西，道路壅塞，与蜀隔绝，而郡太守改易，凯与府丞蜀郡王伉，帅厉吏民，闭境拒闿。……及丞相亮南征讨闿，既发在道，而闿已为高定部曲所杀。”亮至南，表以凯为云南太守（亮平南之后，改益州郡为建宁郡。分建宁、永昌郡为云南郡，又分建宁、牂牁为兴古郡），王伉为永昌太守。

《马忠传》云：“亮入南，拜忠牂牁太守。郡丞朱褒反，叛乱之后，忠抚育恤理，甚有威惠。”

昆明种落，西至楪榆，其距越嶲，已不甚远。亮兵自越嶲而出，至云南附近，必已与李恢、吕凯相接。永昌本未破坏。自昆明以东，又为恢所平定，则亮之战绩，当在越嶲、云南之间。既抵云南，遂可安行至滇池矣。亮之行，盖至滇池为止。自此以东，益因李恢兵势，更遣马忠往抚育之。

《后主传》仅云：“南征四郡，四郡皆平。”《诸葛亮传》亦仅云：“率众南征，其秋悉平。”不详述其战绩者，亮军实无多战事也。七纵七擒事同儿戏，其说信否，殊难质言。即谓有之，亦必在平原，非山林深阻之区。且以亮训练节制之师，临南夷未经大敌之众，胜算殆可预操。

孟获虽得众心，实非劲敌。累战不捷，强弱皎然，岂待七擒而后服？况攻心攻城，心战兵战，乃庙算预定之策，非临机应变之方，谋之历年，当正指此，安得待出军之日，然后问之？马谡亦安得迟至相送之日，然后言之乎？

孟获

《李恢传》云："军还，南夷复叛，杀害守将。恢身往扑讨，锄尽恶类，徙其豪帅于成都，赋出叟、濮耕牛战马金银犀革，充继军资，于时费用不乏。"此所谓军还者，当指亮南征之军。所谓费用不乏，亦即《诸葛亮传》所谓军资所出，国以富饶。其事相距不远，故承其秋悉平之下终言之。则是亮军还未几，南夷即叛也。

《后主传》："（建兴）十一年（233年），南夷刘胄反，将军马忠讨平之。"《马忠传》亦云："建兴十一年（233年），南夷豪帅刘胄反，扰乱诸郡。征庲降都督张翼还，以忠代翼，忠遂斩胄，平南土。"而据《张翼传》，则翼之为庲降都督，事在建兴九年，刘胄作乱，翼已举兵讨胄，特未破而被征。然则胄之乱尚未必在十一年；即谓其在十一年，而亮之卒实在十二年八月，相去尚几两年也。

《马忠传》又云："初，建宁郡杀太守正昂，缚太守张裔于吴，故都督常驻平夷县。至忠，乃移治味县，处民夷之间。又越嶲郡亦久失土地，忠率将太守张嶷，开复旧郡。”《张嶷传》注引《益都耆旧传》云：“忠之讨胄，嶷复属焉。战斗常冠军首，遂斩胄。平南事讫，牂牁兴古獠种复反。忠令嶷领诸营往讨。”此事当在建兴十一二（233 年 -234 年）年间，亮亦尚未卒。

又《后主传》：延熙三年（240 年）春，使越嶲太守张嶷平定越嶲郡。《张嶷传》云：“自丞相亮讨高定之后，叟夷数反，杀太守龚禄、焦璜。是后太守不敢之郡，只住（安定）县，去郡八百余里，其郡徒有名而已。时论欲复旧郡，除嶷为越嶲太守。嶷在官三年，乃徙还故郡。定莋、台登、卑水三县，旧出盐铁及漆，而夷徼久自固食。嶷乃率所领夺取，署长吏。郡有旧道，经旄牛中至成都，既平且近。自旄牛绝道，已百余年，更由安上，既险且远。嶷乃与旄牛夷盟誓，开通旧道，复古亭驿。”又《霍峻传》：“子弋……永昌郡夷獠，恃险不宾，数为寇害。乃以弋领永昌太守，率偏军讨之。遂斩其豪帅，破坏邑落，郡界宁静。”此事在弋为太子中庶子之后，太子璿之立，事在延熙元年，则弋之守永昌，当略与嶷之守越嶲同时。然则不但终亮之世，南方不敢复反为虚言；抑亮与李恢、吕凯等，虽竭力经营，南夷仍未大定，直至马忠督庲降，张嶷守越嶲，霍弋守永昌，然后竟其令功也。诸人者，固未尝不竭抚育之劳，亦未闻遂释攻战之事，此又以见攻心心战之策，未足专恃矣。

要之亮之素志，自在北方；其于南土，不过求其不为后患而止。军国攸资，已非夙望，粗安粗定，自系本怀。一出未能敉平，原不足为亮病，必欲崇以虚辞，转贻致讥失实矣。

诸葛亮伐魏[①]

蜀汉先主之病笃也，召诸葛亮于成都，属以后事。谓亮曰：“君才十倍曹丕，必能安国，终定大事。若嗣子可辅，辅之；如其不才，君可自取。”又为诏敕后主曰：“汝与丞相从事，事之如父。”建兴元年（223年，魏黄初四年），封亮武乡侯。开府治事。顷之，又领益州牧。政事无巨细，咸决于亮。南中诸郡，并皆叛乱。亮以新遭大丧，故未便加兵。且遣使聘吴，因结和亲，遂为与国。三年（225年，魏黄初六年），亮率众南征。其秋，悉平。军资所出，国以富饶。乃治戎讲武，以俟大举。

五年（227年，魏明帝太和元年），春，亮率诸军北驻汉中。是岁十二月，孟达反魏为蜀。魏司马懿时督荆豫，屯宛。明年（229年，魏太和二年），正月，讨斩之。亮扬声由斜谷道取郿（汉县，今陕西眉县东北）。使赵云、邓芝为疑军，据箕谷（在今陕西褒城县西北）。亮身率诸军攻祁山（在今甘肃西和县西北）。戎陈整齐，赏罚肃而号令明。南安（后汉郡，治豲道，今甘肃陇西县东北）、天水（汉郡，后汉改曰汉阳，魏复曰天水，治平襄，今甘肃通渭县西南）、安定（汉郡，后汉治临泾，今甘肃镇原县南）三郡，叛魏应亮。关中响震。魏明帝西镇长安。遣大将军曹真都督关右。真军郿。命张郃拒亮。亮使马

① 本篇选自吕思勉著《秦汉史》。

诸葛亮挥泪斩马谡

谡督诸军在前。与郃战于街亭（前汉街泉县，后汉省。《后汉书·郡国志》：略阳西有街泉亭，即街亭，在今甘肃秦安县西北），败绩。高详屯列柳城，亦为魏雍州刺史郭淮所破。赵云、邓芝亦失利，以敛众固守，得不大败。亮拔西县（今甘肃陇南市）千余家，还于汉中。戮谡以谢众。上疏请自贬。于是以亮为右将军，行丞相事，所总统如前。《蜀志·诸葛亮传》注引《诸葛亮集》云：建兴元年（223年），魏司徒华歆，司空王朗，尚书令陈群，太史令许芝，谒者仆射诸葛璋，各有书与亮，陈天命人事，欲使举国称藩，则魏是时盖以蜀为无能为，虽知其不可遽取，亦不意其能出兵，故无备而几至大败，而马谡违亮节度，以致失机，亮虽能厉兵讲武，使民忘其败（《诸葛亮传》注引《汉晋春秋》语），然是后魏亦有备，得志非易矣。故街亭之役，于蜀所损甚大也。马谡亦奇才，举事一不当，遽遭诛戮，虽曰明罚敕法，亦以所损过大，不得不然与（《马谡传》言：谡好论军计。亮以为参军，每引见谈论，自昼达夜。军出时，有宿将魏延、吴壹等，论者皆言宜令为先锋，而亮违众，拔谡统大众在前。此亦必非偶然，不能以其一败而贬之也）？

是冬，亮闻孙权破曹休，魏兵东下，关中虚弱（《本传》注引《汉晋春秋》），复出散关。围陈仓。曹真遣将军费曜拒之。亮粮尽而还。魏将王双率骑追亮。亮与战，败之，斩双。七年（229 年，魏太和三年），亮遣陈式攻武都、阴平（汉道，今甘肃文县西北）。郭淮率众欲击式。亮自出，至建威（城名，今甘肃成县西北），淮退还。遂平二郡。诏复亮丞相。八年（230 年，魏太和四年），曹真以蜀连出侵边境，宜遂伐之，数道并入，可大克也。魏明帝从其计。真以八月发长安，从子午道南入（子午谷，北口曰子，在今陕西长安县南百里。南口曰午，在今陕西洋县东百六十里）。司马懿泝汉水，当会南郑。诸军或从斜谷道，或从武威入（武威，汉县，今甘肃镇番县北。此据《魏志·曹真传》。《蜀志·后主传》云：魏使司马懿出西城，张郃由子午，曹真由斜谷，欲攻汉中。丞相亮待之于城固赤阪。西城，汉县，后汉末为郡。城固，汉县，今陕西城固县西北）。会大霖雨，三十余日。或栈道断绝。九月，诏真等班师。《陈群传》云：曹真表欲数道伐蜀，从斜谷入。群以为"太祖昔到阳平攻张鲁，多收豆麦，以益军粮，鲁未下而食犹乏。今既无所因；且斜谷阻险，难以进退，转运必见抄截；多留兵守要，则损战士；不可不熟虑也"。帝从群议。真复表从子午道，群又言其不便。则是役，即不遇霖雨，真亦未能必有功也。九年（231 年，魏太和五年），亮复出祁山，以木牛运。招鲜卑轲比能。比能等至故北地石城以应亮（据《诸葛亮传》注引《汉晋春秋》。案：其事亦见《魏志·牵招传》。汉北地郡，治马领，在今甘肃环县东南。后汉徙治富平，在今宁夏灵武市西南）。于是曹真有疾，魏明帝使司马懿西屯长安。遇于上邽之东（上邽，汉县，今甘肃天水市西南）。懿敛兵依险，军不得交，粮尽还军。与魏将张郃交战，射杀郃。十年（232年，魏太和六年），亮休士劝农于黄沙（城名，在今陕西沔县东北）。做流马、木牛毕。教兵讲武。十一年（233年，魏青龙元年），亮使诸军运米，集于斜谷。治斜谷邸阁。十二年（234年，魏青龙二年），春，亮悉士众由斜谷出。以流马运。据武功五丈原（武功，汉县，在今陕西眉县东，原在今眉县西南，接岐山县界）。与司马懿对于渭南。亮每患粮不继，使己志不伸，是以分兵屯田，为久住之基。耕者杂于渭滨居民之间，而百姓安堵，军无私焉。相持百余日。八月，亮疾病，卒于军。初，魏延以部曲随先主入蜀，数有战功，迁牙门将军。先主为汉中王，迁治成都，当得重将，以镇汉川，众论以为必在张飞，飞亦以心自许，先主乃拔延为督汉中，镇远将军，领汉中太守，一军尽惊。建兴五年（227年），诸葛亮驻汉中，更以延为督前部，领丞相司马，凉州刺史。八年，使延西入羌中。魏后将军费瑶、雍州刺史郭淮与延战于阳谿，延大破淮等。迁为前军师征西大将军，假节，进封南郑侯。延每随亮出，辄欲请兵万人，与亮异道会于潼关，如韩信故事。亮制而不许。延常谓亮为怯，叹恨己才用之不尽（《魏延传》注引《魏略》曰：夏侯楙木为安西将军，镇长安。亮于南郑与群下计议。延曰："闻夏侯楙少主婿也，怯而无谋。今假延精兵五千，直从褒中出循秦岭而东，当子午而北。不过十日，可到长安。楙闻延奄至，必乘舡逃走。长安中唯有御史、京兆、太守耳。横门、邸阁与散民之粟，足周食也。比东方相合聚，尚二十许日。而公从斜谷来，必足以达。如此，则一举而咸阳以西可定矣。"亮以为此县危，不如安从坦道，可以平取陇右。十全必克而无虞，故不用延计。案：楙，夏侯惇中子。尚太祖女清河公主。文帝少与亲。及即位，以为安西将军，持节，承夏侯渊处，都督关中。楙性无武略，而好治生。至太和二年（228年），明帝西征，人有白楙者，遂召还为尚书。见《夏侯惇传》注引《魏略》)。

而杨仪为丞相参军，署府事，迁长史。亮数出军，仪常规划分部，筹度粮谷。不稽思虑，斯须便了。军戎节度，取办于仪。延性矜高，当时皆避下之，惟仪不假借延，延以为至忿，有如水火。是岁亮出，延为前锋。亮病，密与仪及司马费祎、护军姜维等做身殁之后退军节度。令延断后，姜维次之。若延或不从命，军便自发。亮卒，秘不发丧。仪令祎往揣延意指。延曰："丞相虽亡，吾自见在。府亲官属，便可将丧还葬，吾自当率诸军击贼。云何以

魏延，字文长，蜀汉名将，深受刘备器重。被破格提拔为镇远将军，领汉中太守，成为独当一方的大将。之后又屡次随诸葛亮北伐，功绩显著。与长史杨仪不和，诸葛亮死后，两人矛盾激化，相互争权，魏延败逃，为马岱所追斩。

一人死废天下之事邪？且魏延何人，当为杨仪所部勒，做断后将乎？”因与祎共作行留部分。令祎手书与己连名，告下诸将。祎绐延曰：“当为君还解杨长史。长史文吏，稀更军事，必不违命也。”祎出门，驰马而去。延寻悔，追之，已不及矣。延遣人觇仪等。遂欲案亮成规，诸营相次引军还。延大怒。儳仪未发，率所领径先南归。所过烧绝阁道。仪等槎山通道，昼夜兼行，亦继延后。延先至，据南谷口，遣军逆击仪等。仪等令何平在前御延。平叱延先登曰：“公亡身尚未寒，汝辈何敢乃尔？”延士众知曲在延，莫为用命，军皆散。延独与其子数人逃亡，奔汉中。仪遣马岱追斩之。仪领军还，又诛讨延，自以为功勋至大，宜当代亮秉政。而亮平生密指，以仪性狷狭，意在蒋琬。琬遂为尚书令，益州刺史。仪至，拜为中军师，无所统领，从容而已。初，仪为先主尚书，琬为尚书郎。后虽俱为丞相参军长史，仪每从行，当其劳剧。自谓年官先琬，才能逾之，于是怨愤形于声色。时人畏其言语不节，莫敢从也。为后军师，费祎往慰省之。仪对祎恨望前后云云。又语祎曰：“往者丞相亡殁之际，吾若举军以就魏氏，处世宁当落度如此邪？令人追悔，不可复及。”祎密表其言。十三年（235年，魏青龙三年），废仪为民，徙汉嘉郡（汉青衣县，后汉改曰汉嘉，蜀置郡，今四川雅安市）。仪至徙所，复上书诽谤，辞指激切。遂下郡收仪。仪自杀。案：《魏延传》言原延意不北降魏而南还者，但欲除杀仪等。平日诸将素不同，冀时论必当以代亮。本指如此，不便背叛。注引《魏略》曰：诸葛亮病，令延摄行己事，密持丧去。延遂匿之。行至褒口，乃发丧。亮长史杨仪宿与延不和。见延摄行军事，惧为所害。乃张言延欲与众北附，遂率其众攻延。延本无此心，不战军走。追而杀之。裴松之谓此盖敌国传闻之言，不得与本传争审。案：谓延持丧还而杨仪突攻之，自非实录。然延嚄唶宿将，果使整众攻仪，岂有不战自溃之理，则仪必出不意攻延。谓以何平之叱，延众知曲在延而遂散，则必非其实也。然则退军节度，果出诸葛亮遗命与否，亦难言之矣。《蒋琬传》言：亮密表后主曰："臣若不幸，后事宜以付琬。"此即《杨仪传》所谓亮生平密指在琬者，恐亦莫须有之词。琬之遽跻权要，殆以其有雅量而处内，而仪则锋芒毕露，为时人所忌耳。仪若当国，必无以逾于蒋琬。然亮死后，蒋琬、费祎，才力皆不足以图中原，使延犹在，当不至此，其才究可惜也。

陈寿论诸葛亮，谓其"才于治戎为长，奇谋为短，理民之干，优于将略"，此非由衷之言。用兵善于出奇者，宜莫如魏武。然所与对敌者，袁绍而外，皆无大略；且皆非有深根固蒂，如魏之非力战不可克也。魏延异道俱会之谋，不取似若可惜。然褒斜、子午，易出难继，咸阳以西即可定，魏举大兵以争之，而陇右诸郡犄其后，蜀果能守之欤，此亮所以不欲涉险邪？《诸葛亮传》注引张俨《默记》，论亮与司马懿优劣曰："孔明提步卒数万，长驱祁山，慨然有饮马河、洛之志。仲达据十倍之地，据牢城，拥精锐，务自保全而已。若此人不亡，终其意志，则胜负之势已决。"此非虚言。注又引《汉晋春秋》，言贾诩、魏平数请战，曰："公畏蜀如虎，奈天下笑何？"宣王病之。表固请战。使卫尉辛毗持节以制之。姜维谓亮曰："辛佐治杖节而到，贼不复出矣。"亮曰："彼本无战情，所以固请战者，以示武于其众耳。将在军，君命有所不受，苟能制吾，岂千里而请战邪？”(《魏志·明帝纪》)于是年特书诏宣王但坚壁拒守，以挫其锋，丞祚固有深意也。亮论孙权，谓其志力不侔，故限江自保，而亮能蹈涉中原，抗衡上国，用兵不戢，屡耀其武，其才固未易几矣。

诸葛亮治戎[①]

《三国志·诸葛亮传》：亮卒于军，及军退，宣王案行其营垒处所，曰：天下奇才也。此非虚美之词。《晋书·职官志》曰：武帝甚重兵官，故军校多选朝廷清望之士居之，先是陈勰为文帝所待，特有才用，明解军令。帝为晋王，委任使典兵事。及蜀破后，令勰受诸葛亮围陈用兵倚伏之法，又甲乙校标帜之制，勰悉暗练之，遂以勰为殿中典兵中郎将，迁将军。久之，武帝每出入，勰持白兽幡在乘舆左右，卤簿陈列齐肃。太康末，武帝尝出射雉，勰时已为都水使者，散从，车驾逼暗乃还，漏已尽，当合函停乘舆，良久不得合，乃诏勰合之，勰举白兽幡指麾，须臾之间而函成，皆谢勰闲解，甚为武帝所任。此事足见诸葛亮之治戎，确有法度也。

① 本篇选自《吕思勉读史札记》。

诸葛亮随身衣食悉仰于官不别治生[1]

诸葛亮自表后主曰："成都有桑八百株，薄田十五顷，子弟衣食，自有余饶。至于臣在外任，无别调度，随身衣食，悉仰于官，不别治生，以长尺寸。若臣死之日，不使内有余帛，外有赢财，以负陛下。"及卒，如其所言（见《三国志》本传）。读史者以为美谈。

其实当时能为此者，非亮一人也。夏侯惇"性清俭，有余财，辄以分施，不足资之于官，不治产业"。徐邈"赏赐皆散与将士，无入家者"。嘉平六年（254年），诏与田豫并褒之（以上均见《三国志》本传）。邓芝"为大将军二十余年……身之衣食，资仰于官，不苟素俭，然终不治私产，妻子不免饥寒。死之日，家无余财"。吕岱"在交州，历年不饷家，妻子饥乏"。其所为皆与亮同。

陈表"家财尽于养士，死之日，妻子露立"。朱桓"爱养吏士，赡护六亲，俸禄产业，皆与共分。及桓疾困，举营忧戚"（见《三国志》本传）。则尤有进焉者矣。

君子行不贵苟难，不以公家之财自私则可矣；禄尽于外，而妻子饥寒则过矣。要之治生自治生，廉洁自廉洁，二者各不相妨也。

袁涣"前后得赐甚多，皆散尽之，家无所储，终不问产业，乏则取之于人，不为皦察之行，然时人服其清"（见《三国志》本

---

① 本篇选自吕思勉著《论学集林·蒿庐札记》。

传）。有袁涣之行则可也。无之，则有借通财之名，行贪取之实者矣。随身用度，悉仰于官，而无节度，亦不能保贪奢者之不恣取也。为之权衡斗斛，则并权衡斗斛而窃之，于私产之世而求清廉，终无正本之策也。是故督责之术之不可以少弛也，于财计尤然。

羊续为南阳太守，妻与子秘俱诣郡舍，续闭门不纳。妻自将秘行，其资藏唯有布衾、敝祇裯、盐麦数斛而已。顾敕秘曰："吾自奉若此，何以资尔母乎？"使与母俱归。刘虞"以俭素为操，冠敝不改，乃就补其穿。及遇害，瓒兵搜其内，而妻妾服罗纨，盛绮饰，时人以此疑之"（均见《后汉书》本传）。步骘"被服居处有如儒生。然门内妻妾，服饰奢绮，颇以此见讥"（见《三国志》本传）。夫虞与骘非必其为伪也，和洽曰："夫立教观俗，贵处中庸，为可继也。今崇一概难堪之行以检殊涂，勉而为之，必有疲瘁。"

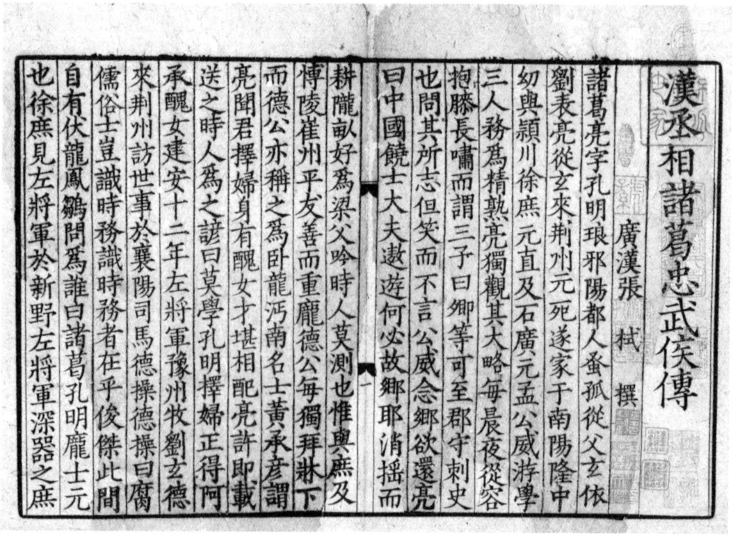
漢丞相諸葛忠武侯傳
廣漢張栻撰
諸葛亮字孔明琅邪陽都人蚤孤從父玄依劉表亮從玄來荆州元死遂家于南陽隆中幼與潁川徐庶元直及石廣元孟公威游學三人務爲精熟亮獨觀其大略每晨夜從容抱膝長嘯而謂三子曰卿等可至郡守刺史也問其所志但笑而不言公威念鄉欲還亮曰中國饒士大夫遨遊何必故鄉耶消揺而耕隴畝好爲梁父吟時人莫測也惟與庶及博陵崔州平友善而重龐德公每獨拜牀下而德公亦稱之爲卧龍沔南名士黄承彦謂亮聞君擇婦身有醜女才堪相配亮許即載送之時人爲之諺曰莫學孔明擇婦正得阿承醜女建安十二年左将軍豫州牧劉玄德來荆州訪世事於襄陽司馬德操德操曰腐儒俗士豈識時務識時務者在乎俊傑此間自有伏龍鳳鶵問爲誰曰諸葛孔明龐士元也徐庶見左将軍於新野左将軍深器之庶

汉丞相诸葛忠武侯传

（见《三国志》本传）俭者之家人，不必其皆好俭也。身安于俭焉，习于俭焉，勉于俭焉，皆无不可，必欲强其家人以同好，则难矣。迫其家人为一概难堪之行，以立己名，尤非真率平易者所能为。故居官者携家室以俱行，未为失也，必欲使之绝父子之恩，忘室家之好，如世所称妻子不入官舍者，亦非中庸之行矣。然身俭素而家人奢泰，以此累其清节者，亦非无之。妻子不入官舍，亦有时足为苞苴滥取之防，以此自厉，究为贤者，较之以家自累者，则远胜矣（《三国志》载：蒋钦，“权尝入其堂内，母疏帐缥被，妇妾布裙。权叹其在贵守约”。则家人能俱安于俭者，亦有之，然非可概诸人人也）。

治生之道，循分为难。何谓循分？曰：“耕而食，织而衣，有益于己，无害于人者是已。”然在交易既兴之后则难矣。无已，其廉贾乎？然身处阛阓之中，为操奇计赢之事，而犹能不失其清者，非有道者不能，凡人未足以语此也。士大夫之家，既不能手胼足胝，躬耕耘之业，又不能持筹握算，博蝇头之利；使为农商，必将倚势陵人，滞财役贫矣。陈化敕子弟废田业，绝治产，仰官廪禄，不与百姓争利（见《三国志·孙权传》黄武四年（225年）注引《吴书》），以此也。若其财果出于廪禄，虽治产亦何伤？所以必绝之者，正以士大夫而治生，易有妨于百姓故也。诸葛亮之不别治生，其以此欤？

《三国志·孙休传》注引《襄阳记》言：“（李）衡每欲治家，妻辄不听。后密遣客十人，于武陵龙阳泛洲上作宅，种甘橘千株。临死，敕儿曰：‘汝母恶我治家，故穷如是。然吾州里有千头木奴，不责汝衣食，岁上一匹绢，亦可足用耳。’衡亡后二十余日，儿以白母，母曰：‘此当是种甘橘也。汝家失十户客来七八年，必汝父遗为宅。汝父恒称太史公言，江陵千树橘，当封君家。’吾答曰：‘且人患无德义，不患不富，若贵而能贫，方好耳，用此何为？’吴末，衡甘橘成，岁得绢数千匹，家道殷足。晋咸康中，其宅址枯树犹在。”患无德义而不忧贫，衡之妻何其贤也！然勤树艺之利，而不剥削于人，衡之治生，亦可谓贤矣。然自吴末至咸康，五十年耳，木已枯矣，信乎树木之利，不如树人也。

士之能厉清节者寡矣，乱世尤甚，以法纪荡然，便于贪取也。《三国志·王修传》言：袁氏政宽，在职势者多畜聚。太祖破邺，籍没审配等家财物以万数。此袁氏所由亡欤？（《郭嘉传》注引《傅子》，谓嘉言绍有十败，曹公有十胜，汉末政失于宽，绍以宽济宽，公纠之以猛。然则绍之宽，非宽于人民，乃宽于虐民者耳。）然虽太祖，亦未能使其下皆厉廉节也。太祖为司空时，以己率下，每岁发调，使本县平资。于时谯令平曹洪资财与公家等，太祖曰：“我家资哪得如子廉耶？”（《三国志·曹洪传》注引《魏略》）洪之多财可知矣。诸葛瑾及其子恪并质素，虽在军旅，身无采饰；而恪弟融，锦罽文绣，独为奢绮。潘璋“性奢泰，末年弥甚，服物僭拟，吏兵富者，或杀取其财物”。（均见《三国志》本传）其不法如此。然非独武人也，曹爽等实不世之才，而卒以奢败。魏之何夔，蜀之刘琰，吴之吕范，并以豪汰称，而其风且传于奕世（何曾，夔之子也）。晋治之不善，王、石等之奢汰实为之，而其风则仍诸魏末者也。以魏武帝、诸葛武侯之严，吴大帝之暴，而不能绝，亦难矣。

太祖父嵩之死，《武帝纪》注引《世语》《吴书》，其说不同。《世语》云：“嵩在泰山华县，太祖令泰山太守应劭送家诣兖州，劭兵未至，陶谦密遣数千骑掩捕。嵩家以为劭迎，不设备。谦兵至……

阖门皆死。”《吴书》言：“太祖迎嵩，辎重百余两。陶谦遣都尉张闿将骑二百卫送，闿于泰山华、费间杀嵩，取财物，因奔淮南。”谦虽背道任情，谓其与阙宣合从寇抄，似失之诬，当以《吴书》之言为是。然无论其为谦遣骑掩捕，抑卫送之将所为，嵩之慢藏诲盗则一也。处乱世者，可不戒欤？

鲁肃指囷，读史者亦久传为美谈，然亦非独肃也。先主转军广陵海西，糜竺进奴客二千，金银货币，以助军资。于时困匮，赖以复振，亦肃指囷之类也。知《管子》谓丁氏之粟足食三军之师，为不诬矣。然用财贵得其当，刘备、周瑜，皆末世好乱之士，助之果何为哉？

奖率三军　臣职是当[①]

《三国志·诸葛亮传》：建兴五年，亮率诸军北驻汉中，临发，上疏曰：“今南方已定，兵甲已足，当奖率三军，北定中原。”及马谡为张郃所破，亮还汉中，上疏请自贬曰：“《春秋》责帅，臣职是当。”《华阳国志》作“帅将三军，职臣是当”。皆较优。《三国志》文盖讹误。

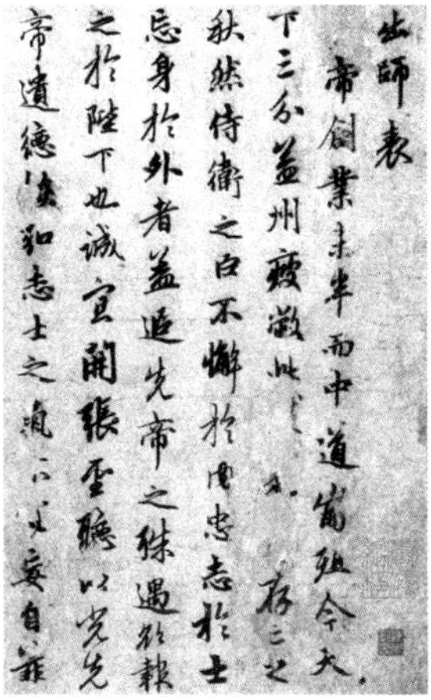

出师表

① 本篇选自吕思勉著《论学集林·蒿庐札记》。

如其不才，君可自取[①]

蜀先主谓诸葛亮曰：“若嗣子可辅，辅之；如其不才，君可自取。”（《三国志·诸葛亮传》）世皆以为豁达大度推心置腹之言，实亦不然也。孙策临亡，以弟权托张昭。《吴志·张昭传》注引《吴历》曰：“策谓昭曰：‘若仲谋不任事者，君便自取之。正复不克捷，缓步西归，亦无所虑。’”其言与备亦何以异？董昭建议：“宜修古建封五等。”太祖曰：“建设五等者，圣人也，又非人臣所制，吾何以堪之？”昭曰：“自古以来，人臣匡世，未有今日之功；有今日之功，未有久处人臣之势者也。”（《三国志》本传）此乃明白晓畅之言，势之所迫，虽圣人将奈之何哉？菁华已竭，褰裳去之，为是言易，欲行是事，不可得也。古来圣贤豪杰有盖世之才智，卒不能自免于败亡以此。

李邈[②]

《华阳国志·先贤士女总赞》云：李邈，守汉南，邵兄也。牧璋时，为牛鞞长，先主领牧，为从事。正旦命行酒，得进见，让

① 本篇选自吕思勉著《论学集林·蒿庐札记》。

② 本篇选自吕思勉著《论学集林·蒿庐札记》。

先主曰："振威以讨贼元功，未效，先寇而灭，邈以将军之取鄙州，甚为不宜也。"先主曰："知其不宜，何以不助之？"邈曰："匪不敢也，力不足耳。"有司将杀之，诸葛亮为请，得免，为犍为太守、丞相参军、安汉将军。

建兴六年（228年），亮西征，马谡在前，亮将杀之。邈谏，以为秦赦孟明，用霸西戎；楚诛子玉，再世不竞。失亮意，还蜀。

十三年亮卒（编者按：亮卒在十二年）。后主素服发哀三日。邈上疏曰："吕禄、霍禹，未必怀反叛之心，孝宣不好为杀臣之君，直以臣惧其逼，主畏其威，故奸萌生。亮身杖强兵，狼顾虎臣，五大不在边，臣常危之。今亮殒殁，盖宗族得全，西戎静息，大小为庆。"后主怒，下狱诛之。

夫好恶之不可一久矣。今读《三国志》，诸葛亮为朝野所好，更无异词，此岂实录乎？邈几为先主所诛，亮为请得免，则于亮非有私憾，其言如此，则当时同邈所危者，必不止一人也。特莫敢以为言，若有私议，则史不传耳。然邈则可谓直矣，纵不然其言，何至下狱诛之？后主之暗，亦可谓甚矣。岂邈素好直，怨者孔多，而借此陷之欤？君子是以知直道之不见容也。

姜维不速救成都[①]

《三国志·姜维传》：维保剑阁拒钟会，"列营守险，会不能克。

① 本篇选自吕思勉著《论学集林·蒿庐札记》。

粮运县远，将议还归。而邓艾自阴平由景谷道傍入，遂破诸葛瞻于绵竹。后主请降于艾，艾前据成都。维等初闻瞻破，或闻后主欲固守成都，或闻欲东入吴，或闻欲南入建宁，于是引军由广汉、郪道以审虚实。寻被后主敕令，乃投戈放甲，诣会于涪军前，将士咸怒，拔刀斫石”。《华阳国志》则谓维未知后主降，谓且固城，素与执政者不平，欲使其知卫敌之难而后逞志，乃回由巴西出郪五城。

案：维当诣会之后，犹欲杀会而复蜀，其无意于降魏可知。成都雄郡，邓艾孤军，安知后主之遽降？维既无意降魏，岂有不捧漏沃焦，与艾争一旦之命者？而顾迟曲其行，则常璩之言是也。王崇谓邓艾以疲兵二万入江油，姜维举十万之师，案道南归，艾为成擒，擒艾已讫，复还拒会，则蜀之存亡，未可量也。乃回道之巴，远至五城，使艾轻进，径及成都，兵分家灭，己自招之。其言允矣。

故知文武不和，未有不招覆亡之祸者也；而武人偏隘，欲望其休休尽匪躬之节，难矣。

孙策欲袭许[①]

孙策欲袭许之说，见于《三国志·魏书·武帝纪》，又见于《吴志·孙策传》，《孙策传》且谓欲袭许迎汉帝。注引《江表传》，则谓“策前西征，陈登阴遣间使，以印绶与严白虎余党，图为后祸，

① 本篇选自《吕思勉遗文集》（下）。

以报陈瑀见破之辱（登，瑀从兄子）。策归复讨登军到丹徒，须待运粮，见杀”，《九州春秋》及《傅子》又谓“策闻曹公将征柳城，而欲袭许”，异说纷如。

夫策见杀在建安五年（200年），而柳城之役在十二年（207年）。《九州春秋》及《傅子》之谬，不待辨矣。孙盛《异同评》谓：“策虽威行江外，略有六郡，然黄祖乘其上流，陈登间其心腹，且深险强宗，未尽归服，曹、袁虎争，势倾山海，策岂暇远师汝、颍，而迁帝于吴、越哉？”又谓“绍以建安五年（200年）至黎阳，策以四月遇害。而《志》云策闻曹公与绍相距于官渡，谬矣。伐登之言，为有证也”。其说是也。而裴松之谓：“黄祖始被策破，魂气未反，刘表君臣本无兼并之志……于时强宗骁帅，祖郎、严虎之徒，擒灭已尽，所余山越，盖何足虑。若使策志获从，大权在手，淮、泗之间，所在皆可都，何必毕志江外，迁帝于扬、越哉？”又致“武帝建安四年（199年）已出屯官渡，乃策未死之前，久与袁绍交兵”，因谓策之此举，理应先图陈登，而不止于登，《国志》所云不谬，则误矣。刘表、黄祖，庸或不能为策患，江南之强宗骁帅，则虽处深险之区，实为心腹之疾，策虽轻狡，岂容一无顾虑，即谓其不足为患？抑策并不知虑此。然以策之众，岂足与中国争衡，即谓袁、曹相持，如鹬蚌两不得解，策欲袭许，亦未有济，况徒偏师相接乎？淮、泗之间，岂足自立？策之众，视陶谦、袁术、刘备、吕布何如？若更远都江表，则义帝之居郴耳，岂足有济。况汉至献帝之世，威灵久替，扶之岂足有济？曹公之克成大业，乃由其能严令行，用兵如神，非真天子之虚名也。不然，因献帝而臣伏于操者何人哉？以曹公之明，挟献帝而犹无所用，而况于策乎？况以策之轻狡，又岂足以知此乎？

《吴志·吕范传》云："下邳陈瑀自号吴郡太守，住海西，与强族严白虎交通。策自将讨虎，别遣范与徐逸攻瑀于海西，枭其大将陈牧。"而《孙策传》注引《江表传》谓：建安二年（197 年），诏"以策为骑都尉，袭爵乌程侯，领会稽太守"。又诏与领徐州牧温侯布，及行吴郡太守安东将军陈瑀，共讨袁术。则瑀行吴郡太守，乃朝命，非自号也。传又言，"是时陈瑀屯海西，策奉诏治严，当与布、瑀参同形势。行到钱塘，瑀阴图袭策，遣都尉万演等密渡江，使持印传三十余纽与贼丹杨、宣城、泾、陵阳、始安、黟、歙诸险县大帅祖郎、焦已，及吴郡乌程严白虎等，使为内应，伺策军发，欲攻取诸郡。策觉之，遣吕范、徐逸攻瑀于海西，大破瑀，获其吏士妻子四千人。"案：策之渡江，本为袁术，汉朝命吏，如刘繇、王朗、华歆等，无不为其所逐。是时虽有与吕布、陈瑀同讨袁术之命，特权宜用之，非信其心也。有隙可乘，加以诛翦，夫固事理所宜。《吕范传》注引《九州春秋》曰："初平三年（192 年），扬州刺史陈祎死，袁术使瑀领扬州牧。后术为曹公所败于封丘，南人叛瑀，瑀拒之。术走阴陵，好辞以下瑀，瑀不知权，而又怯，不即攻术。术于淮北集兵向寿春，瑀惧，使其弟公琰请和于术。术执之而进，瑀走归下邳。"然则瑀实乃心王室者。陈登之结白虎余党，盖亦欲继其从父之志，戡翦乱人，非徒为雪家门之耻也。《张邈传》注引《九州春秋》言：登甚得江淮间欢心，有吞灭江南之志，孙策遣军攻登，再败，而迁为东城太守。孙权遂跨有江外。太祖每临大江而叹，恨不早用陈元龙计，而令封豕养其爪牙。则登之才，盖非刘繇、王朗等比，而任之不专，致使大功不竟，轻狡之子，坐据江外数十年，岂不惜哉？

三国之校事①

所谓特务，并不是近代才有的，在距今一千七百余年前，就早已有了。《三国志·魏书·高柔传》说："魏国初建，为尚书郎，转拜丞相理曹掾……迁为颍川太守，复还为法曹掾。时置校事卢洪、赵达等，使察群下。柔谏曰：'设官分职，各有所司。今置校事，既非居上信下之旨；又达等数以憎爱擅作威福，宜检治之。'太祖曰：'卿知达等，恐不如吾也。要能刺举而辨众事，使贤人君子为之，则不能也。昔叔孙通用群盗，良有以也。'达等后奸利发，太祖杀之，以谢于柔。"然校事之制，并未因之而废，所以下文说："校事刘慈等自黄初数年之间，举吏民奸罪以万数，柔皆请惩虚实；其余小小挂法者，不过罚金。"

到嘉平中，才因程昱孙晓之言而废，《程昱传》云："时校事放横，晓上疏曰：'……昔武皇帝大业草创，众官未备，而军旅勤苦，民心不安，乃有小罪，不可不察，故置校事，取其一切

① 本篇选自《吕思勉遗文集》（下）。校事，三国魏、吴置，掌侦察刺探，吴亦称典校、校曹、校郎、校官。

耳，然检御有方，不至纵恣也。……其后渐蒙见任，复为疾病，转相因仍，莫正其本。遂令上察宫庙，下摄众司，官无局业，职无分限，随意任情，惟心所适。法造于笔端，不依科诏；狱成于门下，不顾覆讯。其选官属，以谨慎为粗疏，以谌诇为贤能。其治事，以刻暴为公严，以循理为怯弱。外则托天威以为声势，内则聚群奸以为腹心。大臣耻与分势，含忍而不言；小人畏其锋芒，郁结而无告。至使尹模公于目下肆其奸慝，罪恶之著，行路皆知，纤恶之过，积年不闻。……今外有公卿、将校，总统诸署；内有侍中、尚书，综理万机；司隶校尉督察京辇；御史中丞董摄宫殿；皆高选贤才以充其职，申明科诏以督其违。若此诸贤犹不足任，校事小吏，益不可信。若此诸贤各思尽忠，校事区区，亦复无益。若更高选国士以为校事，则是中丞、司隶重增一官耳。若如旧选，尹模之奸，今复发矣。进退推算，无所用之。……曹恭公远君子，近小人，《国风》托以为刺；卫献公舍大臣，与小臣谋，定姜谓之有罪。纵令校事有益于国，以礼义言之，尚伤大臣之心，况奸回暴露，而复不罢，是衮阙不铺，迷而不返也。'于是遂罢校事官。"

魏国之建，事在汉献帝建安廿一年，为公元216年，嘉平为齐王芳年号，自249年至253年，魏之任校事，约历四十年。

又《三国志·吴书·孙权传》：赤乌元年，"初，权信任校事吕壹，壹性苛惨，用法深刻。太子登数谏，权不纳，大臣由是莫敢言。后壹奸罪发露，伏诛，权引咎责躬，乃使中书郎袁礼告谢诸大将。"《朱据传》："嘉禾中，始铸大钱，一当五百。后据部曲应受三万缗，工王遂诈而受之，典校吕壹疑据实取，考问主者，死于杖下，据哀其无辜，厚棺敛之。壹又表据：吏为据隐，故厚其殡。权数责问据，据无以自明，藉草待罪。数月，典军吏刘助觉，言王遂所取，权大感寤曰：'朱据见枉，况吏民乎？'乃穷治壹罪，赏助百万。"嘉禾为权年号，自232年至237年，其明年238年，为赤乌元年。

用法之所最忌者，为于正式机关之外，别立机关；且出入任情，不本成法；程晓之言，可谓极其痛切了。魏武帝是很有明察之才的，《魏志·方技传》注引东阿王《辨道论》，说："世有方士，吾王悉所招致，甘陵有甘始，庐江有左慈，阳城有郤俭……始等知上遇之有恒，奉不过于员吏，赏不加于无功，海岛难得而游，六黻难得而佩，终不敢进虚诞之言，出非常之语。"魏武帝的严明，确乎不甚容易；程晓说他检御有方，当非虚语，然仍不能不为赵达等所欺；像孙权的粗疏，就更不必说了。

程晓说任校事有伤大臣之心，而吕壹之诛，孙权使告谢诸将，则魏、吴之任校事，意实在于检察将吏的贪纵。从来丧乱之际，官方每多不饬，武臣纵恣尤甚，加以检察实为必要。然目的虽正，而手段不适，其招祸尚如此，若如近代法西斯主义者之所为，专为维持一己的威权地位起见，不恤用残酷之吏，肆暴虐于民，则是武曌之任周兴、来俊臣，明成祖之立东厂，其作风又在魏武帝、吴大帝之下了。

或谓法西斯主义者流，所行虽不适当，亦非无为国为民之心，未可一笔抹杀。这话我亦承认。但须知社会国家，关系重大，手段一误，流毒无穷，正未可以有为公之心，而冀人宽恕。昔人说：周公营洛阳为东都，说其地交通便利，有德易以兴，无德易以亡。秉政者正不可无此气度。所以不论我是该推翻的，不该过于防闲别人；即使我确能代表国利民福，反对我者系属捣乱之徒，我们对他，仍不宜过于压制，因为让他爆发一次，则其捣乱为众所共知，即为众所共弃，而大局也可以早入于正轨了。又况谁能代表国利民福，根本不易判定呢！

罢社[1]

《三国志·王修传》："年七岁丧母．母以社日亡，来岁邻里社，修感念母，哀甚。邻里闻之，为之罢社。"案：古人甚重社，安得罢之。所谓罢社者，盖古人恒因社以作乐，哀其念母而罢之也。此犹得"邻有丧，舂不相；里有殡，不巷歌"（《礼记·曲礼上》）之义。

吞泥[2]

近世饥荒时，民或吞土以求免死，俗称之曰观音土。《三国

① 本篇选自吕思勉著《论学集林·蒿庐札记》。

② 本篇选自吕思勉著《论学集林·蒿庐札记》。

志·吴书·孙权传》注引《江表传》，言权攻李术于皖城，术闭门自守，粮食乏尽，妇女或丸泥而吞之（建安六年）。则汉世已有其事。

山越[①]

山越为患，起于灵帝建宁中（《后汉书·本纪》：建宁二年（169年）九月，丹阳山越贼围太守陈夤，夤击破之）。至后汉之末，而其势大盛。孙吴诸将，无不尝有事于山越者（《三国志·吴书·孙权传》：黄武五年（226年），置东安郡，以全琮为太守，平讨山越。据琮本传，则前此已尝为奋威校尉，授兵数千人，以讨山越矣。权徐夫人兄矫，以讨平山越，拜偏将军。孙贲，袁术尝表领豫州刺史，转丹阳都尉，行征虏将军，讨平山越。顾雍孙承，为吴郡西部都尉，与诸葛恪等共平山越。黄盖，诸山越不宾，有寇难之县，辄用为守长，又迁丹阳都尉，抑强扶弱，山越怀附。韩当，领乐安长，山越畏服。蒋钦，尝为讨越中郎将。陈武庶子表，嘉禾三年（234年），诸葛恪领丹阳太守，讨平山越，以表领新安都尉，与恪参势。董袭，尝拜威越校尉。凌统父操，守永平长，平治山越。朱治，丹阳故鄣人也，年向老，思恋土风。自表屯故鄣，镇抚山越。吾粲与吕岱讨平山越。均见《吴志》本传。徐陵子平，诸葛恪为丹阳太守，以平威重思虑，可与效力，请平为丞，见《虞翻传》注引《会稽典录》。以上皆明言其为山越者。其不明言为山越，而实与山越同者，

① 本篇选自《吕思勉读史札记》。山越，指山贼，是三国时期江南地区民间起义和地方武装割据势力，有山贼、山民、山越等称呼。山越也是孙策为平定江东最早招募的部队，成为东吴部队重要组成部分。

则不可胜举。如《周泰传》云:“策入会稽,署别部司马,授兵。权爱其为人,请以自给。策讨六县山贼,权住宣城,使士自卫,不能千人,意尚忽略,不治围落,而山贼数千人卒至。权始得上马,而贼锋刃已交于左右,或斫中马鞍,众莫能自定。惟泰奋击,投身卫权,胆气倍人,左右由泰并能就战。贼既解散,身被十二创,良久乃苏。”《周鲂传》云:“贼帅董嗣负阻劫钞,豫章、临川并受其害。吾粲、唐咨尝以三千兵攻守,连月不能拔。鲂表乞罢兵,得以便宜从事。鲂遣间谍,授以方策,诱狙杀嗣。嗣弟怖惧,诣武昌降于陆逊,乞出平地,自改为善,由是数郡无复忧惕。”《钟离牧传》云:“建安、鄱阳、新都三郡山民作乱,出牧为监军使者,讨平之。贼帅黄乱、常俱等出其部伍,以充兵役。”《陆凯传》云:“弟胤,为交州刺史、安南校尉。贼帅百余人,民五万余家,深幽不羁,莫不稽颡,交域清泰。就加安南将军,复讨苍梧建陵贼,破之,前后出兵八千余人,以充军用。”此等虽或言贼,或言民,实与言越者无别。以其皆与越杂处,而越已为其所化也。见后)。张温、陆逊、贺齐、诸葛恪,特其尤佼佼者耳。山越所据,亘会稽、吴郡、丹阳、豫章、庐陵、新都、鄱阳,几尽江东西境(《孙权传》:“策薨,以事授权。是时惟有会稽、吴郡、丹阳、豫章、庐陵,然深险之地犹未尽从。权乃分部诸将,镇抚山越,讨不从命。”《诸葛恪传》:“恪求官丹阳,众议以丹阳地势险阻,与吴郡、会稽,新都、鄱阳四郡邻接,周旋数千里,山谷万重”云云。案:江南本皆越地,越皆山居,故其蟠结之区,实尚不止此。特僻远之地,不必其皆为患;即为患亦无关大局,不如此诸郡者处吴腹心之地,故史不甚及之耳。是时南北交争,无不思借以为用。孙策之逐袁胤也,袁术深怨之,乃阴遣间使,赍印绶与丹阳宗帅陵阳祖郎,使激动山越,图共攻策。见《孙辅传》注引《江表传》。太史慈之遁芜湖也,亡入山中,称丹阳太守。已而进驻泾县,立屯府，大为山越所附。是孙策未定江东时，与之争衡者，莫不引山越为助也。策之将东渡也，周瑜将兵迎之。及入曲阿，走刘繇，策众已数万。乃谓瑜曰：“吾以此众取吴会、平山越已足。卿还镇丹阳。”孙权代策，即分部诸将，镇抚山越，讨不从命。是孙氏未定江东时；视山越为劲敌；及其既定江东，仍兢兢以山越为重也。不特此也，孙权访世务于陆逊，逊建议：“山寇旧恶，依阳深地。夫腹心未平，难以图远。”而权之遣张温使蜀也，亦曰：“若山越都除，便欲大构于丕。”其欲亲征公孙渊也，陆瑁疏谏，谓“使天诛稽于朔野，山虏乘间而起，恐非万安之长虑”。则当江东久定之后，仍隐然若一敌国矣。以上所引，皆见《吴志》各本传)。无怪曹公以印绶授丹阳贼帅，使煽动山越，为做内应也(见《陆逊传》)。而吴人亦即思借是以谲敌。《周鲂传》云：“为鄱阳太守，被命密求山中旧族名帅为北敌所闻知者，令谲挑曹休。”鲂虽谓民帅不足仗任，事或漏泄，遣亲人赍笺七条以诱休；然其三曰：“今此郡民，虽外名降首，而故在山草，看伺空隙，欲复为乱，为乱之日，鲂命讫矣。”当时山越之强，可以想见。宜乎张温、陆逊、诸葛恪之徒，咸欲取其众以强兵也(《陆逊传》云：部伍东三郡，强者为兵，羸者补户，得精卒数万人。《诸葛恪传》：自诡三年可得甲士四万，其后岁期人数，皆如本规。《张温传》：孙权下令罪状温曰：“闻曹丕出自淮、泗，故豫敕温有急便出，而温悉内诸将，布于深山，被命不至。”然骆统表理温曰：“计其送兵，以比许晏，數之多少，温不减之，用之强羸，温不下之，至于迟速，温不后之，故得及秋冬之月，赴有警之期。”则温所出兵，已不为少矣。夫老弱妇女，数必倍蓰于壮丁。逊得精卒数万，恪得甲士四万，则总计人数，当各得二三十万。然《陈武传》言武庶子表，领新安都尉，与恪参势，在官三年，广开降纳，得兵万余人，则此等参佐之徒所得之众，又在主将所得之外。《陆逊传》言逊建议："克敌宁乱，非众不济。"主大部伍，取其精锐，而《周瑜传》注引《江表传》，载黄盖欺曹公之辞曰："用江东六郡山越之人，以当中国百万之众。"则吴之用山越为兵，由来旧矣。可见所谓山越者，不徒其人果劲，即其数亦非寡弱也)。夫越之由来亦旧矣。

乃终两汉之世，寂寂无闻，至于汉魏之间，忽为州郡所患苦、割据者所倚恃如此，何哉？曰：此非越之骤盛，乃皆乱世，民依阻山谷，与越相杂耳。其所居者虽越地，其人固多华夏也。何以言之？案：《后汉书·循吏·卫飒传》曰："迁桂阳太守。先是含洭、浈阳、曲江三县，越之故地，武帝平之，内属桂阳。民居深山，滨溪谷，习其风土，不出田租。去郡远者，或且千里。吏事往来，辄发民乘船，名曰传役。每一吏出，徭及数家，百姓苦之。飒乃凿山通道，五百余里，列亭传，置邮驿，于是役省劳息，奸吏杜绝。流民稍还，渐成聚邑，使输租赋，同之平民。"云"习其风土"，则其本非越人审矣。诸葛恪之求官丹阳也，众议以丹阳地势险阻，"逋亡宿恶，咸共逃窜"。骆统之理张温也，亦曰："宿恶之民，放逸山险，则为劲寇，将置平土，则为健兵。"夫曰"逋亡"，曰"宿恶"，固皆中国人也。《贺齐传》曰："守剡长。县吏斯从，轻侠为奸，齐欲治之，主簿谏曰：从，县大族，山越所附，今日治之，明日寇至。齐闻大怒，便立斩从。从族党遂相纠合，众千余人，举兵攻县。齐率吏民，开城门突击，大破之，威震山越。"又曰："王朗奔东冶，侯官长商升为朗起兵。策遣永宁长韩晏领南部都尉，将兵讨升，以齐为永宁长。晏为升所败，齐又代晏领都尉事。升畏齐威名，遣使乞盟。齐因告喻，为陈祸福，升遂送上印绶，出舍求降。贼帅张雅、詹强等不愿升降，反共杀升。贼盛兵少，未足以讨，齐住军息兵。雅与女婿何雄争势两乖，齐令越人因事交构，遂致疑隙，阻兵相图。齐乃进讨，一战大破雅，强党震惧，率众出降。"夫能附中国之大族以为乱，且能交构于两帅之间，其名为越而实非越，尤可概见（周鲂被命，密求山中旧族名帅以谲曹休，则并有旧族入居山中者）。盖山深林密之地，政教及之甚难。然各地方皆有穷困之民，能劳苦力作者，此辈往往能深入险阻，与异族杂处。初必主强客弱，久则踵至者渐多，土虽瘠薄，然所占必较广；山居既习俭朴，又交易之间，多能朘夷人以自利，则致富易而生齿日繁。又以文化程度较高，夷人或从而师长之。久之，遂不觉主客之易位。又久之，则变夷而为华矣。此三国时山越之盛，所以徒患其阻兵，而不闻以其服左衽而言侏离为患；一徒置平地，遂无异于齐民也。使其服左衽而言侏离，则与华夏相去甚远，固不能为中国益，亦不能为中国患矣。然则三国时之山越，所以能使吴之君臣旰食者，正以其渐即于华，名为越而实非越故。前此史志所以不之及者，以此辈本皆安分良民，蛰居深山穷谷之中，与郡县及齐民，干系皆少，无事可纪也。此时所以忽为郡县患者，则以政纲颓弛，逋逃宿恶，乘间恣行故耳。亦以世乱，阻山险自保者多，故其众骤盛而势骤张也。然溯其元始，固皆勤苦能事生产之民，荒徼之逐渐开辟，异族之渐即华风，皆此辈之力也。

古书简略，古人许多经论，往往埋没不见，是在善读书者深思之。诸葛恪之求官丹阳以出山民也，众议咸以为难。以为"丹阳地势险阻，与吴郡、会稽、新都、鄱阳四郡邻接，周旋数千里，山谷万重，其幽邃民人，未尝入城邑，对长吏，皆仗兵野逸，白首于林莽。逋亡宿恶，咸共逃窜。山出铜铁，自铸甲兵。俗好武习战，高尚气力，其升山赴险，抵突丛棘，若鱼之走渊，猨狖之腾木也。时观间隙，出为寇盗。每致兵征伐，寻其窟藏。其战则蠭至，败则鸟窜，自前世以来，不能羁也。”即恪父瑾闻之，亦以事终不逮，叹曰：“恪不大兴吾家，将大赤吾族也！”而恪盛陈其必捷。其后山民相携而出，岁期人数，皆如本规（恪为丹阳太守，讨山越，事在孙权嘉禾三年（234年）八月；其平山越事毕，北屯庐江，在六年十月。见《孙权传》）。问其方略，则曰“移书四郡属城长吏，令各保其疆界，明立部伍，其从化平民，悉令屯居。乃分纳诸将，罗兵幽阻，但缮藩篱，不与交锋，候其谷稼将熟，辄纵兵芟刈，使无遗种”而已。读之，亦似平平无奇者。然以分据之兵，卫屯聚之民，当好武习战必死之寇，至于三年，而能使将不骄惰，兵不挫衄，民不被掠；且山民当饥穷之时，必不惜出其所有，以易谷食，而恪能使“平民屯居，略无所入”；其令行禁止，岂易事哉？恪之治山越，德意或不如清世之傅鼐，其威略则有过之矣。

《后汉书·抗徐传》（附《度尚传》）曰：“试守宣城长，悉移深林远薮椎髻鸟语之人，置于县下。由是境内无复盗贼。”此所谓“盗贼”，即山越之流也。古人入夷狄者，大率椎髻，不足为异。云“鸟语”则必不然。果皆鸟语，安能徒置县下。徐所徙，盖亦华人之入越地者耳。《后汉书》措辞，徒讲藻采，不顾事实，难免子玄妄饰之讥矣。

《史记·秦始皇本纪》：三十三年，“发诸尝逋亡人、赘婿、贾人略取陆梁地。”《正义》曰：“岭南之人多处山陆，其性强梁，故曰陆梁。”案：《尔雅·释地》：“高平曰陆。”而《春秋》时晋有高梁之虚，楚沈诸梁字子高，则梁亦有高义。疑“陆梁”是复语，《正义》分疏未当也。华阳之地称梁州，盖亦以其高而名之。《太康地记》曰：“梁州，言西方金刚之气强梁，故名。”（《尔雅·释地释文》引）亦近望文生义。蜀以所处僻远，不习战斗，故其风气最弱。读司马相如《喻巴蜀檄》可知，何强梁之有？

乱离之世，民率保据山险，初不必百越之地而后然。特越地山谷深阻，为患尤深，而平之亦较难耳。《魏志·吕虔传》：“领泰山太守。郡接山海，世乱，闻民人多藏窜。袁绍所置中郎将郭祖、公孙犊等数十辈，保山为寇，百姓苦之。虔将家兵到郡，开恩信，祖等党属皆降服，诸山中亡匿者尽出安土业。简其强者补战士，泰山由是遂有精兵。冠名州郡。”此所谓亡匿山中者，亦南方山越之类也。又《杜袭传》：“领丞相长史，随太祖到汉中讨张鲁。太祖还，拜袭驸马都尉，留督汉中军事。绥怀开道，百姓自乐出徙洛、邺者，八万余口。”云乐出，则其初亦必亡匿山谷矣。

山越当三国时大致平定，然未尝遂无遗落也。《晋书·杜预传》：平吴还镇，“攻破山夷”。山夷即山越也。《陶侃传》：屯夏口。“时天下饥荒，山夷多断江劫掠。侃令诸将诈作商船以诱之。劫果至，生获数人，是西阳王羕左右。侃即遣兵逼羕，令出向贼，侃整陈于钓台为后继。羕缚送帐下二十人，侃斩之、自是水陆肃清，流亡者归之盈路，侃竭资振给焉。又立夷市于郡东，大收其利。”夫至藩王左右杂处其中，且能诣郡与华人交市，其非深林远薮、椎结鸟语之徒明矣。永嘉丧乱以来，北方人民，亦多亡匿山谷者，以其与胡人杂处也，亦称为山胡；迄南北朝，未能大定，亦山越之类也。

《隋书·苏孝慈传》：“桂林山越相聚为乱，诏孝慈为行军总管击平之。”（《北史》同）《唐书·裴休传》：“父肃，贞元时为浙东观察使。剧贼栗隍，诱山越为乱，陷州县。肃引州兵破擒之，自记《平贼》一篇上之，德宗嘉美。”《旧唐书·王播传》：弟起，起子龟，咸通十四年（873年），“转越州刺史、浙东团练观察使。属徐泗之乱，江淮盗起。山越乱，攻郡，为贼所害。”又《卢钧传》：“为广州刺史、岭南节度使。山越服其德义，令不严而人化。”此等山越，未必魏晋屯聚之遗，特史袭旧名名之耳。然其与华人相杂，则前后如出一辙。《旧书》言卢钧之刺广州也，先是土人与蛮僚杂居，婚娶相通，吏或挠之，相诱为乱。钧至，立法，俾华夷异处，婚娶不通；蛮人不得立田宅。由是徼外肃清，而不相犯焉。三国时之山越，乃华人入居越地，此则越人出居华境，其事殊，然其互相依倚，致成寇患则一也。一时之禁令，岂能遏两族之交关，久而渐弛，可以推想。凡此等，皆足考民族同化之迹也。

附录　三国史大事年表

（东汉末年至三国结束）

155年（汉桓帝永寿元年）曹操、孙坚出生。

161年（汉桓帝延憙四年）刘备出生。

175年（汉灵帝熹平四年）孙坚长子孙策出生。

180年（汉灵帝光和三年）

四月，江夏蛮起义。

六月，曹操被征召为议郎。

十二月，立何氏为皇后，何进为侍中。

181年（光和四年）

东汉灵帝于后宫建店经商，在西园让狗佩戴冠绶。

十月，鲜卑入侵幽、并二州。鲜卑檀石槐死。

诸葛亮出生。

182年（光和五年）

一月，汉灵帝令公卿用民谣来检举害民的州刺史与二千石以上官员。

孙坚之子孙权出生。

183年（光和六年）

夏，大旱，太平道张角谋划次年三月五日起义。

184年（汉灵帝中平元年）

二月，太平道张角起义，史称“黄巾之乱”。

三月，朝廷大赦党人，镇压黄巾起义。

十月，张角病死。

十二月，黄巾军主力被击溃。北宫伯玉、李文侯联合边章、韩遂，伙同先零羌叛乱。

185 年（中平二年）

二月，灵帝增田税建毕圭、灵昆苑。张牛角、褚飞燕等起义，号“黑山军”。率众百万攻河北。

186 年（中平三年）

二月，江夏兵赵慈暴动。

六月，赵慈的暴动被荆州刺史王敏击败。

十月，武陵蛮起义，为郡兵攻破。

十二月，鲜卑入侵幽、并二州。

是年，羌胡内部发生兵变，韩遂杀边章、北宫伯玉、李文侯，集结三人的队伍共十余万人围攻陇西，太守李相如叛离朝廷，归附韩遂。

187 年（中平四年）

是年，韩遂拥兵十余万据陇西。凉州刺史耿鄙攻韩遂，败死。凉州司马马腾与韩遂合，推王国为主将，攻三辅。张温召乌桓三千突骑平叛，中山相张纯自荐为将，遭拒，反以公孙瓒为将，纯遂与泰山太守张举、乌桓首领丘力居反，杀护乌桓校尉箕稠、右北平太守刘政、辽东太守阳终等人。

三月，曹操被推荐东郡太守，谢官归家。

十月，零陵观鹄起义，为长沙太守孙坚击破。

188 年（中平五年）

朝廷改州刺史为州牧，以太常刘焉为益州牧，宗正刘虞为幽州牧，太仆黄琬为豫州牧。

二月，黄巾郭大等起义，攻太原、河东。

三月，屠各胡攻杀并州刺史。匈奴内讧，一部与屠各胡合攻杀羌渠，其子於扶罗立为持至尸逐侯单于。起义者另立须卜骨都侯为单于。

五月，冀州刺史王芬欲废灵帝、立合肥侯，邀华歆、曹操、南阳许攸、沛国周旌等共议废立。华歆举孝廉，任郎中；因病辞官。

六月，益州马相、赵祇起义，亦称黄巾，为益州从事贾龙所破。

八月，朝廷初置西园八校尉。上军校尉蹇硕、典军校尉曹操、中军校尉袁绍、下军校尉鲍鸿、助军左校尉赵融、助军右校尉冯芳、左校尉夏牟、右校尉淳于琼。

九月，南单于於扶罗与白波、黄巾合攻河东。

189 年（中平六年）

二月，韩遂、马腾已攻到陈仓（今陕西宝鸡市），危及长安和洛阳。灵帝急拜董卓为前将军，与左将军皇甫嵩共解陈仓之围，大败韩遂、马腾。

四月，灵帝崩，少帝刘辩即位，何太后临朝，大将军何进秉政。

八月，外戚大将军何进诛杀宦官，被宦官中常侍张让等谋杀。何进部将袁绍入宫，杀尽宦官。董卓带兵入京（洛阳）。

九月，董卓废少帝刘辩，立九岁的陈留王刘协为汉献帝。

十一月，董卓为相国，独专朝政。

十二月，曹操自陈留起兵，号召各镇诸侯共起讨伐董卓。

190 年（汉献帝初平元年）

一月，关东十八路诸侯起兵反董卓，组成反董联军，董卓令李儒毒死十五岁的刘辩。

二月，董卓焚烧洛阳，迁汉献帝到长安；华歆任豫章太守；公孙度分辽东为辽西、中辽郡，越海收东莱诸县，置营州刺史，并自立为辽东侯、平州牧。

是年，荆州刺史王叡、南阳太守张咨被孙坚所杀，刘表领荆州牧。

191 年（初平二年）

一月，袁绍、韩馥遣原乐浪太守张岐立刘虞为帝，虞不受；田畴出使长安。

二月，孙坚破董卓，斩华雄，攻占洛阳。

七月，袁绍胁迫韩馥让冀州，自领冀州牧。

十月，公孙瓒在东光（今河北东光县）大战破青州黄巾，任严纲为冀州刺史，田楷为青州刺史，单经为兖州刺史；被袁绍骗攻韩馥，馥让冀州给绍，瓒大怒，宣绍十大罪状攻之，绍惧，让渤海太守位与公孙范。是年，郑玄自北海出走徐州，崔琰和公孙方等辞别郑玄回家隐居；**曹操于东郡破黑山军，授东郡太守**；皇帝派刘和求救刘虞；袁术欲分功，扣刘和，刘虞、公孙越派兵汇合袁术；术派公孙越帮孙坚攻袁绍派来的周昂抢豫州刺史位，越中流矢死；公孙瓒数袁绍十罪而怒攻之。

192 年（初平三年）

四月，王允设连环计，吕布杀死董卓；兖州刺史刘岱攻黄巾死，曹操破黄巾，领兖州牧。

六月，李傕、郭汜围长安，杀王允，败吕布，太尉黄琬死；吕布逃出长安后，先依附袁术，后依张杨，再归袁绍攻黑山贼，袁绍欲杀之，吕布跑到陈留与张邈结义，陈宫此时为东郡太守。

冬，**曹操击败青州黄巾军，收编为“青州兵”，实力得以壮大；**孙坚攻打刘表，征黄祖时战死，孙贲领部曲；公孙瓒与麴义战于界桥，败，大将严纲死；刘备因战功领平原相。是年，眭固结于於夫罗，曹操破之于内黄。

193 年（初平四年）

一月，曹操击败袁术，袁术败后将根据地移至寿春。

六月，曹操击屠各兵于常山，无功而返。

是年，曹操之父曹嵩遭徐州牧陶谦部下杀害。

秋，曹操为复仇攻打陶谦，破十余城。

冬，刘虞攻公孙瓒，大败被杀。管亥围攻北海，刘备率三千兵马前去救援。

194 年（汉献帝兴平元年）

四月，曹操再次攻打陶谦，败刘备、田楷。陈留太守张邈与东郡太守陈宫叛操，迎吕布为兖州牧。只剩程昱、荀彧守鄄城，曹操引军返，与布战于濮阳，兵败。屯郿城的征西将军马腾、屯金城的镇西将军韩遂屯兵长平观攻长安，朝臣种邵、马宇、刘范（刘焉之子）为内应，李傕派郭汜、樊稠及侄子李利、李别和弟弟李蒙大败马腾、韩遂。后来，朝廷下诏赦免马腾等人，以马腾为安狄将军，韩遂为安降将军。

八月，冯翊的羌贼掠夺冯翊下属各县，李傕派郭汜和樊稠率兵大破羌贼。

冬，刘焉病死，其子刘璋为益州牧。陶谦病死，刘备代领徐州牧。赵云借口兄死辞别公孙瓒。袁术命孙策攻九江、庐江，孙策取胜。

195 年（兴平二年）

一月，曹操败吕布于定陶，吕布东奔刘备。

二月，李傕、郭汜相攻，李傕劫献帝，郭汜扣押公卿。

七月，董承、杨奉护送献帝出长安东归。

十月，献帝拜曹操为兖州牧；周瑜助孙策攻打江东，大败刘繇。

196 年（汉献帝建安元年）

是年，曹操使曹洪西迎献帝，被董承、袁术所拒，曹洪不得进。

六月，曹操升镇东将军，封费亭侯。吕布占徐州，刘备投曹操，曹操表荐备为豫州牧，使驻小沛拒吕布。

七月，献帝在杨奉等人护送下，回洛阳。

八月，曹操领兵进洛阳，献帝以操为司隶校尉，假节，录尚书事。

曹操依荀彧之计策迎接汉献帝，并迁都许昌，献帝以操为大将军，封武平侯。曹操攻打杨奉，杨奉南投袁术。汉献帝授袁绍太尉，袁绍不受，曹操将大将军让袁绍，自任司空，行车骑将军事。

是年，曹操采纳枣祗、韩浩的计策，始建屯田。孙策东渡浙江，会稽太守王朗投降，孙策自己担任太守。董卓部将张济引兵入荆州，攻穰城时战死，侄张绣代领其众，驻宛，附刘表；郑玄回北海高密。

197 年（建安二年）

一月，曹操攻张绣，戏邹氏，于宛城遭张绣大败。典韦、曹昂为守护曹操战亡（宛城之战）。**袁术称帝于寿春**，孙策脱离袁术独立。

三月，献帝下诏拜袁绍为大将军，兼督冀、青、幽、并四州。

九月，曹操东征，大败袁术。

198 年（建安三年）

三月，曹操复攻张绣，围穰城。

是年，曹操听闻袁绍将袭许昌后退兵，张绣进兵追击曹操。

九月，吕布攻刘备，破小沛，刘备投曹操，曹操东攻吕布，围下邳。

十二月，曹操白门楼擒杀吕布、陈宫。是年，周瑜、鲁肃附孙策，孙策占据江东。孙策、周瑜同大小乔成亲。

199 年（建安四年）

三月，袁绍大败公孙瓒于易京，杀公孙瓒，占幽州。四月，曹操派部将北渡黄河，击斩依附袁绍的眭固，攻占射犬控制河内郡。

六月，袁术穷迫病死于寿春。袁绍将攻许，曹操进兵黎阳。

十一月，张绣投降曹操；孙策袭取庐江，败刘勋，华歆降；操使卫觊镇关中。

200 年（建安五年）

一月，董承计划刺杀曹操事败露，三族遭诛杀。**曹操征占据徐州的刘备，于下邳俘虏关羽，刘备投袁绍**。

二月，袁绍进军黎阳，曹军斩颜良，至延津，又破绍追兵，斩文丑。关羽归备。

四月，孙策遇刺亡，孙权继位，有扬州五郡。刘辟叛操，绍使刘备助辟攻汝南。

九月，陈琳撰写讨曹檄文，官渡之战开始。

201 年（建安六年）

四月，曹操败袁绍于仓亭。

九月，曹操率众攻汝南，刘备败后投奔荆州刘表，驻新野。

202 年（建安七年）

五月，袁绍病死，少子袁尚领其军，自号车骑将军，驻黎阳。袁谭（长子）、袁尚内斗。

九月，曹操击降南单于。

203 年（建安八年）

三月，曹操攻黎阳，大破袁谭、袁尚军。谭、尚败走邺。

是年，谭、尚相攻，谭败走平原，求救于曹操。孙权讨伐黄祖，镇压山越。

204 年（建安九年）

二月，曹操围邺城，袁尚命武安县令尹楷驻军毛城，保护上党郡粮道。

四月，留曹洪围邺，操攻尹楷和邯郸沮鹄。易阳县令韩范、涉县梁岐降。

十月，高幹以并州降操。辽东公孙度死，子公孙康继位。

十二月，牵招前往柳城同公孙度争乌桓峭王。妫览、戴员杀孙翊、孙河。

205年（建安十年）

一月，曹操攻破南皮，杀袁谭，据冀州、青州一部分，李孚、王脩降。

四月，黑山军张燕率十万众投降曹操，封安国亭侯，平北将军。幽州赵犊、霍奴反，辽西冒蹋顿、上谷难楼、右北平乌延三郡乌桓攻击右度辽将军鲜于辅。

十月，高幹以并州叛，曹操遣乐进、李典等击高幹，河内张晟、弘农张琰反。曹操平定青州；河东郡太守王邑离任，杜畿接任，卫固、范先阻止。张既招马腾攻张晟、张琰、卫固，杀之。

206年（建安十一年）

一月，曹操自征高幹，曹丕守邺城，崔琰辅佐。

三月，攻破壶关，高幹求救呼厨泉未果，逃往荆州，为上洛都尉王琰擒杀。曹操以梁习为并州刺史，习举荐常林、杨俊、王象、王凌、荀纬、仲长统。

八月，曹操令乐进、李典到淳于攻海盗管承；于禁攻昌豨。

207年（建安十二年）

五月，曹操北征三郡乌桓。

八月，张辽大破乌桓，于柳城斩蹋顿，袁尚、袁熙、速仆丸、楼班等败走辽东。

九月，辽东太守公孙康杀袁尚、袁熙等。**操统一北方**；是年，**刘备“三顾茅庐”请出诸葛亮**；曹操从南匈奴赎回蔡文姬。

208 年（建安十三年）

一月，挖玄武池，司徒赵温举荐曹丕被司空曹操弹劾，被免职。

六月，曹操封为汉丞相，废三公，任崔琰为西曹掾，毛玠为东曹掾，司马朗为主簿，司马懿为文学掾，卢毓（卢植的儿子）为法曹议令史；是年，马腾、韩遂反目，腾驻军槐里，张既游说马腾入朝任卫尉。钟繇为司隶校尉，韦端为凉州刺史。

七月，曹操南征刘表。

八月，刘表病死；郗虑升御史大夫，唆使曹操杀太中大夫孔融。

九月，刘琮投降曹操；刘备逃往夏口。

十月，刘备遣诸葛亮使江东，议共拒曹操。周瑜率军三万至荆州。

十一月，赤壁之战，孙权、刘备联军大败曹操；操留曹仁、徐晃守江陵，乐进守襄阳，引军北还。

十二月，孙权率军围合肥，刘备占据荆南四郡。刘璋与曹操绝，与刘备结好。

209 年（建安十四年）

刘琦病死，刘备领荆州牧，治公安。

十月，刘备与孙权之妹成亲。

210 年（建安十五年）

周瑜亡；孙权采纳鲁肃建议，以荆州借刘备，共拒曹操。交趾太守士燮总领交州七郡，服属孙权，遣子为质。

冬，曹操造铜雀台于邺。庞统为刘备效力。

211 年（建安十六年）

一月，曹操以子丕为五官中郎将，丞相副。

三月，遣钟繇攻张鲁，征西护军夏侯渊从河东来会师。马超、韩遂反，马腾、马休、马铁、黄奎被杀。

九月，曹操大败马超军。成宜、李堪死；程银、侯选逃汉中；韩遂、成公英逃西平；杨秋逃安定后降操；梁兴退鄜城。

十二月，操留夏侯渊守长安，张既为京兆尹，徐奕为丞相长史。**益州牧刘璋采张松议，遣法正东迎刘备，于是刘备入川；关羽、诸葛亮则镇守荆州**。

212 年（建安十七年）

七月，马超、梁兴复叛，为夏侯渊、郑浑击破。

九月，孙权遵从张纮遗言，将根据地移至秣陵并改称建业。

十月，曹操南下进攻濡须口，孙权率兵拒之；刘备欲袭成都，进据涪城。是年，荀彧被迫自杀。

213 年（建安十八年）

五月，汉献帝封曹操为魏公，加九锡；朝廷下诏并十四州为九州。

十一月，魏置尚书、侍中、六卿。马超联合兴国氐王阿贵、白项氐王千万与杨昂攻冀城，韦康、杨阜、阎温抵抗，超败，南投张鲁。

214 年（建安十九年）

一月，马超借鲁兵复攻凉州，包围祁山，为夏侯渊、张郃击败。

四月，孙权攻破皖城，使吕蒙为庐江太守。

夏，刘备以张松败露一事为由与刘璋决裂，雒城破，**刘备围成都，刘璋投降，刘备自领益州牧**。马超归顺于刘备。庞统进军于雒城之时殒命。

七月，孙权进攻合肥，被张辽击败。

十一月，献帝、伏后与国丈伏完密谋除曹操，事情泄露后，曹操诛杀众人。

215 年（建安二十年）

一月，献帝立曹操女为皇后。

三月，曹操西征张鲁。

八月，孙权率众十万围合肥，为张辽八百人所破（逍遥津之战）。

十一月，张鲁降曹操得汉中，收庞德。操在濡须打败孙权；

十二月，曹操还，留夏侯渊、司马郭淮、督军杜袭守汉中。

是年，刘备取益州，孙权令诸葛瑾找刘备索要荆州，刘备不答应，双方剑拔弩张。鲁肃奉孙权夺还荆州之命，邀关羽相见，关羽单刀赴会；后刘备、孙权商定以湘水为界，平分荆州。

216 年（建安二十一年）

五月，曹操称魏王；代郡乌丸单于普富卢、南匈奴单于呼厨泉皆率其名王来朝。

七月，呼厨泉朝见魏，曹操留之，使去卑监其国。分部为五，各立贵人为帅，以汉司马监之。

217 年（建安二十二年）

二月，曹操在濡须口打败孙权。

三月，操还，留夏侯惇、曹仁守居巢。鲁肃病死，孙权以吕蒙代肃职。法正力劝备取汉中。

218 年（建安二十三年）

四月，代郡、上谷乌丸能臣氐先叛投中部鲜卑扶罗韩，后叛投轲比能，使得轲比能杀扶罗韩，因扶罗韩是步度根兄，因此轲比能与步度根互相攻伐。鄢陵侯曹彰以田豫为相大破，鲜卑部落投降，北方平定；刘备率张飞、黄忠、魏延等攻汉中，驻阳平关，与夏侯渊、曹洪、张郃相拒。

七月，曹操西征刘备。

十月，宛城侯音反，操命曹仁往击。

219 年（建安二十四年）

一月，曹军将领夏侯渊与刘备战于定军山，被黄忠斩杀。

三月，曹操自长安进军汉中，与刘备相持累月，退军而还。

五月，曹操返长安，刘备据有汉中。

七月，刘备自称汉中王，立刘禅为太子，以魏延为汉中太守。

八月，关羽围曹仁于樊城，操遣于禁、庞德助仁。禁七军被淹，降羽，庞德被斩。

十月，徐晃击败关羽军，羽退走，失荆州。孙权遣吕蒙阴袭南郡，入江陵。

十一月，关羽西保麦城。

十二月，关羽兵败被杀，孙权上书向魏称臣。

220 年（汉献帝建安二十五年；魏文帝黄初元年）

一月，曹操病亡，子曹丕袭位。

十月，曹丕称帝，建立魏国；孙权遣使向魏称藩。

221 年（魏文帝黄初二年；蜀昭烈帝章武元年）

四月，刘备称帝，为昭烈帝，建立蜀国。

七月，刘备报关羽仇东征孙权，张飞战前被部将所杀。

222 年（魏文帝黄初三年；蜀昭烈帝章武二年；吴王黄武元年）

是年，**孙权称吴王；夷陵之战，陆逊火烧连营，大败刘备；刘备退至白帝，改名永安。**

十月，魏曹丕征吴。

十二月，孙权派遣郑泉讲和，刘备亦遣宗玮使吴，吴、蜀关系恢复。

223 年（魏文帝黄初四年；蜀后主建兴元年；吴王黄武二年）

四月，刘备死于白帝城，刘禅继位；诸葛亮领益州牧，封武乡侯，开府治事。

夏，蜀南中大姓雍闿叛乱。

十月，诸葛亮遣邓芝使吴，结交盟好。

224 年（魏文帝黄初五年；蜀后主建兴二年；吴王黄武三年）

夏，孙权遣张温使蜀，诸葛亮复遣邓芝使吴。吴蜀联盟成形。

225 年（魏文帝黄初六年；蜀后主建兴三年；吴王黄武四年）

是年，诸葛亮南征，灭雍闿、高定，“七擒七纵”南中孟获，秋，平定南中诸郡。

八月，曹丕征攻打孙权，临江遇袭而还。

226 年（魏文帝黄初七年；蜀后主建兴四年；吴王黄武五年）

五月，魏文帝曹丕病亡，魏明帝曹叡继位。

八月，吴北伐江夏不利。

十二月，曹叡封司马懿为骠骑大将军。

227 年（魏明帝太和元年；蜀后主建兴五年；吴王黄武六年）

三月，诸葛亮给刘禅上《出师表》，率大军进驻汉中，相机北伐。

十二月，司马懿讨孟达。

228 年（魏明帝太和二年；蜀后主建兴六年；吴王黄武七年）

一月，司马懿斩孟达。

春，**诸葛亮率军攻祁山，开始第一次北伐**；南安、天水、安定三郡叛魏降蜀，**姜维降蜀**。曹叡遣张郃、曹真迎击蜀军，败马谡于街亭。诸葛亮军返，马谡失街亭被斩，诸葛亮自贬三等，以右将军行丞相事。

九月，周鲂诈降诱曹魏攻吴，陆逊北伐，石亭之战大败曹休。

十二月，诸葛亮复出散关，围郝昭、王生之陈仓，进行二次北伐。粮尽退军，斩王双。

229 年（魏明帝太和三年；蜀后主建兴七年；吴大帝黄龙元年）

春，**诸葛亮第三次北伐**；遣陈式攻武都、阴平二郡。魏雍州刺史郭淮击陈式。

四月，孙权即帝位，为吴大帝。

九月，孙权迁都建业。李严劝诸葛亮“进爵称王”，为诸葛亮所拒。诸葛亮筑汉、乐二城。

是年，诸葛亮派陈震使吴，吴蜀联盟得到进一步发展。

230 年（魏明帝太和四年；蜀后主建兴八年；吴大帝黄龙二年）

春，吴派卫温、诸葛直带甲士万人航海到达夷洲。

231年（魏明帝太和五年；蜀后主建兴九年；吴大帝黄龙三年）

二月，诸葛亮又一次北伐，出祁山；司马懿据险守要，蜀军退。

诸葛亮派大将魏延、高翔、吴班分三路领兵作战，大败魏军。

232年（魏明帝太和六年；蜀后主建兴十年；吴大帝嘉禾元年）

陆逊第三次北伐，征庐江，听说满宠带兵杀来后撤兵。

233年（魏明帝青龙元年；蜀后主建兴十一年；吴大帝嘉禾二年）

公孙渊斩吴使。孙权征合肥新城，全琮征六安，不克而还。

步度根死。

234年（魏明帝青龙二年；蜀后主建兴十二年；吴大帝嘉禾三年）

二月，诸葛亮最后一次北伐，再率十万众出斜谷。

五月，吴响应蜀汉，三路北伐征魏，孙权派陆逊与诸葛瑾将兵万人攻襄阳。被魏明帝曹叡亲自率军打败，七月还。

八月，诸葛亮病死于五丈原；蒋琬迁尚书令，总理蜀汉国事。

是年，**汉献帝病逝**。

235年（魏明帝青龙三年；蜀后主建兴十三年；吴大帝嘉禾四年）

一月，曹叡封司马懿为太尉。

四月，蒋琬为大将军，辅佐刘禅。曹叡始大建宫殿。

237年（魏明帝景初元年；蜀后主建兴十五年；吴大帝嘉禾六年）

七月，辽东公孙渊自立为燕王。

十月，全琮袭庐江不克。

是年，诸葛恪平定山越。

238年（魏明帝景初二年；蜀后主延熙元年；吴大帝赤乌元年）

一月，司马懿平辽东，八月斩公孙渊。

239 年（魏明帝景初三年；蜀后主延熙二年；吴大帝赤乌二年）

一月，魏明帝曹叡病亡，曹芳继位；大将军曹爽、太尉司马懿共同辅佐曹芳，何晏为吏部尚书。

240 年（魏齐王芳正始元年；蜀后主延熙三年；吴大帝赤乌三年）

是年，吴大饥，开仓赈。蜀将张嶷平定蛮族之乱。

241 年（魏齐王芳正始二年；蜀后主延熙四年；吴大帝赤乌四年）

四月，吴伐魏，遣大将军诸葛瑾统军。

六月，诸葛瑾卒，吴军退。魏国司马懿支持邓艾在淮河南北大搞军屯，兴修水利。

242 年（魏齐王芳正始三年；蜀后主延熙五年；吴大帝赤乌五年）

姜维自汉中还涪。

243 年（魏齐王芳正始四年；蜀后主延熙六年；吴大帝赤乌六年）

刘禅以姜维为镇西大将军，领凉州刺史。

六月，诸葛恪征六安，收其民。

十月，王平督汉中。

244 年（魏齐王芳正始五年；蜀后主延熙七年；吴大帝赤乌七年）

曹爽派兵打蜀汉，汉中都督王平兴兵据势，姜维和费祎等率军前去支援，曹爽大败。

245 年（魏齐王芳正始六年；蜀后主延熙八年；吴大帝赤乌八年）

二月，吴太子孙和与鲁王孙霸争权，陆逊因受牵连，忧愤而死。

246 年（魏齐王芳正始七年；蜀后主延熙九年；吴大帝赤乌九年）

二月，吴朱然杀略柤中数千人。吴罢大钱。

九月，诸葛恪升任大将军，驻武昌，代理陆逊负责荆州事务。

十一月，蜀相蒋琬病死，费祎辅政。是年毌丘俭两度攻破高句丽。

247 年（魏齐王芳正始八年；蜀后主延熙十年；吴大帝赤乌十年）

五月，曹爽专权，司马懿称疾，不与政事；蜀姜维北伐，出陇西攻魏，接应附蜀的羌、胡部落。

248 年（魏齐王芳正始九年；蜀后主延熙十一年；吴大帝赤乌十一年）

司马懿封为丞相。

249 年（魏齐王芳嘉平元年；蜀后主延熙十二年；吴大帝赤乌十二年）

司马懿发动政变，杀曹爽及何晏等，掌握朝政。右将军夏侯霸降蜀，蜀卫将军姜维北伐，出师攻打雍州，没有攻下后退师。

250 年（魏齐王芳嘉平二年；蜀后主延熙十三年；吴大帝赤乌十三年）

孙权废太子孙和为庶人，赐鲁王孙霸死，立孙亮为太子；姜维北伐，以羌胡为辅，与郭淮战于洮西。

十二月，魏围南郡，攻打西陵，没有成功。

251 年（魏齐王芳嘉平三年；蜀后主延熙十四年；吴大帝赤乌十四年）

四月，魏太尉王凌阴谋立楚王曹彪，被司马懿平定。

七月，司马懿亡

十二月，吴大将军诸葛恪拜为太子太傅。

252 年（魏齐王芳嘉平四年；蜀后主延熙十五年；吴孙亮建兴元年）

四月，孙权亡，其子孙亮继位，诸葛恪辅政。

十二月，司马懿长子司马师为大将军；使诸葛诞、胡遵围东兴，诸葛恪以大兵赴敌。

253 年（魏齐王芳嘉平五年；蜀后主延熙十六年；吴孙亮建兴二年）

一月，蜀大将军费祎为魏降人郭循所杀。

是年，诸葛恪进攻魏国，无功而返；费祎遇刺被害后，姜维北伐，出兵包围南安，粮尽而退。

是年，吴孙峻诛杀诸葛恪。

254 年（魏曹髦正元元年；蜀后主延熙十七年；吴孙亮五凤元年）

六月，姜维北伐，率众出陇西，斩魏将徐质。

九月，司马师废曹芳，立曹髦。

十月，曹髦继位；吴孙英谋杀孙峻未果。

255 年（魏曹髦正元二年；蜀后主延熙十八年；吴孙亮五凤二年）

一月，镇东将军毌丘俭与扬州刺使文钦讨伐司马师；**司马师亡，司马昭为大将军。**

夏，姜维北伐，攻魏狄道，大破魏雍州刺史王经于洮西。

256 年（魏曹髦甘露元年；蜀后主延熙十九年；吴孙亮太平元年）

是年，姜维晋位大将军，进行北伐，与胡济期会攻魏，蜀将胡济失期不至，姜于段谷为邓艾所破，死伤惨重。

是年，司马昭讨伐诸葛诞；吴孙峻死，弟孙琳专吴政，孙綝杀死滕胤等人。

257 年（魏曹髦甘露二年；蜀后主延熙二十年；吴孙亮太平二年）

五月，魏司空诸葛诞与孙吴联合起兵反魏。

六月，吴遣将全怿等率三万众接应诸葛诞。魏大将军司马昭出讨诸葛诞。姜维闻知，进行北伐，复率众出骆谷，魏军坚守不战。

258 年（魏曹髦甘露三年；蜀后主景耀元年；吴孙休永安元年）

二月，司马昭攻破寿春，斩杀谋反的诸葛诞。

九月，大将军孙綝废吴帝孙亮为会稽王，立琅琊王孙休为帝；

孙休与丁奉设计杀死孙綝；是年，蜀宦官黄皓始专权。

260年（魏曹奂景元元年；蜀后主景耀三年；吴孙休永安三年）

四月，魏司马昭为相国，封晋公，加九锡。

五月，司马昭派贾允、成济杀死曹髦，另立曹奂为帝。

六月，曹奂继位。

262年（魏曹奂景元三年；蜀后主景耀五年；吴孙休永安五年）

十月，姜维北伐攻魏，被邓艾击败，退屯沓中。黄皓欲以阎宇替代姜维，姜维因厌恶黄皓擅权，曾向后主请求诛杀黄皓，后主未接受。

263年（魏曹奂景元四年；蜀后主炎兴元年；吴孙休永安六年）

六月，魏伐蜀，派征西将军邓艾、镇西将军钟会、雍州刺史诸葛绪三路并攻。

冬，邓艾由阴平直取江油，诸葛亮之子诸葛瞻战死于绵竹。

十一月，刘禅向邓艾投降，蜀灭亡。姜维遵后主令，投降于魏将钟会。

264年（魏曹奂咸熙元年；吴孙皓元兴元年）

一月，司马昭称晋王；司马昭抓回邓艾，邓艾为卫瓘所杀。钟会、姜维在成都密谋反魏，失败被杀。

七月，吴孙休卒，孙皓即位。

九月，魏以中抚军司马炎为抚军大将军。

265年（晋武帝泰始元年，吴孙皓甘露元年）

八月，司马昭亡，其子司马炎继任晋王；冬天，吴主孙皓徙都武昌。

十一月，司马炎废曹奂为陈留王，自称晋武帝，建立西晋，魏亡。

266 年（晋武帝泰始二年，吴宝鼎元年）

十二月，孙皓还都建业。

267 年（晋武帝泰始三年，吴宝鼎二年）

九月，晋禁星气、谶纬之学。

268 年（晋武帝泰始四年，吴宝鼎三年）

十月，胡烈破吴将施绩。吴将刘俊、顾容伐交趾不克。

269 年（晋武帝泰始五年，吴建衡元年）

晋以羊怙镇守荆州。

270 年（晋武帝泰始六年，吴建衡二年）

一月，晋扬州刺史牵弘击丁奉。

十一月，夏口督孙秀降晋。

271 年（晋武帝泰始七年，吴建衡三年）

一月，匈奴右贤王刘猛叛晋出塞。吴平定交趾。吴孙皓出兵攻晋，因士兵怨恨而止。

272 年（晋武帝泰始八年，吴孙皓凤凰元年）

一月，何桢讨平刘猛。

九月，吴西陵督步阐降晋，吴将陆抗攻步阐。

十二月，司马炎派杨肇、羊祜等率军支持战略要地西陵；陆抗大败杨肇，杀步阐。

273 年（晋武帝泰始九年，吴孙皓凤凰二年）

晋羊祜与吴陆抗于荆州对峙。

274 年（晋武帝泰始十年，吴孙皓凤凰三年）

吴大将陆抗卒。

275 年（晋咸宁元年，吴天册元年）

十二月，大疫，洛阳死者大半。

276 年（晋咸宁二年，吴天玺元年）

六月，吴京下督孙楷率众降晋。

十二月，晋封皇后父镇军将军杨骏为车骑将军，封临晋侯。

277 年（晋咸宁三年，吴天纪元年）

三月，晋将文鸳督凉、秦、雍州诸军讨破秃发树机能，降诸胡二十万口。

五月，吴将夏祥等率众七千余人降晋。

八月，晋封诸王，为诸王置军。

十二月，吴夏口督孙慎略江夏、汝南千余家。

278 年（晋咸宁四年，吴天纪二年）

十月，晋应绰伐吴皖城，斩首五千级，焚谷米百八十万斛。

十一月，羊祜卒，杜预代其驻扎襄阳。东夷九国内附。

279 年（晋咸宁五年，吴天纪三年）

十一月，晋军命杜预、王濬等人分六路伐吴。

十二月，晋武威太守马隆击斩叛虏树机能，凉州平。

280 年（晋武帝太康元年，吴孙皓天纪四年）

三月，吴丞相张悌迎击晋军战死。**晋龙骧将军王濬抵建业，孙皓出降，吴亡。**

魏、蜀、吴三国归于晋，晋统一天下。